JN099957

JLPT N3

日本語能力試験

この一冊で合格する

日本語の森

JLPT N3について 🔍

◦ JLPT N3とは

JLPTはJapanese-Language Proficiency Testの略です。意味は「日本語能力試験」です。「日本語能力試験」は日本語が母語ではない人の日本語能力を測り、認定する試験です。N3のNは「Nihongo（日本語）」を表します。N3の3はレベルを表します。N5からN1まで5段階あり、N1が最も高いレベルです。

レベル	科目	時間
N3	言語知識（文字・語彙）	30分
	言語知識（文法）・読解	70分
	聴解	40分
	合計	140分

👉 必要な能力

読む能力
日常的な話題について書かれた新聞の記事や文章の内容を全体的に理解し、言い換えの表現や重要な部分を理解する能力。

聞く能力
日常会話を聞いて、内容と登場する人々の関係を全体的に理解する能力。

参考：日本語能力試験公式ウェブサイト『N1〜N5：認定の目安』
<https://www.jlpt.jp/about/levelsummary.html>（最終アクセス 2023年4月12日）

◦ JLPT N3の得点区分

レベル	得点区分	得点範囲
N3	言語知識（文字・語彙）	0〜60点
	言語知識（文法）・読解	0〜60点
	聴解	0〜60点
	合計	0〜180点

◦ JLPT N3に合格するために必要な点数

レベル	得点区分	得点範囲
N3	言語知識（文字・語彙）	19点以上
	言語知識（文法）・読解	19点以上
	聴解	19点以上
	合計	95点以上

※一つの科目でも点数が19点未満だと、不合格

◦ JLPT N3に合格するために必要な点数の例

レベル	得点区分	得点範囲
N3	言語知識（文字・語彙）	40 / 60（19点以上）
	言語知識（文法）・読解	30 / 60（19点以上）
	聴解	40 / 60（19点以上）
	合計	110 / 180（95点以上）

参考：日本語能力試験公式ウェブサイト『得点区分・合否判定・結果通知』
<https://www.jlpt.jp/guideline/results.html>（最終アクセス 2023年4月12日）

本書の内容と活用方法 📖

1.本書の内容

第1章 文字語彙

「第1章 文字語彙」では、2160個の単語を勉強します。その後、JLPT N3に出る5種類の問題を381問練習

します。

 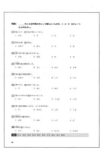  

第2章 文法

「第2章 文法」では、JLPT N3に出る文法110個の意味・接続・例文を勉強します。

ここでは、意味が似ている文法同士がまとめられています。全部で13章あり、1章ごとにその章で学習した文

法の練習問題があります。

第3章 読解

「第3章 読解」では、まず読解問題を解くコツを学びます。その後、実際に問題を解いていきます。

第4章 聴解

「第4章 聴解」では、まず聴解問題を解くコツを学びます。その後、実際に問題を解いていきます。

付録 模擬試験 最後に、実際のJLPTと同じ形式の問題を解いて力を試してみましょう！

2.活用方法

①試験まで時間がたくさんある人

本の最初から順番通り学習し、特に語彙・文法はしっかり理解・暗記しながら全ての問題を解いてください。

②試験まで時間があまりない人

先に模擬試験二回分を解き、採点した後、点数が低いパートから勉強してください。また、読解と聴解の練習
時間がない場合は、単語・文法だけでも理解、暗記しましょう。

目次
もく じ

・ 第1章 文字語彙 ・
だい しょう も じ ご い

語彙リスト
ご い

・ 第2章 文法 ・

解き方の説明 ···································· 116

N3 文法 110

第3章 読解

第4章 聴解

解き方の説明と練習問題

付録1 模擬試験

模擬試験第1回

模擬試験第2回

正答表 / 採点表 / 聴解スクリプト / マークシート

付録2 模擬試験

QRコードから練習問題と模擬試験の音声をダウンロードできます。

第1章

文字語彙

1 語彙リスト

JLPT N3の基本は単語です。単語をしっかり覚えてから「第2章 文法」に移りましょう。この章では、2160個の単語を勉強します。品詞ごとに単語を整理しました。語彙リストで単語を覚えてからJLPT N3に出る5種類の問題を381問練習します。

▶ "モリタン"を使って単語を勉強しよう!

👉 まずは日本語の森アプリをダウンロード!

👉 モリタンの使い方

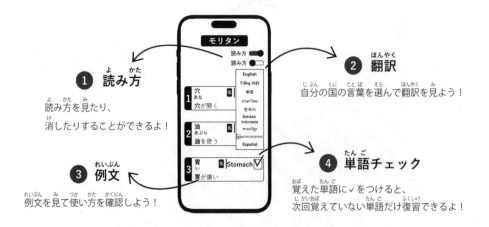

1 読み方
読み方を見たり、消したりすることができるよ!

2 翻訳
自分の国の言葉を選んで翻訳を見よう!

3 例文
例文を見て使い方を確認しよう!

4 単語チェック
覚えた単語に✓をつけると、次回覚えていない単語だけ復習できるよ!

英語　中国語　インドネシア語
韓国語　ベトナム語　ミャンマー語

1	間	あいだ / ま
2	青	あお
3	味	あじ
4	穴	あな
5	油	あぶら
6	案	あん
7	胃	い
8	家	いえ / うち
9	息	いき
10	池	いけ
11	糸	いと
12	芋	いも
13	歌	うた
14	内	うち
15	器	うつわ
16	腕	うで
17	絵	え
18	枝	えだ
19	奥	おく
20	音	おと
21	帯	おび
22	表	おもて / ひょう
23	親	おや

24	貝	かい
25	顔	かお
26	傘	かさ
27	数	かず
28	肩	かた
29	方	かた / ほう
30	形	かたち
31	角	かど
32	壁	かべ
33	紙	かみ
34	髪	かみ
35	空	から / そら
36	体	からだ
37	皮	かわ
38	缶	かん
39	柄	がら
40	黄	き
41	傷	きず
42	君	きみ
43	曲	きょく
44	逆	ぎゃく
45	草	くさ
46	薬	くすり

47	靴	くつ	
48	首	くび	
49	雲	くも	
50	煙	けむり	
51	県	けん	
52	腰	こし	
53	粉	こな	
54	差	さ	
55	坂	さか	
56	桜	さくら	
57	皿	さら	
58	猿	さる	
59	塩	しお	
60	島	しま	
61	城	しろ	
62	実	じつ / み	
63	酢	す	
64	隅	すみ	
65	図	ず	
66	席	せき	
67	咳	せき	
68	線	せん	
69	底	そこ	
70	側	そば	
71	像	ぞう	
72	他	た / ほか	
73	畳	たたみ	

74	棚	たな
75	旅	たび
76	卵	たまご
77	台	だい
78	茶	ちゃ
79	机	つくえ
80	妻	つま
81	寺	てら
82	点	てん
83	鳥	とり
84	毒	どく
85	謎	なぞ
86	鍋	なべ
87	波	なみ
88	涙	なみだ
89	庭	にわ
90	熱	ねつ
91	葉	は
92	歯	は
93	箱	はこ
94	橋	はし
95	箸	はし
96	畑	はたけ
97	鼻	はな
98	針	はり
99	倍	ばい
100	晩	ばん

1	光	ひかり
2	羊	ひつじ
3	暇	ひま
4	服	ふく
5	袋	ふくろ
6	船	ふね
7	星	ほし
8	骨	ほね
9	棒	ぼう
10	僕	ぼく
11	孫	まご
12	町	まち
13	街	まち
14	窓	まど
15	豆	まめ
16	湖	みずうみ
17	緑	みどり
18	港	みなと
19	昔	むかし
20	娘	むすめ
21	胸	むね
22	村	むら
23	面	めん

24	物	もの
25	森	もり
26	約	やく
27	湯	ゆ
28	床	ゆか
29	雪	ゆき
30	指	ゆび
31	夢	ゆめ
32	用	よう
33	横	よこ
34	量	りょう
35	列	れつ
36	合図	あいず（する）
37	相手	あいて
38	青空	あおぞら
39	安心	あんしん（する）
40	案内	あんない（する）
41	以下	いか
42	以外	いがい
43	意見	いけん（する）
44	以降	いこう
45	維持	いじ（する）
46	意識	いしき（する）

47	医者	いしゃ	74	演奏	えんそう（する）
48	以上	いじょう	75	遠慮	えんりょ（する）
49	以前	いぜん	76	応援	おうえん（する）
50	位置	いち（する）	77	横断	おうだん（する）
51	一流	いちりゅう	78	往復	おうふく（する）
52	一緒	いっしょ	79	応募	おうぼ（する）
53	一般	いっぱん	80	応用	おうよう（する）
54	移動	いどう（する）	81	大勢	おおぜい
55	以内	いない	82	大家	おおや
56	田舎	いなか	83	親子	おやこ
57	居間	いま	84	音楽	おんがく
58	意味	いみ（する）	85	温泉	おんせん
59	印刷	いんさつ（する）	86	温度	おんど
60	印象	いんしょう	87	開園	かいえん（する）
61	飲食	いんしょく（する）	88	絵画	かいが
62	飲料	いんりょう	89	海外	かいがい
63	受付	うけつけ（する）	90	海岸	かいがん
64	右折	うせつ（する）	91	会議	かいぎ（する）
65	運転	うんてん（する）	92	会計	かいけい
66	運動	うんどう（する）	93	解決	かいけつ（する）
67	映画	えいが	94	改札	かいさつ
68	影響	えいきょう（する）	95	開始	かいし（する）
69	営業	えいぎょう（する）	96	回収	かいしゅう（する）
70	栄養	えいよう	97	開場	かいじょう（する）
71	笑顔	えがお	98	回数	かいすう
72	駅前	えきまえ	99	快晴	かいせい
73	延期	えんき（する）	100	解説	かいせつ（する）

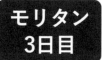

モリタン 3日目	201~300 / 2160　名詞(2文字)	英語　中国語　インドネシア語 韓国語　ベトナム語　ミャンマー語 会員登録をして翻訳を見よう！

1	階段	かいだん		24	歓迎	かんげい（する）
2	開店	かいてん（する）		25	感激	かんげき（する）
3	会話	かいわ（する）		26	観光	かんこう（する）
4	価格	かかく		27	観察	かんさつ（する）
5	科学	かがく		28	漢字	かんじ
6	家具	かぐ		29	感謝	かんしゃ（する）
7	確認	かくにん（する）		30	患者	かんじゃ
8	過去	かこ		31	感心	かんしん（する）
9	加工	かこう（する）		32	関心	かんしん
10	火災	かさい		33	完成	かんせい（する）
11	歌手	かしゅ		34	感想	かんそう
12	風邪	かぜ		35	乾燥	かんそう（する）
13	下線	かせん		36	感動	かんどう（する）
14	花壇	かだん		37	看板	かんばん
15	価値	かち		38	外出	がいしゅつ（する）
16	課長	かちょう		39	外食	がいしょく（する）
17	活動	かつどう（する）		40	楽器	がっき
18	仮定	かてい（する）		41	我慢	がまん（する）
19	間隔	かんかく		42	気温	きおん
20	感覚	かんかく		43	機械	きかい
21	観客	かんきゃく		44	機会	きかい
22	環境	かんきょう		45	着方	きかた
23	関係	かんけい（する）		46	期間	きかん

47	機関	きかん	74	興味	きょうみ
48	企業	きぎょう	75	協力	きょうりょく（する）
49	期限	きげん	76	去年	きょねん
50	帰国	きこく（する）	77	距離	きょり
51	記事	きじ	78	記録	きろく（する）
52	季節	きせつ	79	禁煙	きんえん（する）
53	基礎	きそ	80	禁止	きんし（する）
54	規則	きそく	81	近所	きんじょ
55	期待	きたい（する）	82	緊張	きんちょう（する）
56	帰宅	きたく（する）	83	技術	ぎじゅつ
57	機長	きちょう	84	牛乳	ぎゅうにゅう
58	切手	きって	85	銀行	ぎんこう
59	記念	きねん（する）	86	空気	くうき
60	昨日	きのう	87	空港	くうこう
61	気分	きぶん	88	草木	くさき
62	基本	きほん	89	草花	くさばな
63	希望	きぼう（する）	90	果物	くだもの
64	着物	きもの	91	工夫	くふう（する）
65	休講	きゅうこう（する）	92	区別	くべつ（する）
66	休日	きゅうじつ	93	苦労	くろう（する）
67	給料	きゅうりょう	94	訓練	くんれん（する）
68	教育	きょういく（する）	95	具合	ぐあい
69	教室	きょうしつ	96	経営	けいえい（する）
70	競争	きょうそう（する）	97	計画	けいかく（する）
71	兄弟	きょうだい	98	敬語	けいご
72	共通	きょうつう（する）	99	警察	けいさつ
73	共同	きょうどう（する）	100	計算	けいさん（する）

モリタン 4日目

301〜400／2160　名詞（2文字）

1	経済	けいざい	24	言語	げんご
2	携帯	けいたい（する）	25	原稿	げんこう
3	経由	けいゆ（する）	26	現在	げんざい
4	今朝	けさ	27	減少	げんしょう（する）
5	景色	けしき	28	原料	げんりょう
6	血圧	けつあつ	29	公園	こうえん
7	血液	けつえき	30	講演	こうえん（する）
8	結果	けっか	31	高温	こうおん
9	結婚	けっこん（する）	32	効果	こうか
10	欠席	けっせき（する）	33	交換	こうかん（する）
11	欠点	けってん	34	公共	こうきょう
12	喧嘩	けんか（する）	35	工業	こうぎょう
13	見学	けんがく（する）	36	広告	こうこく（する）
14	研究	けんきゅう（する）	37	工事	こうじ（する）
15	検査	けんさ（する）	38	工場	こうじょう
16	建設	けんせつ（する）	39	紅茶	こうちゃ
17	建築	けんちく（する）	40	校庭	こうてい
18	見物	けんぶつ（する）	41	行動	こうどう（する）
19	芸術	げいじゅつ	42	後輩	こうはい
20	下車	げしゃ（する）	43	交番	こうばん
21	原因	げんいん	44	好物	こうぶつ
22	玄関	げんかん	45	後方	こうほう
23	現金	げんきん	46	交流	こうりゅう（する）

47	国際	こくさい	74	仕方	しかた
48	小声	こごえ	75	支給	しきゅう（する）
49	故障	こしょう（する）	76	試験	しけん
50	個人	こじん	77	資源	しげん
51	小銭	こぜに	78	姿勢	しせい
52	小鳥	ことり	79	湿気	しっけ
53	混雑	こんざつ（する）	80	失敗	しっぱい（する）
54	今度	こんど	81	指定	してい（する）
55	合格	ごうかく（する）	82	支店	してん
56	合計	ごうけい（する）	83	指導	しどう（する）
57	最近	さいきん	84	始発	しはつ
58	最後	さいご	85	芝生	しばふ
59	最終	さいしゅう	86	市民	しみん
60	最初	さいしょ	87	氏名	しめい
61	最上	さいじょう	88	社会	しゃかい
62	財布	さいふ	89	写真	しゃしん
63	坂道	さかみち	90	車道	しゃどう
64	作物	さくもつ	91	斜面	しゃめん
65	左折	させつ（する）	92	習慣	しゅうかん
66	砂糖	さとう	93	集合	しゅうごう（する）
67	参加	さんか（する）	94	就職	しゅうしょく（する）
68	算数	さんすう	95	集中	しゅうちゅう（する）
69	散歩	さんぽ（する）	96	終点	しゅうてん
70	材料	ざいりょう	97	収入	しゅうにゅう
71	残業	ざんぎょう（する）	98	修理	しゅうり（する）
72	試合	しあい（する）	99	終了	しゅうりょう（する）
73	四角	しかく	100	祝日	しゅくじつ

モリタン 5日目

401~499 / 2160　名詞(2文字)

英語　中国語　インドネシア語
韓国語　ベトナム語　ミャンマー語
会員登録をして翻訳を見よう！

1	縮小	しゅくしょう（する）
2	宿題	しゅくだい
3	手術	しゅじゅつ（する）
4	手段	しゅだん
5	主張	しゅちょう（する）
6	出勤	しゅっきん（する）
7	出身	しゅっしん
8	出席	しゅっせき（する）
9	出張	しゅっちょう（する）
10	趣味	しゅみ
11	種目	しゅもく
12	種類	しゅるい
13	使用	しよう（する）
14	紹介	しょうかい（する）
15	正月	しょうがつ
16	小説	しょうせつ
17	商売	しょうばい（する）
18	消費	しょうひ（する）
19	商品	しょうひん
20	証明	しょうめい（する）
21	将来	しょうらい
22	初級	しょきゅう
23	食堂	しょくどう

24	食欲	しょくよく
25	食器	しょっき
26	書類	しょるい
27	資料	しりょう
28	進学	しんがく（する）
29	進行	しんこう（する）
30	信号	しんごう
31	申請	しんせい（する）
32	心臓	しんぞう
33	進歩	しんぽ（する）
34	親友	しんゆう
35	森林	しんりん
36	時期	じき
37	時給	じきゅう
38	時差	じさ
39	持参	じさん（する）
40	辞書	じしょ
41	事情	じじょう
42	自信	じしん
43	時代	じだい
44	自宅	じたく
45	実家	じっか
46	実験	じっけん（する）

47	実行	じっこう（する）	74	正解	せいかい（する）
48	実物	じつぶつ	75	性格	せいかく
49	実力	じつりょく	76	生活	せいかつ（する）
50	自慢	じまん（する）	77	制限	せいげん（する）
51	住所	じゅうしょ	78	成功	せいこう（する）
52	渋滞	じゅうたい（する）	79	成績	せいせき
53	柔道	じゅうどう	80	清掃	せいそう（する）
54	授業	じゅぎょう（する）	81	生徒	せいと
55	受験	じゅけん（する）	82	正答	せいとう（する）
56	順番	じゅんばん	83	製品	せいひん
57	準備	じゅんび（する）	84	制服	せいふく
58	上級	じょうきゅう	85	生物	せいぶつ
59	上空	じょうくう	86	性別	せいべつ
60	乗車	じょうしゃ（する）	87	整理	せいり（する）
61	状態	じょうたい	88	世界	せかい
62	冗談	じょうだん	89	石油	せきゆ
63	情報	じょうほう	90	接近	せっきん（する）
64	女性	じょせい	91	説明	せつめい（する）
65	神社	じんじゃ	92	背中	せなか
66	人生	じんせい	93	世話	せわ（する）
67	人体	じんたい	94	洗剤	せんざい
68	水泳	すいえい（する）	95	選手	せんしゅ
69	水筒	すいとう	96	先日	せんじつ
70	数回	すうかい	97	洗濯	せんたく（する）
71	数学	すうがく	98	宣伝	せんでん（する）
72	数字	すうじ	99	先輩	せんぱい
73	頭痛	ずつう			

| モリタン 6日目 | 500~599 / 2160 | 名詞（2文字） | 英語　中国語　インドネシア語
韓国語　ベトナム語　ミャンマー語
会員登録をして翻訳を見よう！ |

1	専門	せんもん		24	体操	たいそう（する）
2	線路	せんろ		25	台風	たいふう
3	税金	ぜいきん		26	太陽	たいよう
4	全然	ぜんぜん		27	大量	たいりょう
5	全体	ぜんたい		28	体力	たいりょく
6	倉庫	そうこ		29	沢山	たくさん
7	掃除	そうじ（する）		30	卓球	たっきゅう
8	送信	そうしん（する）		31	建物	たてもの
9	想像	そうぞう（する）		32	単語	たんご
10	早退	そうたい（する）		33	担任	たんにん（する）
11	相談	そうだん（する）		34	代金	だいきん
12	早朝	そうちょう		35	台所	だいどころ
13	想定	そうてい（する）		36	代表	だいひょう（する）
14	卒業	そつぎょう（する）		37	男女	だんじょ
15	祖父	そふ		38	男性	だんせい
16	祖母	そぼ		39	団体	だんたい
17	尊敬	そんけい（する）		40	暖房	だんぼう
18	増加	ぞうか（する）		41	地下	ちか
19	退院	たいいん（する）		42	地球	ちきゅう
20	退会	たいかい（する）		43	遅刻	ちこく（する）
21	大会	たいかい		44	知識	ちしき
22	退屈	たいくつ（する）		45	地図	ちず
23	滞在	たいざい（する）		46	父親	ちちおや

47	注意	ちゅうい（する）	74	定食	ていしょく
48	中級	ちゅうきゅう	75	停電	ていでん（する）
49	中古	ちゅうこ	76	手紙	てがみ
50	中止	ちゅうし（する）	77	手帳	てちょう
51	駐車	ちゅうしゃ（する）	78	鉄道	てつどう
52	昼食	ちゅうしょく	79	手袋	てぶくろ
53	中旬	ちゅうじゅん	80	天気	てんき
54	中心	ちゅうしん	81	天井	てんじょう
55	注文	ちゅうもん（する）	82	点数	てんすう
56	調査	ちょうさ（する）	83	店長	てんちょう
57	調子	ちょうし	84	電球	でんきゅう
58	頂上	ちょうじょう	85	伝言	でんごん（する）
59	朝食	ちょうしょく	86	電卓	でんたく
60	調節	ちょうせつ（する）	87	電池	でんち
61	長男	ちょうなん	88	当日	とうじつ
62	鳥類	ちょうるい	89	登場	とうじょう（する）
63	貯金	ちょきん（する）	90	到着	とうちゃく（する）
64	直接	ちょくせつ	91	都会	とかい
65	通学	つうがく（する）	92	特徴	とくちょう
66	通勤	つうきん（する）	93	独立	どくりつ（する）
67	通行	つうこう（する）	94	時計	とけい
68	通訳	つうやく（する）	95	土地	とち
69	通路	つうろ	96	途中	とちゅう
70	月日	つきひ	97	特急	とっきゅう
71	都合	つごう	98	徒歩	とほ
72	定員	ていいん	99	同意	どうい（する）
73	停車	ていしゃ（する）	100	道具	どうぐ

1	同時	どうじ
2	同席	どうせき（する）
3	動物	どうぶつ
4	同様	どうよう
5	努力	どりょく（する）
6	内緒	ないしょ
7	内容	ないよう
8	仲間	なかま
9	中身	なかみ
10	納得	なっとく（する）
11	名札	なふだ
12	日常	にちじょう
13	日記	にっき
14	日光	にっこう
15	日程	にってい
16	荷物	にもつ
17	入試	にゅうし
18	入社	にゅうしゃ（する）
19	入門	にゅうもん（する）
20	入力	にゅうりょく（する）
21	人気	にんき
22	人数	にんずう
23	値段	ねだん

24	寝坊	ねぼう（する）
25	年齢	ねんれい
26	農業	のうぎょう
27	配達	はいたつ（する）
28	発音	はつおん（する）
29	発見	はっけん（する）
30	発生	はっせい（する）
31	発展	はってん（する）
32	発売	はつばい（する）
33	発表	はっぴょう（する）
34	花火	はなび
35	花見	はなみ
36	母親	ははおや
37	反対	はんたい（する）
38	半年	はんとし
39	半分	はんぶん
40	売店	ばいてん
41	番組	ばんぐみ
42	番号	ばんごう
43	比較	ひかく（する）
44	秘書	ひしょ
45	左手	ひだりて
46	否定	ひてい（する）

47	人々	ひとびと	
48	避難	ひなん（する）	
49	秘密	ひみつ	
50	表紙	ひょうし	
51	表面	ひょうめん	
52	昼寝	ひるね（する）	
53	病気	びょうき	
54	夫婦	ふうふ	
55	復習	ふくしゅう（する）	
56	複数	ふくすう	
57	服装	ふくそう	
58	腹痛	ふくつう	
59	不足	ふそく（する）	
60	双子	ふたご	
61	普段	ふだん	
62	普通	ふつう	
63	布団	ふとん	
64	古着	ふるぎ	
65	風呂	ふろ	
66	部長	ぶちょう	
67	物価	ぶっか	
68	部品	ぶひん	
69	部分	ぶぶん	
70	文化	ぶんか	
71	文章	ぶんしょう	
72	分類	ぶんるい（する）	
73	閉園	へいえん（する）	

74	平均	へいきん（する）
75	平日	へいじつ
76	部屋	へや
77	変化	へんか（する）
78	返事	へんじ（する）
79	勉強	べんきょう（する）
80	弁当	べんとう
81	方角	ほうがく
82	方向	ほうこう
83	報告	ほうこく（する）
84	放送	ほうそう（する）
85	方法	ほうほう
86	訪問	ほうもん（する）
87	歩道	ほどう
88	本日	ほんじつ
89	本棚	ほんだな
90	翻訳	ほんやく（する）
91	貿易	ぼうえき（する）
92	帽子	ぼうし
93	募集	ぼしゅう（する）
94	迷子	まいご
95	窓口	まどぐち
96	満員	まんいん
97	漫画	まんが
98	満足	まんぞく（する）
99	見方	みかた

モリタン
8日目

699~798 / 2160　名詞(2文字)・名詞(3文字)

英語　中国語　インドネシア語
韓国語　ベトナム語　ミャンマー語
会員登録をして翻訳を見よう！

1	道順	みちじゅん
2	見本	みほん
3	未来	みらい
4	虫歯	むしば
5	息子	むすこ
6	無理	むり（する）
7	名刺	めいし
8	命令	めいれい（する）
9	免許	めんきょ
10	面接	めんせつ（する）
11	毛布	もうふ
12	目的	もくてき
13	目標	もくひょう
14	文字	もじ
15	物語	ものがたり
16	文句	もんく
17	問題	もんだい
18	野球	やきゅう
19	役所	やくしょ
20	約束	やくそく（する）
21	役割	やくわり
22	野菜	やさい
23	家賃	やちん

24	屋根	やね
25	山道	やまみち
26	夕方	ゆうがた
27	優勝	ゆうしょう（する）
28	友情	ゆうじょう
29	友人	ゆうじん
30	郵送	ゆうそう（する）
31	郵便	ゆうびん
32	有料	ゆうりょう
33	輸出	ゆしゅつ（する）
34	輸入	ゆにゅう（する）
35	用意	ようい（する）
36	容器	ようき
37	用具	ようぐ
38	用紙	ようし
39	用事	ようじ
40	洋式	ようしき
41	洋食	ようしょく
42	様子	ようす
43	用品	ようひん
44	洋服	ようふく
45	翌日	よくじつ
46	予想	よそう（する）

47	予定	よてい（する）
48	夜中	よなか
49	予報	よほう（する）
50	予約	よやく（する）
51	来店	らいてん（する）
52	理由	りゆう
53	留学	りゅうがく（する）
54	流行	りゅうこう（する）
55	利用	りよう（する）
56	両替	りょうがえ（する）
57	料金	りょうきん
58	両親	りょうしん
59	両方	りょうほう
60	料理	りょうり（する）
61	旅行	りょこう（する）
62	例文	れいぶん
63	列車	れっしゃ
64	練習	れんしゅう（する）
65	連絡	れんらく（する）
66	廊下	ろうか
67	録音	ろくおん（する）
68	論文	ろんぶん
69	若者	わかもの
70	和食	わしょく
71	割合	わりあい
72	割引	わりびき（する）
73	青信号	あおしんごう

74	赤信号	あかしんごう
75	一部分	いちぶぶん
76	腕時計	うでどけい
77	運転手	うんてんしゅ
78	運動靴	うんどうぐつ
79	応援歌	おうえんか
80	顔写真	かおじゃしん
81	観光客	かんこうきゃく
82	感謝祭	かんしゃさい
83	管理人	かんりにん
84	緊張感	きんちょうかん
85	警察官	けいさつかん
86	掲示板	けいじばん
87	血液型	けつえきがた
88	結婚式	けっこんしき
89	高校生	こうこうせい
90	交差点	こうさてん
91	五角形	ごかくけい / ごかっけい
92	再来週	さらいしゅう
93	指導係	しどうがかり
94	市役所	しやくしょ
95	週刊誌	しゅうかんし
96	奨学金	しょうがくきん
97	小学生	しょうがくせい
98	消費量	しょうひりょう
99	新幹線	しんかんせん
100	新入生	しんにゅうせい

モリタン
9日目

799~898／2160　名詞(3文字)・名詞(その他)

英語　中国語　インドネシア語
韓国語　ベトナム語　ミャンマー語
会員登録をして翻訳を見よう！

1	自転車	じてんしゃ
2	自動車	じどうしゃ
3	事務所	じむしょ
4	受験生	じゅけんせい
5	祖父母	そふぼ
6	短時間	たんじかん
7	大学生	だいがくせい
8	中学生	ちゅうがくせい
9	長時間	ちょうじかん
10	調味料	ちょうみりょう
11	天気図	てんきず
12	同級生	どうきゅうせい
13	人数分	にんずうぶん
14	歯医者	はいしゃ
15	不動産	ふどうさん
16	文房具	ぶんぼうぐ
17	免許証	めんきょしょう
18	郵便局	ゆうびんきょく
19	留学生	りゅうがくせい
20	冷蔵庫	れいぞうこ
21	赤ちゃん	あかちゃん
22	空き家	あきや
23	辺り	あたり

24	当たり前	あたりまえ
25	扱い	あつかい
26	あみだな	
27	あわ	
28	いくつ	
29	いちご	
30	一方通行	いっぽうつうこう
31	うがい（する）	
32	うそ	
33	うわさ（する）	
34	えさ	
35	絵の具	えのぐ
36	絵はがき	えはがき
37	えり	
38	えんぴつ	
39	横断禁止	おうだんきんし
40	横断歩道	おうだんほどう
41	お菓子	おかし
42	おかゆ	
43	お代わり	おかわり（する）
44	奥さん	おくさん
45	押入れ	おしいれ
46	おしまい	

47	おしゃれ（する）		
48	お知らせ	おしらせ	
49	おつり		
50	お手洗い	おてあらい	
51	お年玉	おとしだま	
52	お腹	おなか	
53	お見舞い	おみまい	
54	お土産	おみやげ	
55	おむつ		
56	思い出	おもいで	
57	おもちゃ		
58	お礼	おれい	
59	海外旅行	かいがいりょこう	
60	香り	かおり	
61	かかと		
62	かざ		
63	各駅停車	かくえきていしゃ（する）	
64	傘立て	かさたて	
65	家庭教師	かていきょうし	
66	金持ち	かねもち	
67	かばん		
68	代わり	かわり	
69	かんきせん		
70	環境問題	かんきょうもんだい	
71	缶コーヒー	かんこーひー	
72	がっかり（する）		
73	黄色信号	きいろしんごう	

74	木の実	きのみ / このみ	
75	決まり	きまり	
76	くせ		
77	車いす	くるまいす	
78	携帯電話	けいたいでんわ	
79	けが		
80	消しゴム	けしごむ	
81	けち		
82	原稿用紙	げんこうようし	
83	交換留学	こうかんりゅうがく	
84	高速道路	こうそくどうろ	
85	交通事故	こうつうじこ	
86	言葉遊び	ことばあそび	
87	言葉づかい	ことばづかい	
88	子ども時代	こどもじだい	
89	この間	このあいだ	
90	木の葉	このは	
91	この前	このまえ	
92	ごみ		
93	ごみ箱	ごみばこ	
94	さしみ		
95	さっき		
96	しみ		
97	締め切り / 締切り	しめきり	
98	春夏秋冬	しゅんかしゅうとう	
99	消費期限	しょうひきげん	
100	証明写真	しょうめいしゃしん	

モリタン 10日目	899~999 / 2160	名詞(その他)・動詞(一般)	英語　中国語　インドネシア語 韓国語　ベトナム語　ミャンマー語 会員登録をして翻訳を見よう！

1	知り合い	しりあい		25	夏祭り	なつまつり
2	新入社員	しんにゅうしゃいん		26	夏休み	なつやすみ
3	自分自身	じぶんじしん		27	斜め	ななめ
4	炊飯器	すいはんき		28	生ごみ	なまごみ
5	すし			29	悩み	なやみ
6	全て	すべて		30	匂い	におい
7	生活習慣	せいかつしゅうかん		31	入学祝い	にゅうがくいわい
8	生年月日	せいねんがっぴ		32	人間関係	にんげんかんけい
9	専門学校	せんもんがっこう		33	にんじん	
10	卒業論文	そつぎょうろんぶん		34	のど	
11	そで			35	のり	
12	それぞれ			36	乗り降り	のりおり（する）
13	ぞうきん			37	乗り換え	のりかえ
14	たんす			38	はさみ	
15	段ボール / ダンボール	だんぼーる		39	はじめ	
16	近く	ちかく		40	バス停	ばすてい
17	続き	つづき		41	外れ	はずれ
18	つめ			42	葉っぱ	はっぱ
19	天気予報	てんきよほう		43	話し声	はなしごえ
20	電子レンジ	でんしれんじ		44	早起き	はやおき（する）
21	とうふ			45	はんこ	
22	通り	とおり		46	ばら	
23	年寄り	としより		47	引き出し	ひきだし
24	流れ	ながれ		48	ひざ	

49	久しぶり	ひさしぶり	76	あきらめる	
50	左利き	ひだりきき	77	飽きる	あきる
51	一人暮らし	ひとりぐらし	78	空く	あく / すく
52	昼ごろ	ひるごろ	79	空ける	あける
53	ファッション誌	ふぁっしょんし	80	あこがれる	
54	振り込み / 振込み	ふりこみ	81	預ける	あずける
55	ふるさと		82	与える	あたえる
56	ほうちょう		83	温める	あたためる
57	ほほ		84	当たる	あたる
58	祭り	まつり	85	扱う	あつかう
59	周り	まわり	86	集まる	あつまる
60	真ん中	まんなか	87	集める	あつめる
61	右利き	みぎきき	88	あふれる	
62	みそ汁	みそしる	89	余る	あまる
63	向こう	むこう	90	編む	あむ
64	むだ		91	謝る	あやまる
65	目覚まし時計	めざましどけい	92	表す	あらわす
66	申し込み / 申込み	もうしこみ	93	表れる	あらわれる
67	焼き魚	やきざかな	94	現れる	あらわれる
68	焼きそば	やきそば	95	慌てる	あわてる
69	山登り	やまのぼり	96	怒る	おこる
70	夕べ	ゆうべ	97	急ぐ	いそぐ
71	夕焼け	ゆうやけ	98	抱く	いだく / だく
72	汚れ	よごれ	99	痛む	いたむ
73	留守番電話	るすばんでんわ	100	居る	いる
74	わが家	わがや	101	要る	いる
75	わけ				

1	植える	うえる		24	覚える	おぼえる
2	うかがう			25	おぼれる	
3	浮く	うく		26	折る	おる
4	受ける	うける		27	折れる	おれる
5	疑う	うたがう		28	下ろす	おろす
6	打つ	うつ		29	飼う	かう
7	映る	うつる		30	返す	かえす
8	移る	うつる		31	替える	かえる
9	写る	うつる		32	換える	かえる
10	埋める	うめる		33	変える	かえる
11	描く	えがく / かく		34	かがやく	
12	選ぶ	えらぶ		35	かかる	
13	置く	おく		36	関わる	かかわる
14	送る	おくる		37	隠す	かくす
15	贈る	おくる		38	かける	
16	遅れる	おくれる		39	駆ける	かける
17	行う	おこなう		40	囲む	かこむ
18	抑える	おさえる		41	重ねる	かさねる
19	押す	おす		42	飾る	かざる
20	落ちる	おちる		43	貸す	かす
21	落とす	おとす		44	稼ぐ	かせぐ
22	踊る	おどる		45	片付ける	かたづける
23	驚く	おどろく		46	固まる	かたまる

47	勝つ	かつ		74	困る	こまる
48	被る	かぶる		75	混む	こむ
49	構う	かまう		76	込む	こむ
50	通う	かよう		77	転ぶ	ころぶ
51	借りる	かりる		78	壊れる	こわれる
52	枯れる	かれる		79	探す	さがす
53	乾く	かわく		80	逆らう	さからう
54	変わる	かわる		81	咲く	さく
55	頑張る	がんばる		82	叫ぶ	さけぶ
56	聴く	きく		83	指す	さす
57	気付く	きづく		84	誘う	さそう
58	決める	きめる		85	冷める	さめる
59	嫌う	きらう		86	覚める	さめる
60	切る	きる		87	騒ぐ	さわぐ
61	着る	きる		88	触る	さわる
62	くたびれる			89	沈む	しずむ
63	配る	くばる		90	従う	したがう
64	組む	くむ		91	支払う	しはらう
65	曇る	くもる		92	しぼる	
66	比べる	くらべる		93	しまう	
67	加える	くわえる		94	示す	しめす
68	消す	けす		95	締める	しめる
69	越える	こえる		96	しゃべる	
70	超える	こえる		97	調べる	しらべる
71	凍る	こおる		98	信じる	しんじる
72	こぐ			99	吸う	すう
73	断る	ことわる		100	過ぎる	すぎる

1100〜1199／2160　　動詞（一般）

1	過ごす	すごす
2	進む	すすむ
3	勧める	すすめる
4	捨てる	すてる
5	すべる	
6	済む	すむ
7	注ぐ	そそぐ
8	育つ	そだつ
9	倒れる	たおれる
10	確かめる	たしかめる
11	足す	たす
12	助ける	たすける
13	尋ねる	たずねる
14	戦う	たたかう
15	叩く	たたく
16	たたむ	
17	建つ	たつ
18	経つ	たつ
19	建てる	たてる
20	楽しむ	たのしむ
21	頼む	たのむ
22	溜まる	たまる
23	貯める	ためる

24	頼る	たよる
25	黙る	だまる
26	違う	ちがう
27	捕まえる	つかまえる
28	つかむ	
29	疲れる	つかれる
30	付く	つく
31	着く	つく
32	付ける	つける
33	伝える	つたえる
34	続く	つづく
35	包む	つつむ
36	勤める	つとめる
37	務める	つとめる
38	連れる	つれる
39	手伝う	てつだう
40	出かける	でかける
41	通す	とおす
42	通る	とおる
43	解く	とく
44	溶ける	とける
45	届く	とどく
46	届ける	とどける

47	飛ぶ	とぶ		74	抜ける	ぬける
48	泊まる	とまる		75	塗る	ぬる
49	止まる	とまる		76	濡れる	ぬれる
50	停める	とめる		77	願う	ねがう
51	止める	とめる / やめる		78	眠る	ねむる
52	採る	とる		79	寝る	ねる
53	撮る	とる		80	残す	のこす
54	怒鳴る	どなる		81	残る	のこる
55	直す	なおす		82	載せる	のせる
56	治す	なおす		83	伸ばす	のばす
57	直る	なおる		84	延ばす	のばす
58	治る	なおる		85	伸びる	のびる
59	泣く	なく		86	生える	はえる
60	なぐさめる			87	測る	はかる
61	なくす			88	履く	はく
62	投げる	なげる		89	掃く	はく
63	悩む	なやむ		90	吐く	はく
64	習う	ならう		91	励む	はげむ
65	並ぶ	ならぶ		92	運ぶ	はこぶ
66	鳴る	なる		93	外す	はずす
67	慣れる	なれる		94	働く	はたらく
68	似合う	にあう		95	離す	はなす
69	握る	にぎる		96	払う	はらう
70	逃げる	にげる		97	貼る	はる
71	似る	にる		98	晴れる	はれる
72	煮る	にる		99	冷える	ひえる
73	脱ぐ	ぬぐ		100	光る	ひかる

1	引く	ひく		24	間違う	まちがう
2	弾く	ひく		25	間違える	まちがえる
3	冷やす	ひやす		26	まとめる	
4	拾う	ひろう		27	学ぶ	まなぶ
5	広がる	ひろがる		28	守る	まもる
6	増える	ふえる		29	迷う	まよう
7	拭く	ふく		30	回す	まわす
8	防ぐ	ふせぐ		31	回る	まわる
9	太る	ふとる		32	見つける	みつける
10	踏む	ふむ		33	見つめる	みつめる
11	降る	ふる		34	向かう	むかう
12	振る	ふる		35	迎える	むかえる
13	ぶつける			36	向く	むく
14	減らす	へらす		37	結ぶ	むすぶ
15	減る	へる		38	申す	もうす
16	ほえる			39	燃える	もえる
17	干す	ほす		40	持つ	もつ
18	ほめる			41	戻す	もどす
19	掘る	ほる		42	戻る	もどる
20	負ける	まける		43	燃やす	もやす
21	曲げる	まげる		44	焼く	やく
22	交ざる	まざる		45	訳す	やくす
23	混ぜる	まぜる		46	破る	やぶる

47	止む	やむ	74	買い替える	かいかえる
48	辞める	やめる	75	書き直す	かきなおす
49	ゆでる		76	かき混ぜる	かきまぜる
50	許す	ゆるす	77	かけ合う	かけあう
51	揺れる	ゆれる	78	駆け出す	かけだす
52	酔う	よう	79	かけ直す	かけなおす
53	汚す	よごす	80	貸し出す	かしだす
54	汚れる	よごれる	81	語り合う	かたりあう
55	寄る	よる	82	聞き取る	ききとる
56	喜ぶ	よろこぶ	83	切り替える	きりかえる
57	わく		84	組み立てる	くみたてる
58	分ける	わける	85	繰り返す	くりかえす
59	忘れる	わすれる	86	締め切る	しめきる
60	渡す	わたす	87	知り合う	しりあう
61	渡る	わたる	88	付き合う	つきあう
62	笑う	わらう	89	作り直す	つくりなおす
63	割る	わる	90	通りかかる	とおりかかる
64	割れる	われる	91	飛び出す	とびだす
65	歩き回る	あるきまわる	92	取り替える	とりかえる
66	言い返す	いいかえす	93	取り消す	とりけす
67	言い出す	いいだす	94	取り込む	とりこむ
68	言い直す	いいなおす	95	取り出す	とりだす
69	受け取る	うけとる	96	飲み終わる	のみおわる
70	追い越す	おいこす	97	走り出す	はしりだす
71	追いつく	おいつく	98	話し合う	はなしあう
72	落ち着く	おちつく	99	話しかける	はなしかける
73	思い出す	おもいだす	100	引き受ける	ひきうける

モリタン
14日目

1300~1398／2160

動詞(複合)・
い形容詞・な形容詞

英語　中国語　インドネシア語
韓国語　ベトナム語　ミャンマー語
会員登録をして翻訳を見よう！

1	引き出す	ひきだす		24	痛い	いたい
2	引っ越す	ひっこす		25	愛しい	いとしい
3	引っ張る	ひっぱる		26	薄い	うすい
4	振り込む	ふりこむ		27	美しい	うつくしい
5	降り出す	ふりだす		28	うらやましい	
6	待ち合わせる	まちあわせる		29	うるさい	
7	向かい合う	むかいあう		30	嬉しい	うれしい
8	申し込む	もうしこむ		31	偉い	えらい
9	持ち歩く	もちあるく		32	美味しい	おいしい
10	持ち帰る	もちかえる		33	おかしい	
11	呼びかける	よびかける		34	惜しい	おしい
12	明るい	あかるい		35	大人しい	おとなしい
13	浅い	あさい		36	面白い	おもしろい
14	暖かい	あたたかい		37	硬い	かたい
15	温かい	あたたかい		38	悲しい	かなしい
16	新しい	あたらしい		39	かゆい	
17	暑い	あつい		40	からい	
18	熱い	あつい		41	軽い	かるい
19	厚い	あつい		42	可愛い	かわいい
20	危ない	あぶない		43	可愛らしい	かわいらしい
21	甘い	あまい		44	汚い	きたない
22	あやしい			45	きつい	
23	忙しい	いそがしい		46	きびしい	

47	臭い	くさい		74	恥ずかしい	はずかしい
48	悔しい	くやしい		75	速い	はやい
49	暗い	くらい		76	早い	はやい
50	苦しい	くるしい		77	低い	ひくい
51	詳しい	くわしい		78	ひどい	
52	濃い	こい		79	広い	ひろい
53	恋しい	こいしい		80	深い	ふかい
54	細かい	こまかい		81	太い	ふとい
55	寂しい	さびしい		82	欲しい	ほしい
56	寒い	さむい		83	細い	ほそい
57	仕方ない	しかたない		84	細長い	ほそながい
58	親しい	したしい		85	貧しい	まずしい
59	しょうがない			86	まぶしい	
60	涼しい	すずしい		87	丸い	まるい
61	すっぱい			88	難しい	むずかしい
62	素晴らしい	すばらしい		89	珍しい	めずらしい
63	狭い	せまい		90	申し訳ない	もうしわけない
64	正しい	ただしい		91	もったいない	
65	だらしない			92	易しい	やさしい
66	つまらない・つまんない			93	優しい	やさしい
67	無い	ない		94	柔らかい	やわらかい
68	情けない	なさけない		95	ゆるい	
69	なつかしい			96	若い	わかい
70	憎い	にくい		97	安全な	あんぜんな
71	憎らしい	にくらしい		98	意外な	いがいな
72	ぬるい			99	一般的な	いっぱんてきな
73	眠い	ねむい				

1	嫌な	いやな	24	幸せな	しあわせな
2	確実な	かくじつな	25	静かな	しずかな
3	活動的な	かつどうてきな	26	自然な	しぜんな
4	可能な	かのうな	27	失礼な	しつれいな
5	かわいそうな		28	主要な	しゅような
6	簡単な	かんたんな	29	正直な	しょうじきな
7	危険な	きけんな	30	親切な	しんせつな
8	基礎的な	きそてきな	31	新鮮な	しんせんな
9	基本的な	きほんてきな	32	慎重な	しんちょうな
10	急な	きゅうな	33	実用的な	じつようてきな
11	嫌いな	きらいな	34	自動的な	じどうてきな
12	具体的な	ぐたいてきな	35	地味な	じみな
13	経済的な	けいざいてきな	36	重大な	じゅうだいな
14	健康な	けんこうな	37	自由な	じゆうな
15	元気な	げんきな	38	十分な	じゅうぶんな
16	効果的な	こうかてきな	39	重要な	じゅうような
17	高価な	こうかな	40	上品な	じょうひんな
18	最高な	さいこうな	41	丈夫な	じょうぶな
19	最終的な	さいしゅうてきな	42	人工的な	じんこうてきな
20	最低な	さいていな	43	数学的な	すうがくてきな
21	盛んな	さかんな	44	素敵な	すてきな
22	様々な	さまざまな	45	清潔な	せいけつな
23	残念な	ざんねんな	46	正常な	せいじょうな

47	積極的な	せっきょくてきな
48	専門的な	せんもんてきな
49	全体的な	ぜんたいてきな
50	相当な	そうとうな
51	退屈な	たいくつな
52	大切な	たいせつな
53	大変な	たいへんな
54	確かな	たしかな
55	短気な	たんきな
56	単純な	たんじゅんな
57	大事な	だいじな
58	代表的な	だいひょうてきな
59	丁寧な	ていねいな
60	当然な	とうぜんな
61	得意な	とくいな
62	特別な	とくべつな
63	苦手な	にがてな
64	にぎやかな	
65	熱心な	ねっしんな
66	派手な	はでな
67	必要な	ひつような
68	不安な	ふあんな
69	複雑な	ふくざつな
70	不思議な	ふしぎな
71	不便な	ふべんな
72	不要な	ふような
73	平気な	へいきな

74	下手な	へたな
75	変な	へんな
76	別な	べつな
77	便利な	べんりな
78	身近な	みぢかな
79	無理な	むりな
80	迷惑な	めいわくな
81	面倒な	めんどうな
82	有名な	ゆうめいな
83	楽な	らくな
84	立派な	りっぱな
85	相変わらず	あいかわらず
86	あまり	
87	いくらでも	
88	一応	いちおう
89	一度に	いちどに
90	いつでも	
91	いっぱい	
92	今にも	いまにも
93	主に	おもに
94	必ず	かならず
95	必ずしも	かならずしも
96	かなり	
97	きちんと	
98	きっと	
99	偶然	ぐうぜん
100	結局	けっきょく

モリタン 16日目	1499~1599 / 2160	副詞(一般)・副詞(オノマトペ)	英語　中国語　インドネシア語 韓国語　ベトナム語　ミャンマー語 会員登録をして翻訳を見よう！

1	結構	けっこう
2	決して	けっして
3	この間	このあいだ
4	この前	このまえ
5	先に	さきに
6	さっき	
7	早速	さっそく
8	次第に	しだいに
9	しばらく	
10	正直	しょうじき
11	実は	じつは
12	実際に	じっさいに
13	十分	じゅうぶん
14	すぐに	
15	全て	すべて
16	ずいぶん	
17	ずっと	
18	せっかく	
19	絶対	ぜったい
20	ぜひ	
21	相当	そうとう
22	そのまま	
23	そんなに	
24	たいてい	

25	大変	たいへん
26	互いに	たがいに
27	確か	たしか
28	多少	たしょう
29	ただ	
30	たった	
31	例えば	たとえば
32	たまに	
33	だいたい	
34	だんだん	
35	ちっとも	
36	ちょうど	
37	つい	
38	ついに	
39	次々	つぎつぎ
40	つまり	
41	当然	とうぜん
42	とうとう	
43	時々	ときどき
44	特に	とくに
45	突然	とつぜん
46	どう	
47	どうか	
48	どうして	

49	どうしても		76	よろしく
50	なかなか		77	いらいら
51	なぜか		78	うっかり
52	何か	なにか / なんか	79	うろうろ
53	何も	なにも / なんも	80	からから
54	なるべく		81	がらがら
55	なるほど		82	きらきら
56	初めて	はじめて	83	ぐっすり
57	非常に	ひじょうに	84	こんこん
58	別に	べつに	85	しっかり
59	別々に	べつべつに	86	すっかり
60	ほとんど		87	すっと
61	まあまあ		88	そっくり
62	まず		89	そっと
63	また		90	そろそろ
64	全く	まったく	91	だぶだぶ
65	まるで		92	ちかちか
66	もう		93	とんとん
67	もし		94	どきどき
68	もしかしたら		95	どっと
69	もちろん		96	どんどん
70	もっと		97	はっきり
71	最も	もっとも	98	ばらばら
72	やっと		99	びっくり
73	やっぱり / やはり		100	ぴったり
74	ようこそ		101	ふらふら
75	ようやく			

1	ぺこぺこ	24	ウイルス
2	ぺらぺら	25	エアコン
3	ゆっくり	26	エネルギー
4	アイスクリーム	27	エプロン
5	アイディア / アイデア	28	エレベーター
6	アクセス（する）	29	エンジン
7	アクセル	30	オープン（する）
8	アップ（する）	31	オフィス
9	アドバイス（する）	32	オリンピック
10	アナウンサー	33	オレンジ
11	アナウンス（する）	34	カーテン
12	アルバイト / バイト（する）	35	カード
13	アルバム	36	カセットテープ
14	アレルギー	37	カット（する）
15	アンケート	38	カップ
16	イベント	39	カバー（する）
17	イメージ（する）	40	カフェ
18	イヤホン	41	カメラマン
19	インク	42	カラオケ
20	インターネット	43	カルチャー
21	インタビュー（する）	44	カレー
22	インフォメーション	45	カロリー
23	インフルエンザ	46	ガイドブック

47	ガソリン	73	ゴム
48	ガラス	74	ゴルフ
49	キーボード	75	サークル
50	キャッシュカード	76	サービス（する）
51	キャベツ	77	サイクリング（する）
52	キャンセル（する）	78	サイズ
53	クイズ	79	サイト
54	クッキー	80	サイン（する）
55	クラシック	81	サングラス
56	クラスメート	82	サンプル
57	クラブ	83	ショッピング（する）
58	クリーニング（する）	84	ジャケット
59	クリーム	85	ジャズ
60	クレジットカード	86	ジャム
61	グラウンド	87	スープ
62	グラス	88	スイッチ
63	グラフ	89	スキー
64	グループ	90	スケジュール
65	ケース	91	スタート（する）
66	コース	92	ストーブ
67	コピー（する）	93	ストーリー
68	コマーシャル	94	ストップ（する）
69	コミュニケーション	95	ストレス
70	コンビニ	96	スパゲッティ / スパゲティ
71	コンピューター	97	スピーカー
72	ゴール（する）	98	スピーチ

1　セール	24　トマト
2　セット（する）	25　トレーニング（する）
3　セミナー	26　ネクタイ
4　センター	27　ネックレス
5　ゼミ	28　ノック（する）
6　ソース	29　ハーフ
7　ソファー	30　ハーフマラソン
8　タイトル	31　ハイキング
9　タオル	32　ハイヒール
10　ダビング（する）	33　ハンバーグ
11　チーズ	34　バイオリン
12　チェックアウト（する）	35　バイク
13　チェックイン（する）	36　バスケット
14　チャレンジ（する）	37　バスケットボール
15　チャンス	38　バター
16　チョコレート / チョコ	39　バレエ
17　チラシ	40　パーセント
18　テープ	41　パーティー
19　テーマ	42　パスポート
20　Tシャツ	43　パンダ
21　テキスト	44　パンフレット
22　デート（する）	45　ヒーター
23　デザイン（する）	46　ヒント

47	ビタミン	74	ホール
48	ビデオ	75	ホチキス／ホッチキス
49	ピクニック	76	ボーリング
50	ピザ	77	ポイント
51	ピンク	78	ポケット
52	ファストフード	79	ポスター
53	ファスナー	80	マーク（する）
54	ファックス（する）	81	マイク
55	ファッション	82	マナー
56	ファン	83	マフラー
57	ブラシ	84	マラソン
58	ブランコ	85	マンション
59	プール	86	ミックス（する）
60	プラスチック	87	ミルク
61	プリンター	88	メール（する）
62	プリント（する）	89	メールアドレス
63	プレーヤー	90	メッセージ
64	プロ	91	メニュー
65	プログラム	92	メモ（する）
66	ヘルメット	93	メンバー
67	ベランダ	94	ヨーグルト
68	ペット	95	ラーメン
69	ペットボトル	96	ライオン
70	ペンキ	97	ラケット
71	ホーム	98	ラジカセ
72	ホームステイ	99	ランチ
73	ホームページ		

1	リサイクル（する）		24	それで
2	リスト		25	それに
3	リビング		26	だが
4	ルール		27	だから
5	レインコート		28	ついでに
6	レジ		29	つまり
7	レシピ		30	ところが
8	レッスン		31	なお
9	レンズ		32	また
10	ロケット		33	または
11	ロッカー		34	大雨	おおあめ
12	ロック（する）		35	大声	おおごえ
13	ロビー		36	大掃除	おおそうじ
14	ロボット		37	大通り	おおどおり
15	ワイン		38	大雪	おおゆき
16	ワンピース		39	各駅	かくえき
17	一方	いっぽう	40	各学校	かくがっこう
18	けれど／けれども		41	各季節	かくきせつ
19	すると		42	各地	かくち
20	そこで		43	各日	かくじつ
21	そして		44	各国	かっこく
22	そのうえ		45	後期	こうき
23	それから		46	後半	こうはん

47	今回	こんかい		74	営業課	えいぎょうか
48	今学期	こんがっき		75	学生課	がくせいか
49	今後	こんご		76	秘書課	ひしょか
50	新曲	しんきょく		77	画家	がか
51	新商品	しんしょうひん		78	作家	さっか
52	新製品	しんせいひん		79	小説家	しょうせつか
53	前後	ぜんご		80	専門家	せんもんか
54	前日	ぜんじつ		81	運動会	うんどうかい
55	前半	ぜんはん		82	歓迎会	かんげいかい
56	全員	ぜんいん		83	観察会	かんさつかい
57	全国	ぜんこく		84	講演会	こうえんかい
58	全部	ぜんぶ		85	食事会	しょくじかい
59	不規則	ふきそく		86	説明会	せつめいかい
60	不用品	ふようひん		87	町内会	ちょうないかい
61	夕食	ゆうしょく		88	展覧会	てんらんかい
62	夕飯	ゆうはん		89	発表会	はっぴょうかい
63	夕日	ゆうひ		90	勉強会	べんきょうかい
64	大学院	だいがくいん		91	生き方	いきかた
65	美容院	びよういん		92	入れ方	いれかた
66	病院	びょういん		93	選び方	えらびかた
67	駅員	えきいん		94	教え方	おしえかた
68	会員	かいいん		95	考え方	かんがえかた
69	社員	しゃいん		96	建て方	たてかた
70	店員	てんいん		97	使い方	つかいかた
71	部員	ぶいん		98	撮り方	とりかた
72	動物園	どうぶつえん		99	ほめ方	ほめかた
73	保育園	ほいくえん				

モリタン 20日目	1896~1995 / 2160	接尾語	英語　中国語　インドネシア語 韓国語　ベトナム語　ミャンマー語 会員登録をして翻訳を見よう！

1	やり方	やりかた	24	東側	ひがしがわ
2	中間	ちゅうかん	25	左側	ひだりがわ
3	夜間	やかん	26	右側	みぎがわ
4	昼間	ひるま	27	南側	みなみがわ
5	映画館	えいがかん	28	自動販売機	じどうはんばいき
6	市民館	しみんかん	29	洗濯機	せんたくき
7	資料館	しりょうかん	30	掃除機	そうじき
8	水族館	すいぞくかん	31	飛行機	ひこうき
9	体育館	たいいくかん	32	入り口	いりぐち
10	図書館	としょかん	33	改札口	かいさつぐち
11	博物館	はくぶつかん	34	北口	きたぐち
12	美術館	びじゅつかん	35	正面口	しょうめんぐち
13	旅館	りょかん	36	出口	でぐち
14	経営学	けいえいがく	37	西口	にしぐち
15	経済学	けいざいがく	38	東口	ひがしぐち
16	社会学	しゃかいがく	39	南口	みなみぐち
17	内側	うちがわ	40	定期券	ていきけん
18	裏側	うらがわ	41	割引券	わりびきけん
19	表側	おもてがわ	42	開園後	かいえんご
20	北側	きたがわ	43	閉店後	へいてんご
21	外側	そとがわ	44	英語	えいご
22	西側	にしがわ	45	外国語	がいこくご
23	反対側	はんたいがわ	46	中国語	ちゅうごくご

47	晩ご飯	ばんごはん	74	集合時	しゅうごうじ
48	昼ご飯	ひるごはん	75	日時	にちじ
49	夕ご飯	ゆうごはん	76	運動場	うんどうじょう
50	夜ご飯	よるごはん	77	会場	かいじょう
51	あて先	あてさき	78	スキー場	すきーじょう
52	外出先	がいしゅつさき	79	駐車場	ちゅうしゃじょう
53	連絡先	れんらくさき	80	聞き上手	ききじょうず
54	看護師	かんごし	81	話し上手	はなしじょうず
55	教師	きょうし	82	料理上手	りょうりじょうず
56	応接室	おうせつしつ	83	子ども達	こどもたち
57	会議室	かいぎしつ	84	私達	わたしたち
58	研究室	けんきゅうしつ	85	食事代	しょくじだい
59	コピー室	こぴーしつ	86	ホテル代	ほてるだい
60	コンピューター室	こんぴゅーたーしつ	87	温泉地	おんせんち
61	事務室	じむしつ	88	観光地	かんこうち
62	科学者	かかくしゃ	89	中心地	ちゅうしんち
63	希望者	きぼうしゃ	90	世界中	せかいじゅう
64	経験者	けいけんしゃ	91	期間中	きかんちゅう
65	参加者	さんかしゃ	92	建設中	けんせつちゅう
66	指導者	しどうしゃ	93	工事中	こうじちゅう
67	歩行者	ほこうしゃ	94	今週中	こんしゅうちゅう
68	優勝者	ゆうしょうしゃ	95	滞在中	たいざいちゅう
69	利用者	りようしゃ	96	留学中	りゅうがくちゅう
70	旅行者	りょこうしゃ	97	一流店	いちりゅうてん
71	教科書	きょうかしょ	98	家具店	かぐてん
72	証明書	しょうめいしょ	99	喫茶店	きっさてん
73	申込書	もうしこみしょ	100	専門店	せんもんてん

1	電気店	でんきてん		24	乗り放題	のりほうだい
2	館内	かんない		25	週末	しゅうまつ
3	市内	しない		26	年末	ねんまつ
4	車内	しゃない		27	会社名	かいしゃめい
5	時間内	じかんない		28	商品名	しょうひんめい
6	店内	てんない		29	生き物	いきもの
7	売り場	うりば		30	落とし物	おとしもの
8	ごみ置き場	ごみおきば		31	買い物	かいもの
9	乗り場	のりば		32	品物	しなもの
10	暗証番号	あんしょうばんごう		33	調べ物	しらべもの
11	電話番号	でんわばんごう		34	洗濯物	せんたくもの
12	予約番号	よやくばんごう		35	食べ物	たべもの
13	会費	かいひ		36	飲み物	のみもの
14	交通費	こうつうひ		37	乗り物	のりもの
15	営業日	えいぎょうび		38	持ち物	もちもの
16	出発日	しゅっぱつび		39	忘れ物	わすれもの
17	誕生日	たんじょうび		40	ケーキ屋	けーきや
18	定休日	ていきゅうび		41	写真屋	しゃしんや
19	到着日	とうちゃくび		42	服屋	ふくや
20	医学部	いがくぶ		43	不動産屋	ふどうさんや
21	営業部	えいぎょうぶ		44	本屋	ほんや
22	サッカー部	さっかーぶ		45	八百屋	やおや
23	食べ放題	たべほうだい		46	教師用	きょうしよう

47	ご自宅用	ごじたくよう
48	使用料	しようりょう
49	送料	そうりょう
50	入園料	にゅうえんりょう
51	汗をかく	あせをかく
52	汗を流す	あせをながす
53	息をのむ	いきをのむ
54	一生懸命	いっしょうけんめい
55	うそをつく	
56	生まれ変わる	うまれかわる
57	思い付く	おもいつく
58	風邪を引く	かぜをひく
59	体を壊す	からだをこわす
60	気がする	きがする
61	気が付く	きがつく
62	気に入る	きにいる
63	気にする	きにする
64	気になる	きになる
65	気の毒	きのどく
66	気を付ける	きをつける
67	具合が悪い	ぐあいがわるい
68	調子が悪い	ちょうしがわるい
69	手が空く	てがあく
70	手に入る	てにはいる
71	手間をかける	てまをかける
72	年を取る	としをとる
73	間に合う	まにあう

74	身に付ける	みにつける
75	耳に入る	みみにはいる
76	目覚める	めざめる
77	目に入る	めにはいる
78	面倒くさい	めんどうくさい
79	明日	あした / あす
80	いらしてください。	
81	いらっしゃる	
82	いらっしゃいませ。	
83	伺う	うかがう
84	お預かりする	おあずかりする
85	おいでになる	
86	お帰りですか。	おかえりですか。
87	お聞きする	おききする
88	お決まりでしょうか。	おきまりでしょうか。
89	お客様・お客さん	おきゃくさま・おきゃくさん
90	お子様・お子さん	おこさま・おこさん
91	お先に	おさきに
92	お幸せに	おしあわせに
93	お世話になっております。	おせわになっております。
94	お疲れさまです。	おつかれさまです。
95	おっしゃる	
96	お伝えする	おつたえする
97	お願いします。	おねがいします。
98	お待ちください。	おまちください。
99	お待ちしております。	おまちしております。

1	お見せください。	おみせください。
2	お目にかかる	おめにかかる
3	お持ちください。	おもちください。
4	お渡しする	おわたしする
5	構いません。	かまいません。
6	結構です。	けっこうです。
7	ご遠慮ください。	ごえんりょください。
8	ご存じです。	ごぞんじです。
9	ご無沙汰しております。	ごぶさたしております。
10	ご覧になる	ごらんになる
11	差し上げる	さしあげる
12	失礼します。	しつれいします。
13	失礼ですが、	しつれいですが、
14	少々	しょうしょう
15	承知しました。	しょうちしました。
16	すみません。	
17	(名前)と申します。	(なまえ)ともうします。
18	どうぞ	
19	どちら様	どちらさま
20	どなた様	どなたさま
21	拝見する	はいけんする
22	皆様	みなさま
23	召し上がる	めしあがる
24	申し訳ありません。／申し訳ございません。	もうしわけありません。／もうしわけございません。

25	よろしいでしょうか。		52	～年目	ねんめ
26	私	わたし / わたくし	53	～杯	はい / ばい / ぱい
27	～位	い	54	～泊～日	～はく～か / ～ぱく～か
28	～億	おく	55	～箱	はこ / ぱこ
29	～回	かい	56	～番	ばん
30	～階	かい / がい	57	～匹	ひき / びき / ぴき
31	～日間	かかん / にちかん	58	～秒	びょう
32	～か月	かげつ	59	～分	ふん / ぷん
33	～巻	かん	60	～部	ぶ
34	～キロ		61	～分の～	ぶんの
35	～キログラム		62	～本	ほん / ぼん / ぽん
36	～グラム		63	～枚	まい
37	～軒	けん	64	～メートル	
38	～個	こ	65	～名様	めいさま
39	～歳	さい	66	～割	わり
40	～冊	さつ			
41	～皿	さら			
42	～色	しょく			
43	～字	じ			
44	～時間	じかん			
45	～台	だい			
46	～段	だん			
47	～つ				
48	～通	つう			
49	～点	てん			
50	～頭	とう			
51	～度	ど			

練習問題

問題の形式は、全部で5種類あります。（問題数は変動する可能性があります。）

問題1	漢字読み	8問
問題2	表記	6問
問題3	文脈規定	11問
問題4	言い換え類義	5問
問題5	用法	5問

1 漢字読み

○問題1（例）

問題1　＿＿＿のことばの読み方として最もよいものを、1・2・3・4から一つえらびなさい。

1 日本へ留学することを決めた。

　　1　りゅがく　　　2　りゅうがく　　　3　りゅかく　　　4　りゅうかく

2 教室に人が集まる。

　　1　かたまる　　　2　とまる　　　3　あつまる　　　4　たまる

正答　①2 ②3

問題1では、漢字の読み方を答える問題が8問出題されます。選択肢の中には、迷うものがたくさんあると思います。音読みや訓読み、長音（ー）促音（っ）濁音（゛）半濁音（゜）などに注意しながら、読み方を確認していきましょう。

○間違いやすい例

- ・留学→りゅうがく（○）、りゅがく（×）
- ・実家→じっか（○）、じつか（×）
- ・月日→つきひ（○）、げつにち（×）
- ・上級→じょうきゅう（○）、しょうきゅう（×）
- ・進歩→しんぽ（○）、しんほ（×）

問題1 ＿＿＿のことばの読み方として最もよいものを、1・2・3・4から一つえらびなさい。

1 秋になり、葉の色が変わってきた。

　　1　えだ　　　　　2　き　　　　　　　3　は　　　　　　　4　ね

2 昨日の夜、熱が出た。

　　1　けむり　　　　2　ねつ　　　　　　3　ひ　　　　　　　4　ゆ

にわ
3 庭の木に赤い実がなりました。

　　1　たね　　　　　2　はな　　　　　　3　め　　　　　　　4　み

ほんだな
4 本棚の角で頭を打った。

　　1　はし　　　　　2　よこ　　　　　　3　かど　　　　　　4　さき

5 本の表に名前を書く。

　　1　おもて　　　　2　うら　　　　　　3　した　　　　　　4　うえ

6 寒すぎて、指が冷たくなった。

　　1　て　　　　　　2　あし　　　　　　3　ゆび　　　　　　4　うで

7 母からきれいな器をもらいました。

　　1　なべ　　　　　2　さら　　　　　　3　うつわ　　　　　4　いた

8 卵と粉を容器に入れて、よくかきまぜる。

　　1　す　　　　　　2　あぶら　　　　　3　しお　　　　　　4　こな

えんそうかい
9 演奏会の席を取る。

　　1　せき　　　　　2　ゆか　　　　　　3　いす　　　　　　4　ば

に もつ
10 荷物を箱に入れる。

　　1　かご　　　　　2　はこ　　　　　　3　たんす　　　　　4　かばん

正答 ①3　②2　③4　④3　⑤1　⑥3　⑦3　⑧4　⑨1　⑩2

問題1　＿＿＿のことばの読み方として最もよいものを、1・2・3・4から一つ
えらびなさい。

1 小さい虫が列になって歩いている。
　　1　れつ　　　　　2　たて　　　　　3　ななめ　　　　4　せん

2 缶をごみ箱に捨てる。
　　1　ふくろ　　　　2　かみ　　　　　3　ふく　　　　　4　かん

3 わたしの机に置いておいてください。
　　1　だい　　　　　2　いす　　　　　3　つくえ　　　　4　へや

4 冬は寒くて、外に出ると鼻が赤くなってしまう。
　　1　みみ　　　　　2　ほほ　　　　　3　はな　　　　　4　かお

5 用紙にきれいな線を書く。
　　1　まる　　　　　2　せん　　　　　3　え　　　　　　4　じ

6 わたしは絵や音楽などの芸術が好きだ。
　　1　げじゅつ　　　2　げしゅつ　　　3　げいじゅつ　　4　げいしゅつ

7 わたしと野田さんの間には熱い友情がある。
　　1　ゆうじょ　　　2　ゆうじょう　　3　ゆじょ　　　　4　ゆじょう

8 自転車の修理をするには、様々な道具が必要です。
　　1　どぐう　　　　2　どぐ　　　　　3　どうぐう　　　4　どうぐ

9 正しい方角を調べてから行こう。
　　1　ほうがく　　　2　ほがく　　　　3　ほうかく　　　4　ほかく

10 祖母の家には楽器がたくさんあります。
　　1　がつき　　　　2　がっぎ　　　　3　がっき　　　　4　がつぎ

正答 ①1　②4　③3　④3　⑤2　⑥3　⑦2　⑧4　⑨1　⑩3

問題1 _____のことばの読み方として最もよいものを、1・2・3・4から一つえらびなさい。

1 さっき電話で10人分の注文を受けました。

1 ちゅうぶん　　2 ちゅぶん　　3 ちゅうもん　　4 ちゅもん

2 日本の箸を作っている人は、高い技術を持っている。

1 きじゅつ　　2 ぎじゅつ　　3 きしゅつ　　4 ぎしゅつ

3 高校時代は野球をしていました。

1 やくう　　2 やく　　3 やきゅう　　4 やきゅ

4 辞書を使って調べる。

1 じしょ　　2 じしょう　　3 ししょ　　4 ししょう

5 医者から病気についての説明を受ける。

1 せつめ　　2 せっめ　　3 せっめい　　4 せつめい

6 大学の合格発表が行われた。

1 はっぴょ　　2 はぴょ　　3 はっぴょう　　4 はぴょう

7 柔道の初級の試験に合格した。

1 しょうきゅう　　2 しょきゅう　　3 しょうきゅ　　4 しょきゅ

8 天気がいいので布団を干しましょう。

1 ぶとん　　2 ふとん　　3 ぶだん　　4 ふだん

9 通路が狭くて通れません。

1 つうろ　　2 つうろう　　3 つろう　　4 つろ

10 進学のことについて、先生に相談があります。

1 そうたん　　2 しょうたん　　3 そうだん　　4 しょうだん

正答 ①3　②2　③3　④1　⑤4　⑥3　⑦2　⑧2　⑨1　⑩3

問題1　＿＿＿＿のことばの読み方として最もよいものを、1・2・3・4から一つえらびなさい。

1 来年は大阪^{おおさか}の支店で働くことを希望します。

1　きぼう　　　　2　きぼ　　　　　3　きいぼ　　　　4　きいぼう

2 弟は来年の3月に大学を卒業する予定です。

1　そつぎょ　　　2　そっぎょ　　　3　そっぎょう　　4　そつぎょう

3 ずっと食べたかったカレーを食べられて満足した。

1　まんそく　　　2　まんぞく　　　3　まんそぐ　　　4　まんぞぐ

4 わたしはプロの歌手として、10年間活動しています。

1　かっどう　　　2　かっど　　　　3　かつどう　　　4　かつど

5 生徒を代表してあいさつをする。

1　たいひょう　　2　だいひょう　　3　たいひょ　　　4　だいひょ

6 先生はわたしの考えを否定した。

1　ひてい　　　　2　ひて　　　　　3　ふてい　　　　4　ふて

7 ガソリンをたくさん消費した。

1　そひ　　　　　2　そうひ　　　　3　しょひ　　　　4　しょうひ

8 想定していなかった問題が起きた。

1　そうてい　　　2　しょうてい　　3　そうて　　　　4　しょうて

9 歯医者の予約をする。

1　ぞうやく　　　2　ぞやく　　　　3　よやく　　　　4　ようやく

10 学校に携帯電話^{けいたいでんわ}を持ってくることを禁止します。

1　きんじ　　　　2　ぎんじ　　　　3　ぎんし　　　　4　きんし

正答 ①1　②4　③2　④3　⑤2　⑥1　⑦4　⑧1　⑨3　⑩4

問題1 _____のことばの読み方として最もよいものを、1・2・3・4から一つ
えらびなさい。

1 今回の事件は、前回の事件と関係しているようだ。

1　かんけ　　　　2　かんげ　　　　3　かけい　　　　4　かんけい

2 今年は赤のチームが優勝しました。

1　ゆしょう　　　2　ゆうしょう　　3　ゆうしょ　　　4　ゆしょ

3 昨日、足を手術しました。

1　しゅうしゅつ　2　しゅうじゅつ　3　しゅしゅつ　　4　しゅじゅつ

4 大事な日なのに、失敗してしまいました。

1　しっはい　　　2　しぱい　　　　3　しっぱい　　　4　しはい

5 わたしは仕事でバスを運転しています。

1　うてん　　　　2　うんてん　　　3　うんて　　　　4　うってん

6 机を引いてください。

1　ふいて　　　　2　たたいて　　　3　ひいて　　　　4　おいて

7 これは駐車場を表すマークです。

1　しめす　　　　2　さす　　　　　3　かす　　　　　4　あらわす

8 大きな段ボール箱を届ける。

1　とどける　　　2　ぶつける　　　3　あずける　　　4　わける

9 妹の赤い洋服を探す。

1　なおす　　　　2　のこす　　　　3　ほす　　　　　4　さがす

10 彼女は昨日から怒っている。

1　こまって　　　2　おこって　　　3　だまって　　　4　まよって

正答　①4　②2　③4　④3　⑤2　⑥3　⑦4　⑧1　⑨4　⑩2

問題1 ＿＿＿のことばの読み方として最もよいものを、1・2・3・4から一つえらびなさい。

1 緑の糸と白い糸を編んでいます。

1 えらんで 　　2 むすんで 　　3 あんで 　　4 たのんで

2 強い風で木が折れた。

1 たおれた 　　2 おれた 　　3 ゆれた 　　4 かれた

3 弟が妹の布団を干した。

1 かくした 　　2 よごした 　　3 ほした 　　4 かえした

4 中島さんが酔ってしまいました。

1 よって 　　2 すべって 　　3 しゃべって 　　4 あまって

5 友達に借りていた服を渡す。

1 かえす 　　2 ほす 　　3 わたす 　　4 よごす

6 隣の席に移りましょう。

1 すわり 　　2 うつり 　　3 くばり 　　4 もどり

7 テストの内容を変える。

1 おぼえる 　　2 くわえる 　　3 つたえる 　　4 かえる

8 黒い子猫を拾った。

1 さわった 　　2 ひろった 　　3 まもった 　　4 かった

9 携帯電話を直す。

1 おとす 　　2 わたす 　　3 かす 　　4 なおす

10 松井さん、こっちを向いてください。

1 むいて 　　2 やいて 　　3 みがいて 　　4 はいて

正答　①3　②2　③3　④1　⑤3　⑥2　⑦4　⑧2　⑨4　⑩1

問題1 _____ のことばの読み方として最もよいものを、1・2・3・4から一つえらびなさい。

1 水曜日は<u>面白い</u>テレビ番組があります。

1 おもい　　　　2 おそろしい　　　3 おかしい　　　4 おもしろい

2 新幹線はとても<u>速い</u>。
（しんかんせん）

1 たかい　　　　2 やすい　　　　3 あぶない　　　4 はやい

3 彼とは<u>親しい</u>友達です。
（ともだち）

1 あやしい　　　2 したしい　　　3 むずかしい　　4 なつかしい

4 <u>寒い</u>季節になりました。
（きせつ）

1 すずしい　　　2 さむい　　　　3 あつい　　　　4 あたたかい

5 大会に出ることはとても<u>難しい</u>。

1 たのしい　　　2 きびしい　　　3 むずかしい　　4 はずかしい

6 わたしの兄はとても<u>優しい</u>。

1 やさしい　　　2 かわいらしい　　3 いそがしい　　4 おとなしい

7 自転車で転んで、足が<u>痛い</u>。

1 つらい　　　　2 くさい　　　　3 かゆい　　　　4 いたい

8 昨日買った辞書はとても<u>厚い</u>。

1 うすい　　　　2 あつい　　　　3 ちいさい　　　4 たかい

9 今運んでいる荷物は<u>軽い</u>。

1 ふとい　　　　2 おもい　　　　3 かるい　　　　4 ほそい

10 明日から<u>新しい</u>生活が始まる。

1 まずしい　　　2 さびしい　　　3 あたらしい　　4 くるしい

正答 ①4　②4　③2　④2　⑤3　⑥1　⑦4　⑧2　⑨3　⑩3

問題1　＿＿＿のことばの読み方として最もよいものを、1・2・3・4から一つ
えらびなさい。

1 寒いので、温かい飲み物を飲もう。
　　1　こまかい　　　　2　あたたかい　　　3　たかい　　　　4　やわらかい

2 欲しい絵がなかったので、店を出た。
　　1　めずらしい　　　2　あやしい　　　　3　すばらしい　　4　ほしい

3 正しい結果が出た。
　　1　ただしい　　　　2　くわしい　　　　3　くやしい　　　4　かなしい

4 この山は、あの山よりも低いです。
　　1　きたない　　　　2　ひろい　　　　　3　せまい　　　　4　ひくい

5 妹が可愛くて仕方がない。
　　1　かわいくて　　　2　こいしくて　　　3　うらやましくて　4　うつくしくて

6 彼女は勉強熱心な生徒です。
　　1　ねつじん　　　　2　ねっじん　　　　3　ねっしん　　　4　ねつしん

7 大事なゆびわをなくしてしまった。
　　1　だいし　　　　　2　たいし　　　　　3　たいじ　　　　4　だいじ

8 家の近くにコンビニがなくて不便だ。
　　1　ふべん　　　　　2　ふへん　　　　　3　ふうべん　　　4　ふうへん

9 昨日の試合は残念な結果になった。
　　1　じゃんねん　　　2　ざんねん　　　　3　さんねん　　　4　じゃねん

10 母から簡単な料理を教えてもらいました。
　　1　かんたん　　　　2　かたん　　　　　3　かんた　　　　4　かた

正答　①2　②4　③1　④4　⑤1　⑥3　⑦4　⑧1　⑨2　⑩1

問題1 _____ のことばの読み方として最もよいものを、1・2・3・4から一つ
えらびなさい。

1 彼女に正直な気持ちを伝える。

    1　しょうちょく　　　2　しょちょく　　　3　しょじき　　　4　しょうじき

2 旅行に必要なものを買いに行きましょう。

    1　ひつじょう　　　2　ひつじょ　　　3　ひつよう　　　4　ひつよ

3 先輩に失礼なことをしてしまった。

    1　しつれい　　　2　しっれい　　　3　しつれ　　　4　しっれ

4 苦手な食べ物はにんじんです。

    1　くるて　　　2　にがしゅ　　　3　くるしゅ　　　4　にがて

5 自由に文章を書いてみましょう。

    1　じゆ　　　2　じゆう　　　3　しゆ　　　4　しゆう

6 不要なものは買わない。

    1　ふよ　　　2　ふりょ　　　3　ふよう　　　4　ふりょう

7 安全な場所で遊びましょう。

    1　あぜん　　　2　あんせい　　　3　あんせん　　　4　あんぜん

8 一人でするには大変な仕事でした。

    1　たいべん　　　2　たいへん　　　3　だいへん　　　4　だいべん

9 今日は休みだったので十分に寝ることができた。

    1　じゅうふん　　　2　じゅふん　　　3　じゅうぶん　　　4　じゅぶん

10 今回の会議は主要なメンバーで行う。

    1　しゅよう　　　2　しゅよ　　　3　しゅうよう　　　4　しゅうよ

正答　①4　②3　③1　④4　⑤2　⑥3　⑦4　⑧2　⑨3　⑩1

2 表記
ひょう き

○問題2（例）
もん だい　れい

問題2 ＿＿＿＿のことばを漢字で書くとき、最もよいものを1・2・3・4から一つ
えらびなさい。

1 パーティーをしんこうする。

1 進行　　　　　2 推行　　　　　3 進後　　　　　4 推後

正答　1

問題2では、漢字の形を答える問題が6問出ます。選択肢の中には、似ている形の漢字や読み方が
同じで意味が違う漢字がよく出ます。きちんと漢字の形と意味を覚えましょう。

問題2 ＿＿＿＿のことばを漢字で書くとき、最もよいものを1・2・3・4から一つ
えらびなさい。

1 海に小さいふねが、ぽつんと浮かんでいる。

1 舩　　　　　2 般　　　　　3 船　　　　　4 航

2 はずかしくてかおが赤くなってしまった。

1 頭　　　　　2 顔　　　　　3 額　　　　　4 願

3 空気を入れかえるために、まどを開けた。

1 窓　　　　　2 空　　　　　3 穴　　　　　4 究

4 村上さんのよこには佐藤さんがすわっている。

1 核　　　　　2 格　　　　　3 椅　　　　　4 横

5 たまごは、焼いても生で食べてもおいしい。

1 叩　　　　　2 印　　　　　3 卵　　　　　4 即

6 今回のイベントは、やく一万人が参加するそうだ。

1 結　　　　　2 終　　　　　3 給　　　　　4 約

7 兄は、海外のきょくをよくきいている。

1 替　　　　　2 曲　　　　　3 冒　　　　　4 更

8 今週は、仕事のりょうが多くて早く帰ることができない。

1 重　　　　　2 量　　　　　3 里　　　　　4 野

9 着物のおびを一人で結ぶことは、とても難しい。

1 希　　　　　2 布　　　　　3 幕　　　　　4 帯

10 長い時間走っているといきが苦しくなる。

1 患　　　　　2 志　　　　　3 息　　　　　4 恵

正答 ①3　②2　③1　④4　⑤3　⑥4　⑦2　⑧2　⑨4　⑩3

問題2 　　　　のことばを漢字で書くとき、最もよいものを1・2・3・4から一つ えらびなさい。

1 平日の朝は、どの電車も<u>まんいん</u>で席に座ることができない。

1　万院　　　　　2　満員　　　　　3　万員　　　　　4　満院

2 わたしの仕事は、世界の新しい出来事を<u>きじ</u>にすることだ。

1　記事　　　　　2　誌事　　　　　3　記地　　　　　4　誌地

3 レジの<u>きかい</u>がこわれてしまった。

1　橋械　　　　　2　概械　　　　　3　機械　　　　　4　極械

4 <u>かいだん</u>をのぼった先には、きれいな景色（けしき）が広がっていた。

1　階段　　　　　2　開団　　　　　3　階団　　　　　4　開段

5 天気<u>よほう</u>では晴（は）れだったのに、雨が降（ふ）ってきた。

1　預報　　　　　2　予法　　　　　3　預法　　　　　4　予報

6 <u>ずつう</u>が続いているので、薬（くすり）を飲みました。

1　頭症　　　　　2　頭疲　　　　　3　頭痛　　　　　4　頭病

7 <u>ぼうえき</u>によって、海外のものを手に入れることができる。

1　貿是　　　　　2　賃是　　　　　3　貿易　　　　　4　賃易

8 鈴木（すずき）さんは、みんなに優しくて<u>せいかく</u>がいい。

1　生各　　　　　2　性各　　　　　3　生格　　　　　4　性格

9 この鳥は、セキセイインコという<u>しゅるい</u>です。

1　税類　　　　　2　種類　　　　　3　積類　　　　　4　程類

10 <u>しょうせつ</u>を読んでいる時間が一番好きだ。

1　小設　　　　　2　少説　　　　　3　小説　　　　　4　少設

正答　①2　②1　③3　④1　⑤4　⑥3　⑦3　⑧4　⑨2　⑩3

問題2 _____のことばを漢字で書くとき、最もよいものを1・2・3・4から一つえらびなさい。

1 毎月、水道の<u>しようりよう</u>が高くなってしまう。

    1 使角料   2 仕用料   3 仕角料   4 使用料

2 木曜日は<u>ていきゅうび</u>です。

    1 程休日   2 程体日   3 定休日   4 定体日

3 好きな人の<u>れんらくさき</u>を教えてもらった。

    1 連級先   2 連絡先   3 練級先   4 練絡先

4 <u>あかしんごう</u>のときに渡（わた）ってはいけません。

    1 赤倍考   2 赤倍号   3 赤信考   4 赤信号

5 彼女は、トラックの<u>うんてんしゅ</u>をしている。

    1 運転手   2 遅軒手   3 運軒手   4 遅転手

6 会社から社員にお金を<u>しきゅう</u>している。

    1 支給   2 支維   3 支績   4 支絡

7 <u>えいよう</u>を<u>いしき</u>して、野菜をたくさん食べている。

    1 意職   2 意織   3 意識   4 意幟

8 東京（とうきょう）から大阪（おおさか）まで車で<u>いどう</u>する。

    1 科動   2 移動   3 積動   4 税動

9 来月に行うイベントの<u>じゅんび</u>をする。

    1 順日   2 準日   3 順備   4 準備

10 道を<u>おうだん</u>するときは、車に気をつけましょう。

    1 横段   2 応段   3 応断   4 横断

正答 ①4 ②3 ③2 ④4 ⑤1 ⑥1 ⑦3 ⑧2 ⑨4 ⑩4

問題2 ＿＿＿のことばを漢字で書くとき、最もよいものを1・2・3・4から一つ えらびなさい。

1 アナウンサーが映画の内容を<u>かいせつ</u>している。
　　1　開設　　　　　2　解説　　　　　3　開説　　　　　4　解設

2 食べ物の種類を<u>ぶんるい</u>する。
　　1　分類　　　　　2　分頭　　　　　3　分顔　　　　　4　分願

3 夜ご飯に使う材料を<u>ようい</u>する。
　　1　容易　　　　　2　容意　　　　　3　用易　　　　　4　用意

4 週末には、会社の制服を<u>せんたく</u>する。
　　1　治濯　　　　　2　注濯　　　　　3　流濯　　　　　4　洗濯

5 <ruby>友達<rt>ともだち</rt></ruby>と会う場所を<u>していする</u>。
　　1　指宗　　　　　2　使宗　　　　　3　指定　　　　　4　使定

6 犬は、うれしいとき、くるくると<u>まわり</u>ます。
　　1　走り　　　　　2　回り　　　　　3　去り　　　　　4　座り

7 日本では、<ruby>二十歳<rt>はたち</rt></ruby>からは<ruby>お酒<rt>さけ</rt></ruby>を飲むことが<u>ゆるされる</u>。
　　1　計される　　　2　設される　　　3　許される　　　4　記される

8 文章を全部<u>けして</u>、最初から書き直した。
　　1　汚して　　　　2　滑して　　　　3　清して　　　　4　消して

9 あの赤ちゃんは今にも<u>ころびそう</u>だ。
　　1　軽びそう　　　2　輪びそう　　　3　転びそう　　　4　軸びそう

10 わたしは、彼に好きだという気持ちを手紙で<u>つたえた</u>。
　　1　位えた　　　　2　任えた　　　　3　仕えた　　　　4　伝えた

正答 ①2　②1　③4　④4　⑤3　⑥2　⑦3　⑧4　⑨3　⑩4

問題2 ＿＿＿＿のことばを漢字で書くとき、最もよいものを1・2・3・4から一つ
えらびなさい。

1 大学の入学試験に<u>おちて</u>しまった。

1 落ちて　　　　2 苦ちて　　　　3 薬ちて　　　　4 薄ちて

2 入院している祖母が早く元気になることを<u>ねがって</u>いる。

1 頑って　　　　2 願って　　　　3 順って　　　　4 預って

3 わが家は、正月を<u>むかえる</u>準備で大いそがしだ。

1 過える　　　　2 迷える　　　　3 通える　　　　4 迎える

4 自分の悪いところを、きちんと<u>なおして</u>いきたい。

1 正して　　　　2 直して　　　　3 育して　　　　4 教して

5 本に出てきた、わからない漢字の意味を<u>しらべる</u>。

1 調べる　　　　2 証べる　　　　3 訪べる　　　　4 話べる

6 今日は天気が<u>わるい</u>ので、家で過ごすことにしました。

1 残い　　　　　2 不い　　　　　3 悪い　　　　　4 悲い

7 失敗ばかりしている自分を<u>なさけなく</u>思う。

1 情けなく　　　2 慎けなく　　　3 忙けなく　　　4 悩けなく

8 今回のテストの問題はとても<u>やさしい</u>。

1 単しい　　　　2 安しい　　　　3 容しい　　　　4 易しい

9 今日は、<u>あたたかくて</u>ちょうどいい気温だ。

1 熱かくて　　　2 暖かくて　　　3 暑かくて　　　4 燃かくて

10 海は、<u>ふかくて</u>地に足がつかないのでこわい。

1 浅くて　　　　2 低くて　　　　3 深くて　　　　4 高くて

正答 ①1　②2　③4　④2　⑤1　⑥3　⑦1　⑧4　⑨2　⑩3

問題2　　　のことばを漢字で書くとき、最もよいものを1・2・3・4から一つ
えらびなさい。

1 孫(まご)の笑顔は、とても<u>いとしい</u>。

1　素しい　　　　　2　愛しい　　　　　3　恋しい　　　　　4　好しい

2 わかしたばかりのお湯で入れたお茶は<u>あつい</u>。

1　焦い　　　　　2　照い　　　　　3　燃い　　　　　4　熱い

3 長い距離(きょり)を走ると、いきが<u>くるしく</u>なる。

1　切しく　　　　　2　辛しく　　　　　3　苦しく　　　　　4　呼しく

4 信号を見て渡(わた)らないと<u>あぶない</u>ですよ。

1　害ない　　　　　2　険ない　　　　　3　危ない　　　　　4　疑ない

5 彼からもらったゆびわを<u>なくして</u>しまった。

1　落くして　　　　2　去くして　　　　3　忘くして　　　　4　無くして

6 そろそろ、新しい車が<u>ほしい</u>。

1　欲しい　　　　　2　欧しい　　　　　3　歓しい　　　　　4　欺しい

7 彼女は、いつも<u>かわいらしい</u>洋服を着ている。

1　果愛らしい　　　2　可愛らしい　　　3　果恋らしい　　　4　可恋らしい

8 実家の畑(はたけ)で採(と)れるにんじんは、<u>ふとくて</u>あまい。

1　夫くて　　　　　2　太くて　　　　　3　大くて　　　　　4　天くて

9 冬になると、夕方の5時には太陽が落ちて<u>くらく</u>なる。

1　映く　　　　　2　晩く　　　　　3　暗く　　　　　4　昭く

10 日本は8月の初めが一番気温が高くて<u>あつい</u>。

1　暮い　　　　　2　昇い　　　　　3　景い　　　　　4　暑い

正答　①2　②4　③3　④3　⑤4　⑥1　⑦2　⑧2　⑨3　⑩4

問題2　　　　　のことばを漢字で書くとき、最もよいものを1・2・3・4から一つ
　　　　　えらびなさい。

1　ここのレストランの料理は、けっこうおいしかった。
　　1　決構　　　　　2　決講　　　　　3　結講　　　　　4　結構

2　みんなのことはけっして忘れません。
　　1　必して　　　　2　断して　　　　3　決して　　　　4　確して

3　新しく発売した商品がつぎつぎに売れていく。
　　1　次々　　　　　2　欠々　　　　　3　欽々　　　　　4　欲々

4　失ってはじめて気づくことがある。
　　1　終めて　　　　2　新めて　　　　3　初めて　　　　4　結めて

5　問題の意味がまったくわからなかった。
　　1　結く　　　　　2　全く　　　　　3　完く　　　　　4　詳く

6　あの彼が泣くのだから、そうとううれしかったのだろう。
　　1　相答　　　　　2　想答　　　　　3　相当　　　　　4　想当

7　たとえば、ラーメンやすしを食べたい。
　　1　伴えば　　　　2　似えば　　　　3　促えば　　　　4　例えば

8　彼女をかならず幸せにすると約束した。
　　1　応ず　　　　　2　恥ず　　　　　3　必ず　　　　　4　心ず

9　油が多い料理は、いちどに食べることができない。
　　1　一序に　　　　2　一度に　　　　3　一庫に　　　　4　一康に

10　たしかここのスーパーは毎月29日にお肉が安くなるはずだ。
　　1　破か　　　　　2　研か　　　　　3　確か　　　　　4　硬か

正答　①4　②3　③1　④3　⑤2　⑥3　⑦4　⑧3　⑨2　⑩3

3 文脈規定

○問題3 (例)

問題3　（　　　）に入れるのに最もよいものを、1・2・3・4から一つえらびなさい。

1 強い風で落ちた桜の花が川の上に（　　　）いる。

1 被って　　　　2 倒れて　　　　3 溶けて　　　　4 浮いて

正答　4

問題3では、（　　　）の中にぴったり当てはまる言葉を選ぶ問題が11問出ます。4つの選択肢は意味が似ている言葉になっていることが多いです。単語一つ一つの意味をしっかりと理解しておきましょう。

問題3 （　　　　）に入れるのに最もよいものを、1・2・3・4から一つえらびなさい。

1 夏休みの自由課題では、美術館へ行った（　　　　）を書いて提出した。
1 相談　　　　2 目標　　　　3 解説　　　　4 感想

2 最近帰りが遅い父は、なんだか疲れている（　　　　）だ。
1 様子　　　　2 体操　　　　3 合図　　　　4 調子

3 バナナには、さまざまな（　　　　）があるため、毎日食べるといいそうだ。
1 技術　　　　2 研究　　　　3 栄養　　　　4 資源

4 音楽が好きな父は、楽器についての（　　　　）がある。
1 意識　　　　2 知識　　　　3 中身　　　　4 内容

5 （　　　　）ばかり言ってないで、少しは頑張ってみようよ。
1 言葉　　　　2 文句　　　　3 秘密　　　　4 言語

6 今回の試合で負けたのは、集中力が切れた事が（　　　　）です。
1 基本　　　　2 原料　　　　3 材料　　　　4 原因

7 初めて海外へ行ったときから、いろんな国の文化に（　　　　）を持つようになった。
1 役割　　　　2 理由　　　　3 興味　　　　4 目的

8 今日は（　　　　）が悪いので、また今度一緒にご飯を食べにいきましょう。
1 性格　　　　2 姿勢　　　　3 都合　　　　4 印象

9 出張先でたくさんの人と（　　　　）を交換しました。
1 名刺　　　　2 看板　　　　3 氏名　　　　4 企業

正答 ①4　②1　③3　④2　⑤2　⑥4　⑦3　⑧3　⑨1

問題3 （　　　）に入れるのに最もよいものを、1・2・3・4から一つえらびなさい。

1 わたしの働いている服屋は、4月10日から17日の（　　　　）でセールを行う予定です。
1　期限（きげん）　　　2　期間（きかん）　　　3　延期（えんき）　　　4　同時（どうじ）

2 テストの点がよかったので（　　　）が上がり、母に褒（ほ）められた。
1　進学（しんがく）　　　2　成功（せいこう）　　　3　成績（せいせき）　　　4　進歩（しんぽ）

3 ダンスの（　　　）を学びに、アメリカへ留学することにした。
1　正解（せいかい）　　　2　基礎（きそ）　　　3　中心（ちゅうしん）　　　4　見本（みほん）

4 水と電気の使いすぎに注意し、（　　　）に優しい生活をしましょう。
1　大家（おおや）　　　2　季節（きせつ）　　　3　環境（かんきょう）　　　4　相手（あいて）

5 17時までに、明後日の講演会（こうえんかい）の（　　　）を作らなければなりません。
1　書類（しょるい）　　　2　辞書（じしょ）　　　3　印刷（いんさつ）　　　4　記録（きろく）

6 祖父（そふ）の子どもの（　　　）は、アイスクリームが10円で買えたそうです。
1　都会（とかい）　　　2　世界（せかい）　　　3　社会（しゃかい）　　　4　時代（じだい）

7 わたしは、英語を話すことよりも読むことの方が（　　　）がある。
1　自信（じしん）　　　2　感覚（かんかく）　　　3　効果（こうか）　　　4　特徴（とくちょう）

8 車に乗って、家から学校までの（　　　）を確かめる。
1　時差（じさ）　　　2　間隔（かんかく）　　　3　成長（せいちょう）　　　4　距離（きょり）

9 わたしが住んでいるアパートの（　　　）は毎月7万円だ。
1　現金（げんきん）　　　2　家賃（やちん）　　　3　給料（きゅうりょう）　　　4　物価（ぶっか）

正答　①2　②3　③2　④3　⑤1　⑥4　⑦1　⑧4　⑨2

問題3 （　　　）に入れるのに最もよいものを、1・2・3・4から一つえらびなさい。

1 今日の試合に勝って、優勝することを（　　　）しています。
1 用意　　　　2 期待　　　　3 予約　　　　4 解決

2 将来は、英語を（　　　）する仕事で世界中を回りたいです。
1 共通　　　　2 意味　　　　3 通訳　　　　4 伝言

3 彼は、テストでいい点をとったことをみんなに（　　　）している。
1 申請　　　　2 意見　　　　3 宣伝　　　　4 自慢

4 最近太ってきたので、毎日（　　　）するために新しい靴を買った。
1 運動　　　　2 実験　　　　3 移動　　　　4 実行

5 修学旅行で、有名なパン工場を（　　　）する予定だ。
1 教育　　　　2 見学　　　　3 発見　　　　4 就職

6 田中さんの誕生日パーティーをこっそり（　　　）する。
1 世話　　　　2 経営　　　　3 関係　　　　4 計画

7 今回の宿題は、家で植物の成長を（　　　）して記録することだ。
1 証明　　　　2 記念　　　　3 観察　　　　4 見物

8 新入社員を（　　　）する会が開かれ、たくさんお酒を飲んだ。
1 維持　　　　2 安心　　　　3 感激　　　　4 歓迎

9 海の水を（　　　）したところ、昨年よりも汚れていました。
1 工夫　　　　2 仮定　　　　3 調査　　　　4 指定

正答 ①2　②3　③4　④1　⑤2　⑥4　⑦3　⑧4　⑨3

問題3　（　　　）に入れるのに最もよいものを、1・2・3・4から一つえらびなさい。

1　いつか日本に行ったら、京都と大阪を（　　　　）したいと思っています。
　　1　位置　　　　　2　集中　　　　　3　観光　　　　　4　入門

2　働く人が足りないので、アルバイトを（　　　　）することにした。
　　1　募集　　　　　2　交換　　　　　3　持参　　　　　4　回収

3　昨日、娘の保育園を（　　　　）しました。
　　1　通行　　　　　2　訪問　　　　　3　開園　　　　　4　受験

4　混雑を防ぐため、店に入れる人数を（　　　）している。
　　1　主張　　　　　2　命令　　　　　3　制限　　　　　4　禁止

5　こんなに売れるなんて、（　　　　）していませんでした。
　　1　予報　　　　　2　注意　　　　　3　約束　　　　　4　予想

6　道で迷っている人を、駅まで（　　　）しました。
　　1　指導　　　　　2　案内　　　　　3　受付　　　　　4　紹介

7　山田さんは今月で会社を辞めて、アメリカへ留学するという（　　　　）だ。
　　1　通り　　　　　2　扱い　　　　　3　うわさ　　　　　4　うそ

8　昨日、友人と（　　　）してしまい、気分が悪い。
　　1　減少　　　　　2　なっとく　　　　　3　消費　　　　　4　けんか

9　工場で（　　　）したお肉を、スーパーで売る。
　　1　変化　　　　　2　加工　　　　　3　調節　　　　　4　応用

正答　①3　②1　③2　④3　⑤4　⑥2　⑦3　⑧4　⑨2

問題3　（　　　）に入れるのに最もよいものを、1・2・3・4から一つえらびなさい。

1 靴ひもをしっかり（　　　）から歩きましょう。

　　1　つつんで　　　　2　組んで　　　　3　結んで　　　　4　たたんで

2 友人が急に大きな声を出したので、（　　　）。

　　1　あこがれた　　　2　おどろいた　　　3　くたびれた　　　4　あきらめた

3 階段から落ちて、かけていたメガネが（　　　）しまった。

　　1　転んで　　　　　2　戻って　　　　　3　曲がって　　　　4　降って

4 海を歩いていたら、大きい貝を（　　　）けがをしました。

　　1　おさえて　　　　2　ふんで　　　　　3　うって　　　　　4　ほって

5 最近は、朝から夜まで予定が（　　　）いて忙しい。

　　1　まとまって　　　2　たまって　　　　3　残って　　　　　4　埋まって

6 傘を二本持っていたので、友達に大きい方を（　　　）あげた。

　　1　掛けて　　　　　2　持って　　　　　3　貸して　　　　　4　扱って

7 先輩から夜ご飯に誘われたが、明日は早く起きなければいけないので（　　　）。

　　1　あやまった　　　2　断った　　　　　3　逆らった　　　　4　たしかめた

8 昨日の強い台風で、大きな木が（　　　）しまった。

　　1　倒れて　　　　　2　降って　　　　　3　生えて　　　　　4　引いて

9 銀行に行って、今月の家賃と電気代を（　　　）。

　　1　頼む　　　　　　2　払う　　　　　　3　渡す　　　　　　4　伝える

正答　①3　②2　③3　④2　⑤4　⑥3　⑦2　⑧1　⑨2

問題3　（　　　）に入れるのに最もよいものを、1・2・3・4から一つえらびなさい。

1 バスケットボールの試合で負けてしまった友人を（　　　）。
　　1　手伝う　　　　　2　たよる　　　　　3　治す　　　　　4　なぐさめる

2 川で（　　　）子犬を助けて、病院に連れて行きました。
　　1　揺れていた　　　2　あふれていた　　3　おぼれていた　　4　沈んでいた

3 そっと閉めないと、ドアが（　　　）しまいますよ。
　　1　飽きて　　　　　2　疲れて　　　　　3　壊れて　　　　　4　溶けて

4 みんな疲れている様子だったので、社員全員に3日間の休日を（　　　）ました。
　　1　与え　　　　　　2　渡し　　　　　　3　配り　　　　　　4　置き

5 汚れている机を（　　　）きれいにした。
　　1　しぼって　　　　2　拭いて　　　　　3　たたいて　　　　4　弾いて

6 近くにあった交番で駅までの道を（　　　）。
　　1　開いた　　　　　2　勧めた　　　　　3　選んだ　　　　　4　尋ねた

7 学校の授業で、英語を（　　　）練習をする。
　　1　聞き取る　　　　2　受け取る　　　　3　ふき取る　　　　4　きり取る

8 カレンダーを見て、今夜の大事な予定を（　　　）。
　　1　作り出した　　　2　引き出した　　　3　貸し出した　　　4　思い出した

9 入学式で、生徒を代表してお祝いの言葉を言う役割を（　　　）ました。
　　1　引っ張り　　　　2　取り出し　　　　3　引き受け　　　　4　取り込み

正答　①4　②3　③3　④1　⑤2　⑥4　⑦1　⑧4　⑨3

問題3 （　　　）に入れるのに最もよいものを、1・2・3・4から一つえらびなさい。

1 週末は、新しく買ったロボットを（　　　）、息子と一緒に遊ぶ予定です。
1　掛け直して　　　2　組み立てて　　　3　切り替えて　　　4　見て回って

2 思ったよりも応募者が多かったので、明日で（　　　）ことにした。
1　飲み切る　　　2　言い切る　　　3　走り切る　　　4　締め切る

3 7月の旅行について、本やインターネットで調べながら（　　　）。
1　向かい合う　　　2　話し合う　　　3　見つめ合う　　　4　掛け合う

4 財布と携帯電話だけは、いつも（　　　）ようにしています。
1　待ち続ける　　　2　持ち替える　　　3　待ち合わせる　　　4　持ち歩く

5 山本さんなら、先週家族で東京に（　　　）ましたよ。
1　引っ掛け　　　2　引っ越し　　　3　飛び越し　　　4　駆け出し

6 学校の先生たちが、インフルエンザの予防を（　　　）。
1　言いかける　　　2　問いかける　　　3　呼びかける　　　4　思いかける

7 中国語を勉強するために、会話のクラスに（　　　）。
1　読み込む　　　2　呼び込む　　　3　書き込む　　　4　申し込む

8 この資料は、最初から（　　　）必要があります。
1　作り直す　　　2　繰り返す　　　3　取り返す　　　4　取り消す

9 学校に遅刻しそうだったので、雨の中傘を差さずに家を（　　　）た。
1　追い越し　　　2　掛け直し　　　3　飛び出し　　　4　走り出し

正答 ①2　②4　③2　④4　⑤2　⑥3　⑦4　⑧1　⑨3

問題3　（　　　）に入れるのに最もよいものを、1・2・3・4から一つえらびなさい。

1 買い物に来たのに、財布を忘れて（　　　）家に帰った。

1　だらしなく　　　2　申し訳なく　　　3　仕方なく　　　4　にくらしく

2 ふるさとが（　　　）、久しぶりに中学の友達に電話をかけた。

1　愛しくて　　　2　優しくて　　　3　美しくて　　　4　恋しくて

3 木村さんのピアノの演奏は、とても（　　　）です。

1　あやしかった　　　　　　　　　2　すばらしかった

3　うらやましかった　　　　　　　4　おいしかった

4 レストランに入ると、昔よく聞いていた曲が店内で流れていて（　　　）気持ちになった。

1　恥ずかしい　　　2　親しい　　　3　しょうがない　　　4　なつかしい

5 台風が近づいているせいで、雨も風も（　　　）なってきました。

1　かたく　　　2　忙しく　　　3　ひどく　　　4　苦しく

6 この時間になると、部屋に太陽の光が当たって（　　　）。

1　まぶしい　　　2　もったいない　　　3　うるさい　　　4　ぬるい

7 ここの川は（　　　）ので、小さい子どもも安心して遊べます。

1　薄い　　　2　貧しい　　　3　浅い　　　4　軽い

8 卒業したら、みんなに毎日会うことができなくなるので（　　　）。

1　あぶない　　　2　くやしい　　　3　なさけない　　　4　さびしい

9 今日はたくさん食べる予定なので、お腹の周りが（　　　）ズボンを履いてきました。

1　きびしい　　　2　やさしい　　　3　ゆるい　　　4　えらい

正答　①3　②4　③2　④4　⑤3　⑥1　⑦3　⑧4　⑨3

問題3 （　　　　）に入れるのに最もよいものを、1・2・3・4から一つえらびなさい。

1 後輩が作ってくれた資料に間違いがないか（　　　　）チェックする。
　　1　濃く　　　　　2　きつく　　　　　3　難しく　　　　　4　こまかく

2 このドラマはおもしろいと聞いていたけど、実際は（　　　　）。
　　1　つまらなかった　2　おかしかった　　3　めずらしかった　4　あかるかった

3 お菓子を食べ過ぎたせいで、顔が（　　　　）なった。
　　1　広く　　　　　2　丸く　　　　　3　狭く　　　　　4　厚く

4 いつも真面目な鈴木さんは、（　　　　）ことにお酒が大好きらしい。
　　1　得意な　　　　2　意外な　　　　3　大変な　　　　4　相当な

5 ここは遊園地や水族館がある、とても（　　　　）町だ。
　　1　にぎやかな　　2　平気な　　　　3　派手な　　　　4　たいくつな

6 数学は好きだが、（　　　　）計算が少し苦手だ。
　　1　確実な　　　　2　正常な　　　　3　複雑な　　　　4　危険な

7 コンビニは24時間開いていて、なんでも売っているので（　　　　）。
　　1　熱心だ　　　　2　便利だ　　　　3　上品だ　　　　4　新鮮だ

8 仕事の後に映画をみに行こうと思っていたが、残業のせいで（　　　　）。
　　1　残念だった　　2　迷惑だった　　3　不安だった　　4　無理だった

9 先生の（　　　　）説明のおかげで、難しい問題も解けるようになりました。
　　1　重大な　　　　2　可能な　　　　3　丁寧な　　　　4　高価な

正答　①4　②1　③2　④2　⑤1　⑥3　⑦2　⑧4　⑨3

問題3　（　　　）に入れるのに最もよいものを、1・2・3・4から一つえらびなさい。

1 この事件について、（　　　）情報を知りたい。
1 盛んな　　　　2 正直な　　　　3 確かな　　　　4 単純な

2 野菜をたくさん食べることは、健康にもダイエットにも（　　　）だ。
1 実用的　　　　2 効果的　　　　3 基本的　　　　4 全体的

3 恥ずかしがらず、もっと（　　　）に意見を出し合いましょう。
1 基礎的　　　　2 活動的　　　　3 積極的　　　　4 一般的

4 日本のタクシーのドアは、自分で開けなくても（　　　）に開きます。
1 最終的　　　　2 人工的　　　　3 具体的　　　　4 自動的

5 わたしは大学で植物について研究したので、農業について（　　　）な知識がある。
1 代表的　　　　2 経済的　　　　3 数学的　　　　4 専門的

6 明日、みんなに（　　　）お知らせをする予定だ。
1 立派な　　　　2 重要な　　　　3 地味な　　　　4 慎重な

7 遠い場所に住んでいる恋人と、一年ぶりに（　　　）会えた。
1 なかなか　　　2 いつでも　　　3 ようやく　　　4 はじめて

8 （　　　）雨が降ったら、海ではなくプールに行きましょう。
1 今にも　　　　2 確か　　　　3 もし　　　　4 一度に

9 二時までにこの仕事が終わるかはわかりませんが、（　　　）早く終わらせます。
1 なるべく　　　2 主に　　　　3 次第に　　　　4 だいたい

正答 ①3　②2　③3　④4　⑤4　⑥2　⑦3　⑧3　⑨1

問題3 （　　　）に入れるのに最もよいものを、1・2・3・4から一つえらびなさい。

1 だめだとわかっていても、（　　　）お菓子を食べ過ぎてしまいます。

　　1　まず　　　　　　　2　きちんと　　　　　3　つい　　　　　　　4　だんだん

2 たくさん勉強したが、（　　　）試験に合格するとは限らない。

　　1　例えば　　　　　　2　必ずしも　　　　　3　多少　　　　　　　4　いくらでも

3 支払う金額を（　　　）出すことができた。

　　1　そのまま　　　　　2　まっすぐ　　　　　3　ただ　　　　　　　4　ちょうど

4 割れたコップは、危ないので（　　　）触らないでください。

　　1　先に　　　　　　　2　突然　　　　　　　3　絶対　　　　　　　4　最も

5 多分その作り方で合っていますが、（　　　）確認しましょう。

　　1　次々　　　　　　　2　結構　　　　　　　3　相当　　　　　　　4　一応

6 たくさん見たけど、（　　　）最初に行ったお店の服が欲しいな。

　　1　やっと　　　　　　2　もちろん　　　　　3　やっぱり　　　　　4　ずいぶん

7 卒業してから一度も会っていなかった佐藤さんと（　　　）駅で会った。

　　1　かなり　　　　　　2　偶然　　　　　　　3　せっかく　　　　　4　結局

8 普段はお酒を飲まないが、（　　　）飲むとおいしく感じる。

　　1　すぐに　　　　　　2　あまり　　　　　　3　もっと　　　　　　4　たまに

9 大学生になってから、（　　　）実家に帰っていない。

　　1　まるで　　　　　　2　時々　　　　　　　3　しばらく　　　　　4　たいてい

正答　①3　②2　③4　④3　⑤4　⑥3　⑦2　⑧4　⑨3

86

問題3　（　　）に入れるのに最もよいものを、1・2・3・4から一つえらびなさい。

1 本当_{ほんとう}はどう思っているのか、（　　　）言ってください。

　　1　そっくり　　　　2　はっきり　　　　3　てっきり　　　　4　きっかり

2 今日は時間がないから、また今度（　　　）話しましょう。

　　1　ぐっすり　　　　2　さっと　　　　　3　そっと　　　　　4　ゆっくり

3 まだ本を読みたいけど、明日も早いし（　　　）寝よう。

　　1　ころころ　　　　2　ごろごろ　　　　3　そろそろ　　　　4　のろのろ

4 坂井_{さかい}さんはアメリカに留学していたので、英語が（　　　）話せます。

　　1　こんこん　　　　2　うろうろ　　　　3　ぺらぺら　　　　4　べらべら

5 （　　　）して、大事な資料_{しりょう}を家に忘れてきてしまった。

　　1　すっかり　　　　2　びっくり　　　　3　きっちり　　　　4　うっかり

6 この皿_{さら}は大切なものだから、落とさないように（　　　）持っていてね。

　　1　すっと　　　　　2　ぴったり　　　　3　しっかり　　　　4　そっと

7 暑い中一時間も山を歩いたので、のどが（　　　）だ。

　　1　がらがら　　　　2　ざらざら　　　　3　さらさら　　　　4　からから

8 朝から何も食べていないので、お腹_{なか}が（　　　）だ。

　　1　どきどき　　　　2　ぺろぺろ　　　　3　いらいら　　　　4　ぺこぺこ

9 家に着いたとたん、仕事の疲_{つか}れが（　　　）出てきた。

　　1　どっと　　　　　2　ぎっしり　　　　3　さっぱり　　　　4　じっと

正答　①2　②4　③3　④3　⑤4　⑥3　⑦4　⑧4　⑨1

問題3　（　　　）に入れるのに最もよいものを、1・2・3・4から一つえらびなさい。

1 来月行われる、マラソン大会の（　　　）を考える。

1　エネルギー　　　2　ケース　　　　3　コース　　　　4　サンプル

2 山下さんは、性格が明るく（　　　）を取ることが得意です。

1　アイデア　　　　　　　　　2　コミュニケーション

3　マナー　　　　　　　　　　4　メッセージ

3 興味のある会社のホームページに（　　　）する。

1　インタビュー　　2　アクセス　　　3　ファックス　　4　チェックイン

4 りんごを買いに行ったら、店員さんが（　　　）で一つ多く入れてくれた。

1　サービス　　　　2　センター　　　3　ベランダ　　　4　ヒント

5 今まで一度もやったことがなかったサッカーに（　　　）する。

1　トレーニング　　2　アップ　　　　3　チャレンジ　　4　ダビング

6 会社でビジネスの（　　　）を教える。

1　マナー　　　　　2　サイズ　　　　3　レシピ　　　　4　メニュー

7 急に用事ができてしまい、仕方なく明日の予定を（　　　）した。

1　アナウンス　　　2　リサイクル　　3　キャンセル　　4　ストップ

8 資料を読んだら、最後に（　　　）をお願いします。

1　リスト　　　　　2　サイン　　　　3　デザイン　　　4　テキスト

9 二か月前に買ったペンの（　　　）がもうなくなってしまいました。

1　ソース　　　　　2　エンジン　　　3　インク　　　　4　ペンキ

正答　①3　②2　③2　④1　⑤3　⑥1　⑦3　⑧2　⑨3

4 言い換え類義

○問題4 (例)

問題4 _____ に意味が最も近いものを、1・2・3・4から一つえらびなさい。

1 毎日のようにラーメンを食べているので飽きてしまった。

　　1 いやになって　　2 好きになって　　　3 やせて　　　　　4 太って

正答 1

問題4では、下線の言葉と最も意味が近い言葉を選ぶ問題が5問出ます。つまり、日本語で語彙の意味を説明する問題です。

問題4 _____ に意味が最も近いものを、1・2・3・4から一つえらびなさい。

1 他の<u>ほうほう</u>を考えましょう。

1 じょうたい　　2 意味（いみ）　　3 やり方（かた）　　4 原因（げんいん）

2 中本（なかもと）さんは、元気で明るい<u>印象（いんしょう）</u>です。

1 イメージ　　2 性格　　3 メンバー　　4 人

3 この仕事は<u>共同で</u>作業しましょう。

1 一人で　　2 一緒（いっしょ）に　　3 後で　　4 先に

4 村上（むらかみ）さんは<u>ふだん</u>、スカートをはいている。

1 けっきょく　　2 ときどき　　3 いつも　　4 初めて

5 商品が<u>わりびきになっている</u>。

1 売れて無くなっている　　　　2 あまっている

3 高くなっている　　　　　　　4 安くなっている

6 <u>かんかく</u>をあけてください。

1 よてい　　2 あいだ　　3 みち　　4 せき

7 どの学校にも、<u>きそく</u>がある。

1 グラウンド　　2 制服（せいふく）　　3 ルール　　4 試験（しけん）

8 父は、声に<u>特徴がある</u>。

1　自信を持っている

2　不満を持っている

3　他とは違うところがある

4　他と同じところがある

9 <u>具合</u>があまりよくない。

1　成績　　　　　　2　天気　　　　3　結果　　　　　4　調子

10 <u>生活習慣</u>を見直しましょう。

1　たまに行っていること

2　毎日行っていること

3　たまにできること

4　毎日できること

正答　①3　②1　③2　④3　⑤4　⑥2　⑦3　⑧3　⑨4　⑩2

問題4　_____に意味が最も近いものを、1・2・3・4から一つえらびなさい。

1 イベントを<u>延期する</u>ことにした。
　　1　早く行う　　　　2　先にのばす　　　3　新しく考える　　4　全てやめる

2 新しいパソコンが<u>故障した</u>。
　　1　こわれた　　　　2　出た　　　　　　3　売れた　　　　　4　とどいた

3 兄に、自転車を<u>修理して</u>もらう。
　　1　買って　　　　　2　なおして　　　　3　降りて　　　　　4　かして

4 ビルを<u>けんせつする</u>そうだ。
　　1　貸す　　　　　　2　こわす　　　　　3　たてる　　　　　4　借りる

5 結果を<u>ほうこくする</u>。
　　1　知らせる　　　　2　確かめる　　　　3　残す　　　　　　4　出す

6 アンケートを<u>かいしゅうする</u>。
　　1　作る　　　　　　2　書く　　　　　　3　配る　　　　　　4　集める

7 サービスを<u>りようする</u>。
　　1　中止する　　　　2　始める　　　　　3　用意する　　　　4　使う

8 会議を<u>しんこうする</u>。

1　見学する　　　　2　準備する　　　　3　すすめる　　　　4　おわらせる

9 50メートルの橋を<u>往復</u>{おうふく}する。

1　最後まで渡{わた}る　　2　行って戻{もど}る　　3　走る　　　　　　4　歩く

10 <u>かんそうさせた</u>食べ物には、栄養{えいよう}がある。

1　やいた　　　　　2　にた　　　　　　3　かわかした　　　4　あたためた

問題4 _____に意味が最も近いものを、1・2・3・4から一つえらびなさい。

1 先生が急に<u>だまった</u>。

    1 怒りはじめた   2 大きな声を出した

    3 泣き出した   4 何も言わなくなった

2 いつまでたっても友達が待ち合わせの場所に来ないので、<u>くたびれて</u>しまった。

    1 怒って   2 帰って   3 困って   4 疲れて

3 おもちゃを<u>片付けて</u>ください。

    1 広げてください   2 整理してください

    3 買ってください   4 準備してください

4 用事を<u>済ませて</u>から、そちらに向かいます。

    1 入れて   2 断って   3 思い出して   4 終わらせて

5 この仕事は、簡単な作業なのですぐに<u>慣れる</u>と思います。

    1 楽しくなる   2 辛くなる   3 上手になる   4 下手になる

6 小さい弟を<u>かまう</u>。

    1 注意する   2 笑わせる   3 世話する   4 泣かせる

7 3時間も時間が<u>経った</u>。

    1 過ぎた   2 残った   3 あった   4 なかった

8 このアプリは、英語を<u>訳す</u>ことができる。

1　調べる

2　覚える

3　他の国の言葉に変える

4　他の国の言葉で勉強する

9 新しいメンバーを<u>加える</u>。

1　足す　　　　　2　決める　　　　3　変える　　　　4　集める

10 <u>どなる</u>のはよくないことだ。

1　迷惑をかける

2　大きな声でおこる

3　失礼なことを言う

4　うそをつく

問題4 _____ に意味が最も近いものを、1・2・3・4から一つえらびなさい。

1 毎日だらしない生活をしている。

    1　楽しい　　　　　　　　　　　　　2　きちんとしていない

    3　楽しくない　　　　　　　　　　　4　きちんとした

2 彼女は、上品でおとなしい人です。

    1　静<ruby>静<rt>しず</rt></ruby>かな　　　　　2　優しい　　　　　3　きれいな　　　　　4　明るい

3 息子<ruby><rt>むすこ</rt></ruby>は、虫<ruby><rt>むし</rt></ruby>について詳<ruby><rt>くわ</rt></ruby>しい。

    1　あまり知らない　　　　　　　　2　よく話している

    3　よく知っている　　　　　　　　4　あまり話さない

4 長い距離<ruby><rt>きょり</rt></ruby>を走ることはきつい。

    1　楽<ruby><rt>たの</rt></ruby>しい　　　　　2　つらい　　　　　3　危<ruby><rt>あぶ</rt></ruby>ない　　　　　4　えらい

5 母から、めずらしい品物をもらった。

    1　いらない　　　　　　　　　　　2　どこにでもある

    3　欲しかった　　　　　　　　　　4　あまり見たことのない

6 日本人でも、多少漢字を間違<ruby><rt>まちが</rt></ruby>えることはある。

    1　たくさん　　　　　2　少し　　　　　3　多くの　　　　　4　全ての

7 昨日のけんかのことは、ちっとも気にしてないよ。

    1　全然<ruby><rt>ぜんぜん</rt></ruby>　　　　　2　正直　　　　　3　しばらく　　　　　4　相変わらず

8　このマンガは、<u>なかなか</u>おもしろい。

　　1　特
とく
に　　　　　　2　相
そうとう
当　　　　　　3　絶
ぜったい
対　　　　　　4　たまに

9　この本は、<u>ほとんど</u>読み終わっている。

　　1　初めて　　　　　　2　十分　　　　　　3　たいてい　　　　　4　きちんと

10　大きかったきず口が<u>だんだん</u>治
なお
ってきた。

　　1　急に　　　　　　　2　少しずつ　　　　　3　さっそく　　　　　4　かなり

問題4 ＿＿＿に意味が最も近いものを、1・2・3・4から一つえらびなさい。

1 かぜ薬を飲んで、ぐっすり眠る。
1 浅く　　　　　2 深く　　　　　3 早く　　　　　4 遅く

2 閉店前の店内は、がらがらだ。
1 空いている　　2 空いていない　　3 汚れている　　4 汚れていない

3 弟はお母さんと顔がそっくりだ。
1 似ていない　　2 ちょっと違う　　3 似ている　　　4 全く同じだ

4 意見がばらばらだ。
1 一緒だ　　　　2 正しい　　　　3 間違っている　　4 べつべつだ

5 そっとドアを閉めた。
1 強く　　　　　2 確かに　　　　3 静かに　　　　4 早速

6 いろいろなくだものをミックスする。
1 こおらせる　　2 にる　　　　　3 まぜる　　　　4 いためる

7 社長室のドアをノックしました。
1 開けました　　2 閉めました　　3 こわしました　　4 たたきました

8 かみの毛を<u>カット</u>した。

1　かわかした　　　2　洗った　　　　　3　切った　　　　　4　のばした

9 <u>リビング</u>でゆっくりと過ごす。

1　ねる部屋　　　　2　ふろ　　　　　　3　にわ　　　　　　4　居間

10 お店が<u>オープンする</u>のはいつですか。

1　閉まる　　　　　2　開く　　　　　　3　できる　　　　　4　なくなる

5 用法

○問題5（例）

問題5　つぎのことばの使い方として最もよいものを、1・2・3・4から一つえらびなさい。

[1] 配達

1　出張に行っていた父が、夜遅くに<u>配達</u>した。

2　50個の荷物を、駅前の店に<u>配達</u>する。

3　昨日、店に有名な歌手が<u>配達</u>した。

4　この飛行機は、あと30分ほどで東京に<u>配達</u>する。

正答　2（1帰宅 3来店 4到着）

問題5では、一つの単語が正しく使われている文章を選ぶ問題が5問出ます。選択肢4つは全て問題として出されている語彙（例題の問題として出されている語彙は「配達」）を使った文になっています。

問題5　つぎのことばの使い方として最もよいものを、1・2・3・4から一つえらびなさい。

1 手段

1 お腹が痛くなったときは、暖かい手段をするといいです。
2 自分で会社をつくるための手段はいくつかあります。
3 新しい時計を買った手段は、電池を入れても動かなくなってしまったためです。
4 働くときの手段がくわしく書いてあるので、これは大切に保管してください。

2 習慣

1 わたしの学校は、地震や火事が起きたときに避難できるように習慣がある。
2 今日は運動会の習慣がある予定だったが、雨のため中止になった。
3 学校に遅刻ばかりしている弟に、早く起きる習慣をつけるように注意した。
4 来月犬を飼うので、わたしの家では犬を毎日二回散歩に連れて行くという習慣を作った。

3 状態

1 昨日から子どものお腹の状態が悪く、とても心配だ。
2 高校生になってから、息子は派手な状態を選ぶようになった。
3 彼女は状態が豊かで、一緒にいるとわたしまで明るい気持ちになる。
4 20代のときに出演した映画での状態が評価され、彼女は有名になった。

4 割合

1 家族が多いので、何でも人数分に割合したが、子どものときはそれがいやだった。
2 この洋服とバッグ、セールで30パーセント割合で買ったんです。
3 車や家などの高価なものを買うときは、何回かに割合してお金を支払う。
4 反対する人の割合が多く、新しいビルの建設を中止することになった。

5 欠点

1 家を出た後で欠点に気づき、あわてて家まで取りに戻った。
2 仕事で欠点があって、すっかり帰るのが遅くなってしまった。
3 この携帯電話の欠点は、電池がなくなるのが早いことだ。
4 ガラスのコップを床に落として、底の部分が欠点してしまった。

6 同様

1　18歳以下の方が申し込むためには、ご両親の同様が必要なんです。

2　結婚してからは、家を建て直して、妻の両親と同様しています。

3　わたしが駅のホームに到着したのとほぼ同様に、電車が出発した。

4　妹とわたしは、同様に育てられたのに性格が全然違う。

7 目標

1　両親に新しい家をプレゼントするという目標のために貯金している。

2　明日は、友達と一緒に図書館で勉強する目標をしています。

3　わたしが仕事をする目標は、お金のためと、色々な経験をするためです。

4　同じような傘がたくさんあるので、自分の傘に目標をつけておいた。

8 資源

1　わたしの国では、お米を資源にして作られた料理がたくさんあります。

2　紙は資源として何度でも利用することができます。

3　もし時間があったら、明日のお弁当の資源を買いに行ってくれない？

4　最初のうちは他の人がかいた作品を資源にして、絵の練習をした。

9 感覚

1　彼に初めて会ったとき、とてもいい感覚だった。

2　学校では感覚を守って行動しなければならない。

3　ネックレスを作るときは、手先の感覚がとても重要だ。

4　体の感覚が悪いので、今日は早めに帰ります。

正答

①2（1かっこう 3理由 4条件）　　⑥4（1同意 2一緒に住んで・同居 3同時）

②3（1訓練 2練習 4決まり・ルール）　⑦1（2約束 3目的 4マーク）

③1（2服装・かっこう 3表情 4演技）　⑧2（1原料 3材料 4見本）

④4（1分けた 2割引 3分割・分けて）　⑨3（1印象 2規則 4具合）

⑤3（1忘れ物 2問題・ミス 4欠けて）

問題5 つぎのことばの使い方として最もよいものを、1・2・3・4から一つえらびなさい。

1 検査

1 かばんの中に財布が入っているかどうか<u>検査</u>してから家を出た。
2 宿題は毎日、先生にわたして<u>検査</u>してもらう。
3 飛行機に乗る客が危ないものを持っていないか、荷物を<u>検査</u>する。
4 間違えたところは、辞書を使って<u>検査</u>してください。

2 流行

1 サッカーはボールがあれば遊べるので、子どもにも大人にも<u>流行</u>のスポーツだ。
2 クラスメートの川村さんは、頭がいいことで<u>流行</u>だ。
3 この犬は、町の住人みんなに<u>流行</u>している。
4 これは、10代の子たちのあいだで<u>流行</u>しているゲームだ。

3 訓練

1 習ったことを忘れないように、授業のあとは必ず<u>訓練</u>している。
2 早起きしてカフェに行き、帰ったら読書をするのが毎日の<u>訓練</u>だ。
3 子どものとき、自分を守るための<u>訓練</u>として柔道を習った。
4 この番組では、英語を使って日本語文法の使い方の<u>訓練</u>をしている。

4 宣伝

1 わが社の新しいサービスが始まることを、動画で<u>宣伝</u>する。
2 社長からの<u>宣伝</u>は、夏休みとして3週間ずつ休んでいいという話だった。
3 事故があって電車の発車時間が遅れていることを、駅員が<u>宣伝</u>している。
4 遠くに住んでいる友人には手紙を書いて、結婚したことを<u>宣伝</u>した。

5 申請

1 市役所に行ったら、まずは<u>申請</u>に行き、番号が書かれた紙をもらう。
2 ビザの<u>申請</u>をするために、外国人向けのハンコを作りました。
3 友人の結婚式の<u>申請</u>がはがきで届いた。
4 個人で会社を作るために、一年分の行動の<u>申請書</u>を書いた。

6 交換

1　就職先の会社はとなりの県にあるので、家を交換しなければならない。

2　初めて生まれる子どものために、洋服や生活用品を交換する。

3　冬になってたくさんの雪が降る前に、タイヤを交換する。

4　吉岡先生がお休みされるので、3月まではわたしがこのクラスを交換します。

7 影響

1　広い部屋で大きい声を出すと、声がよく影響する。

2　疲れているようすの家族に休んでほしくて、旅行に行こうと影響した。

3　彼のピアノの影響が素晴らしいので、感動して泣いてしまった。

4　大好きな歌手の影響を受けて、高校生のときに初めてギターを買った。

8 縮小

1　明るかった空が縮小して、ぽつぽつと雨が降ってきた。

2　来年からは会社を縮小して、数名の社員だけで働くことに決めた。

3　体重を落として、体がだいぶ縮小したので、新しい服を買う必要がある。

4　お金がない人が増え、車や自分の家を買う人は縮小している。

9 入力

1　日本で買ったパソコンで、中国語を入力できるようにセットした。

2　目に悪いから、電気を入力して勉強したほうがいいよ。

3　たくさん果物を食べて、ビタミンを入力するようにしている。

4　携帯電話の電池が全部なくなってから、入力した方がいいですよ。

正答

①3（1確認 2確認 4調べて）　　⑥3（1引っ越さ 2用意・準備 4担任）

②4（1人気 2有名 3愛されて）　　⑦4（1響く 2提案 3演奏）

③3（1復習 2習慣 4解説）　　　　⑧2（1暗くなって 3やせた・細くなった 4減っている）

④1（2発表 3放送・アナウンス 4報告）　⑨1（2つけて 3とる・摂取する 4充電）

⑤2（1受付 3案内 4計画）

問題5　つぎのことばの使い方として最もよいものを、1・2・3・4から一つえらびなさい。

1 あきらめる

1 もし雨が降った場合は、来週にあきらめます。

2 ほかの会社での就職が決まったので、一か月後にここをあきらめます。

3 具合が悪いので、早めにあきらめてもいいでしょうか。

4 何時間探しても見つからないし、もうあきらめましょう。

2 頼る

1 旅行で留守にする間、飼っている犬を友人に頼ってもらう。

2 彼は仕事があまりできないので、いつも人に頼っている。

3 高いところに登って降りられなくなったときは兄が頼ってくれた。

4 重い荷物を持って階段を上っていると、近くにいた人が頼ってくれた。

3 困る

1 初めて訪問する土地では、地図を見ても道に困ってしまう。

2 30分くらい遅れても問題ありませんから、困らないで来てください。

3 大量の鳥に追いかけられるという映画をみて、困って泣いてしまった。

4 何回作り直してもイメージしたものと違う形になってしまい、困っている。

4 逆らう

1 祖父母には最後まで逆らわれていたが、お金を貯めて留学した。

2 友達の意見を逆らったことで、言い合いになった。

3 彼は社長の決定に逆らったことで、会社を辞めさせられた。

4 彼の話は大体うそだから、逆らった方がいいですよ。

5 振る

1 卵を容器に入れて箸でよく振ったあと、牛乳と水を加えてください。

2 生まれたばかりの息子を、祖父母に振ってもらった。

3 あそこで大きく手を振っているのが、わたしの兄です。

4 お客さまには、頭を深く振ってあいさつをしてください。

6 預ける

1 図書館では二週間で10冊までの本を預けることができる。
2 恋人の誕生日に、彼女が好きな花とアクセサリーを預けた。
3 以前からやってみたかったゲームを、友人に預けてもらった。
4 ゆっくりと観光したいので、荷物をホテルに預けた。

7 たまる

1 勉強していると、いきなり部屋に猫がたまってきた。
2 実家の押入れには、着ることができなくなった服がたまっている。
3 暑い季節になると、この海には毎年たくさんのお客さんがたまる。
4 子どもたちが横断歩道を渡ろうとしているのに、あの車は赤信号になっても
たまらなかった。

8 向かう

1 二歳の娘は、線路の上を電車が向かうのを見るのが好きらしい。
2 急に強い風が吹いてきて、被っていた帽子が向かっていってしまった。
3 横断歩道を向かうときは、周りの車の動きによく注意してください。
4 青信号になるのを待っていたら、大きい車がこちらに向かってきて驚いた。

9 沈む

1 小学生のときは、長さ25mのプールを最後まで沈むことができなかった。
2 急いで料理をしていたら、卵が床に沈んで割れてしまった。
3 この坂道を沈んだあと右に曲がると、町の図書館があります。
4 海岸で、太陽が海に沈んでいくところを見ていたい。

正答
①4（1延期します 2辞めます 3帰宅して）　⑥4（1借りる 2贈った 3貸して）
②2（1預かって 3助けて 4手伝って）　⑦2（1入って 3集まる 4止まらなかった）
③4（1迷って 2焦らないで 3こわくて）　⑧4（1走る 2飛んで 3渡る）
④3（1反対されて 2否定した 4聞かない）　⑨4（1泳ぐ 2落ちて 3下った）
⑤3（1混ぜた 2抱いて 4下げて）

問題5　つぎのことばの使い方として最もよいものを、1・2・3・4から一つえらびなさい。

1 待ち合わせる

1 駅前で<u>待ち合わせる</u>ことになっていたが、一時間待っても彼は来なかった。
2 16時に荷物を配達してもらえるようお願いしたので、家で<u>待ち合わせる</u>。
3 急いで出発の準備をするので、もう少し<u>待ち合わせて</u>もらえますか。
4 約束の時間から一時間も<u>待ち合わせて</u>いるのに、友達は現れない。

2 受け取る

1 祖母から、お米や果物などたくさんの荷物が<u>受け取られて</u>きた。
2 10年も逃げていたが、とうとう警察に<u>受け取った</u>。
3 仕事のメールは<u>受け取ったら</u>すぐに返事している。
4 机が重いので、友達にとなりの教室まで一緒に<u>受け取って</u>もらう。

3 繰り返す

1 忘れ物をしてしまって、家と駅のあいだを自転車で<u>繰り返した</u>。
2 まだよく理解していないので、もう一度説明を<u>繰り返して</u>いただけませんか？
3 携帯電話のない時代は、のんびりと手紙を<u>繰り返す</u>のが楽しかった。
4 雪が降ると、家族と雪遊びした日のことを<u>繰り返します</u>。

4 取り込む

1 小さい段ボール箱に猫が<u>取り込んで</u>、昼寝をしている。
2 洗ってきれいになった洋服をタンスに<u>取り込む</u>母の手伝いをする。
3 スーパーで買った品物を自分のかばんに<u>取り込んで</u>、持って帰る。
4 雨が降りだす前に、洗濯物を<u>取り込まない</u>といけない。

5 落ち着く

1 友達が<u>落ち着いた</u>顔をしていたので、心配になり声をかけた。
2 <u>落ち着いて</u>読書や仕事をしたいときは、静かなカフェに行く。
3 わたしが住んでいる部屋は10階だけど、エレベーターで<u>落ち着いて</u>いけばすぐ1階に着きます。
4 駅の階段にネックレスが<u>落ち着いた</u>ので、窓口に届けた。

6　知り合う

1　悲しいときは、わたしのことをよく<u>知り合って</u>くれている友人と話をする。

2　仕事帰り、電車に乗っていると、偶然高校の同級生と<u>知り合った</u>。

3　わたしたちは大学で<u>知り合い</u>、数年付き合った後で結婚しました。

4　夏休みは友達の家に集まって、苦手な科目の宿題の答えを<u>知り合った</u>。

7　引き出す

1　雨の日は、無理に犬を外に<u>引き出す</u>必要はないですよ。

2　自動販売機でジュースを買ったら、おつりを忘れないで<u>引き出して</u>ね。

3　会社の冷蔵庫に入れた食べ物は、週末には忘れずに<u>引き出して</u>ください。

4　お給料を<u>引き出す</u>から、今日は銀行に寄ってから帰るね。

8　追い越す

1　いつも通っている美容院の前を車で<u>追い越した</u>。

2　運転していたら、急に子どもが道路に<u>追い越して</u>きた。

3　前を歩いていた犬がこっちに向かって急に<u>追い越した</u>。

4　急いでいたので、前を走っている車を<u>追い越した</u>。

9　取り消す

1　海外留学をするために、会社を<u>取り消した</u>。

2　電気がつかなくなったら、電球を<u>取り消す</u>必要がある。

3　安全運転は、交通事故を<u>取り消す</u>ことができる。

4　時間に間に合わないので、レストランの予約を<u>取り消した</u>。

正答

①1（2待つ 3待って 4待って）　　　　⑥3（1理解して 2会った 4教え合った）

②3（1送られて 2つかまった 4持って）　⑦4（1連れ出す 2取って 3持ち帰って）

③2（1往復した 3やり取りする 4思い出す）⑧4（1通りかかった 2飛び出して 3駆け出した）

④4（1入り込んで 2しまう 3入れて）　　⑨4（1辞めた 2取り替える 3防ぐ）

⑤2（1落ち込んだ 3降りて 4落ちていた）

問題5 つぎのことばの使い方として最もよいものを、1・2・3・4から一つえらびなさい。

1 確実

1 友達と話していたことが、10年後全て確実になった。
2 もう二度と確実の失敗と同じことをやらないように、ルールが作られる。
3 約束の一時間前には、確実に目的の場所に着くようにしてください。
4 相手が確実に何を考えているのか、ちゃんと聞いてください。

2 可能

1 わたしはどうしても家事が可能なので、そうじは機械に任せている。
2 休日に出勤することも可能ですが、給料はいつもより多くしてください。
3 あなたはとても可能な女性だから、新しい仕事も成功しますよ。
4 わたしは時間がなくて可能ですから、他の方に頼んでみてください。

3 正常

1 毎日、機械が正常に動いているかを確認してから仕事を始めます。
2 山の上に登って、正常な空気の中でご飯を食べるのは最高だ。
3 彼女はとても正常な性格なので、会社のみんなから好かれている。
4 この角を曲がって正常に進むと、郵便局があります。

4 身近

1 勉強しないで遊んでばかりいたら、試験の日が身近になってしまった。
2 建物と建物の間が身近すぎて、間を通ることができない。
3 彼とわたしは、小学校で出会って友達になってから、ずっと身近だ。
4 子どものときからずっと犬を飼っているので、犬は身近な存在です。

5 急

1 急に出張するように言われ、あわててスーツケースや衣類を準備をした。
2 会社からの連絡には、忙しくても気づいたら急に返事する。
3 お腹が痛くて苦しむわたしを見て、家族は急で薬を買ってきてくれた。
4 約束の時間に遅刻しないよう、急に家を出た。

6　上品

1　外国語を話すことができる彼女は、<u>上品</u>な会社に就職することが決まった。

2　海外に留学していた彼の英語の成績は、<u>上品</u>です。

3　このレストランのケーキは、<u>上品</u>な味がする。

4　こんなに遠くだと、目が悪い妹は映画を<u>上品</u>にみることができない。

7　迷惑

1　散らかった自分の部屋を一人で掃除するのはとても<u>迷惑</u>だった。

2　隣の部屋の人が毎晩騒いでいて、とても<u>迷惑</u>だ。

3　引っ越しをすると、色々な申請書が必要になるので<u>迷惑</u>だ。

4　今日は海に行く予定だが、太陽が雲で隠れていて天気が<u>迷惑</u>だ。

8　不安

1　最後の試合なのに、一点の差で負けてしまって<u>不安</u>だった。

2　みんなの前で失敗したことが<u>不安</u>だったので、逃げ出してしまった。

3　冷蔵庫に入っている彼女のプリンを食べたら、<u>不安</u>だろうなあ。

4　娘が迷子になったときは、発見されるまで<u>不安</u>でしょうがなかった。

9　単純

1　新しく買った靴は、とても<u>単純</u>で歩きやすい。

2　みんながわからなかった問題を、彼は<u>単純</u>に解いてしまった。

3　この仕事は<u>単純</u>に見えるが、実は複雑で難しい。

4　家の前にある坂道は、自転車よりも歩いて登った方が<u>単純</u>だ。

正答

①3（1現実 2過去 4実際）　　⑥3（1一流 2いい 4よく）

②2（1苦手 3有能 4できません）　⑦2（1大変 3面倒 4心配）

③1（2新鮮 3正直 4まっすぐ）　⑧4（1悔しかった 2恥ずかしくて 3怒る）

④4（1近づいて 2近すぎて 3仲良し）　⑨3（1軽くて 2簡単 4楽）

⑤1（2すぐに 3急いで 4早めに）

問題5 つぎのことばの使い方として最もよいものを、1・2・3・4から一つえらびなさい。

---

1 せっかく

1 あんなに勉強したのに、テスト当日はせっかく問題を解けなかった。

2 かぜをひいてしまって、せっかく呼んでもらったパーティーに参加できなかった。

3 彼女が来るのを待ってみたけど、せっかく我慢できなくなって帰ることにした。

4 努力しても、せっかくいい結果が得られるわけではありません。

---

2 結局

1 このケーキは高価だったけど、結局おいしくなかった。

2 友達が困っているようすだったら結局助けますよ。

3 一年間、ずっと彼が大好きだったけど、結局恋人にはなれなかった。

4 山田さんの話をしていたら、結局彼が教室に入ってきた。

---

3 早速

1 北海道に来られるなら、早速わたしの家にも寄ってください。

2 インターネットで友達になった佐藤さんとは、早速会ったことがない。

3 村上さんにいただいたかわいいお花、早速わたしの部屋に飾りました。

4 早速いいので、時間があるときに電話してください。

---

4 今にも

1 大雨のせいで、川の水が今にもあふれそうで危険だ。

2 約束の時間になっても友人が来ないので、今にもパーティーを始めることにした。

3 このパソコンは先週買ったのに、今にも壊れてしまった。

4 赤い口紅を今にも使ったが、意外と似合っていてとても気に入った。

---

5 きちんと

1 静かな山に登って、一人できちんと過ごす時間が好きだ。

2 仕事をするための部屋は、いつもきちんと片付けています。

3 帰りが遅くなった日は、シャワーも浴びないできちんと寝てしまう。

4 彼女はきちんとした人だから、いつも授業に遅刻をしてくる。

6 当然

1 この山の一番上に着くために何日もかけて、当然歩いた。

2 夏休みは日本を旅行して、当然楽しむことができた。

3 駅に行ったら10年ぶりに当然友人に会った。

4 悪いことをしたのなら、当然相手に謝るべきだ。

7 きっと

1 彼は、きっと約束を守ってくれるだろう。

2 中本さんは、3人分の料理を一人できっと食べてしまった。

3 走ってきた車にぶつかったのに、きっと痛くなかった。

4 久しぶりに食べる母の料理は、きっとおいしく感じられた。

8 とうとう

1 日本全国を周る旅行をするので、とうとう家にはいません。

2 お腹が空いたから、とうとう夜ご飯を作ろう。

3 弟の身長が伸び続けて、とうとうわたしよりも高くなった。

4 家族と離れて一人で住んでいるが、とうとう両親から食べ物や服のプレゼントが届く。

9 ずっと

1 ずっと応援していたバスケットボール選手に会うことができた。

2 このレストランに行くには、ずっと予約をとらないといけない。

3 ずっと駅で会った友達と、そのまま夜ご飯を食べに行った。

4 みんなが手伝ってくれたおかげで、ずっと仕事が終わった。

正答

①2（1ちっとも 3とうとう 4必ずしも）　　⑥4（1大分 2十分 3偶然）

②3（1ちっとも 2当然 4ちょうど）　　⑦1（2ほとんど 3少しも 4特に）

③3（1ぜひ 2まだ 4いつでも）　　⑧3（1しばらく 2そろそろ 4ときどき）

④1（2先に 3すぐに 4初めて）　　⑨1（2まず 3さっき 4すぐに）

⑤2（1のんびり 3すぐに・早めに 4だらしない）

第2章

文法

1 │ 解き方の説明

問題の形式は、全部で3種類あります。（問題数は変動する可能性があります。）

問題1	文の文法1（文法形式の判断）	13問
問題2	文の文法2（文の組み立て）	5問
問題3	文章の文法	5問

1 文の文法1（文法形式の判断）

○問題1（例）

問題1　つぎの文の（　　　）に入れるのに最もよいものを、1・2・3・4から一つえらびなさい。

1 春に咲く花は、他の花（　　　）枯れるのが早い。

　　1　ほど　　　　　　2　に比べて　　　　　3　まで　　　　　4　どころか

正答　2

問題1では、（　　　）の中にぴったり当てはまる文法を選ぶ問題が13問出ます。

2 文の文法2（文の組み立て）

○問題2（例）

問題2　つぎの文の __★__ に入る最もよいものを、1・2・3・4から一つえらびなさい。

1 あそこで ＿＿＿＿＿ ＿＿＿＿＿ ＿★＿ ＿＿＿＿＿は村本さんです。

　　1　ラーメン　　　2　食べている　　　3　を　　　　　　4　人

（解答のしかた）

1. 正しい答えはこうなります。

あそこで ＿＿＿＿＿ ＿＿＿＿＿ ＿★＿ ＿＿＿＿＿は村本さんです。

　　1　ラーメン　　　3　を　　　　　　2　食べている　　　4　人

2. ＿★＿ に入る番号を解答用紙にマークします。

（解答用紙）　| 例 | ① ● ③ ④ |

正答　2

問題2では、選択肢を並び替えて正しい文章を作り、★の位置にくる選択肢を選ぶ問題が5問出ます。
文法の意味を理解していることはもちろん大切ですが、文法がどのような品詞と接続するのかを理解していることも重要です。

○問題3（例）

問題3　つぎの文章を読んで、文章全体の内容を考えて、　1　から　2　の中に
　　　　入る最もよいものを、1・2・3・4から一つえらびなさい。

下の文章は、留学生が書いた作文です。

日本のサービス

サム・カーター

　先日、日本に来て初めてコンビニに行きました。夜中に行きましたが、意外とお客さ
んがいるなと思いました。

　しかし、もっと驚いたのは食べ物の種類が多かったことです。服や歯ブラシなどの
生活に必要なもの　1　売っていました。私の国ではコンビニに売っている商品が
少ないので、そんなに利用したことがありませんでした。

　私は、コンビニを利用する人が多いのは、24時間開いているという理由　2　、
生活に必要なものが何でも売っているからだと思いました。

1
1　だらけ　　　　　　　　　　　2　まで
3　に比べて　　　　　　　　　　4　どころか

2
1　のかわりに　　　　　　　　　2　によって
3　にあたって　　　　　　　　　4　だけでなく

正答　①2　②4

問題3では、文章の中の　　　　　にぴったり合う文法や言葉を選ぶ問題が5問出ます。
文章は500～650字程度で、その中で5か所が　　　　　になっています。

2 N3 文法 110

「第2章文法」では、JLPT N3に出る文法110個の意味・接続・例文を勉強します。
ここでは、似ている文法同士がまとめられています。全部で13章あり、1章ごとにその章で学習した
文法の練習問題があります。

品詞と活用形の記号

記号	品詞と活用形	例
N	名詞	学校・にんじん・シャツ
イA	い形容詞	かわいい・美しい・暑い
ナA	な形容詞	元気・有名
Vる	動詞の辞書形	食べる・来る・飲む
Vます	動詞のます形	食べます・来ます・飲みます
Vない	動詞のない形	食べない・来ない・飲まない
Vて	動詞のて形	食べて・来て・飲んで
Vた	動詞のた形	食べた・来た・飲んだ
Vよう	動詞の意志形（意向形）	食べよう・来よう・飲もう
Vば	動詞の条件形	食べれば・来れば・飲めば
Vれる	動詞の可能形	食べられる・来られる・飲める
Vている	動詞の「～ている」形	食べている・来ている・飲んでいる

普通形と丁寧形

活用形	品詞	例
普通形	動詞	食べる・食べない・食べた・食べなかった
	い形容詞	暑い・暑くない・暑かった・暑くなかった
	な形容詞	元気だ・元気 {では / で / じゃ} ない・元気だった 元気 {では / で / じゃ} なかった
	名詞	雪だ・雪 {では / で / じゃ} ない・雪だった 雪 {では / で / じゃ} なかった
丁寧形	動詞	食べます・食べません・食べました・食べませんでした
	い形容詞	暑いです・暑くないです・暑かったです・暑くなかったです
	な形容詞	元気です・元気 {では / じゃ} ありません・元気でした 元気 {では / じゃ} ありませんでした
	名詞	雪です・雪 {では / じゃ} ありません・雪でした 雪 {では / じゃ} ありませんでした

接続の表し方の例

表示	例
Vて＋ください	来て＋ください → 来てください
Vます＋たい	食べます＋たい → 食べたい
Vない＋ずにはいられない	見ない＋ずにはいられない → 見ずにはいられない
普通形（ナAだ/ Nだ）＋みたい	元気だ＋みたい → 元気みたい 小学生だ＋みたい → 小学生みたい
普通形（ナAだ → な）＋ほど	残念だ → な＋ほど → 残念なほど

★...　特別な使い方

⁰¹ ～せい

意味	～が原因で、悪い結果になった
接続	普通形（ナAだ→な / Nだ→の）＋せい（で / か / だ）
	おまえのせいで / 電車が遅れたせいだ / 部屋が暑いせいか

① テストの結果が悪かったのは、しっかり勉強しなかったせいだ。

② 道にあった石のせいで、転んでけがをしてしまった。

③ 雨が降り続いたせいで、夏祭りが中止になった。

⁰² ～おかげ

意味	～が原因で、いい結果になった
接続	普通形（ナAだ→な・である / Nだ→の・である）＋おかげ（で / か / だ）
	友達のおかげだ / 母のおかげか / 応援してくれたおかげで / ★おかげさまで

① 先生が日本語を教えてくれたおかげで、試験に合格することができた。

② こうしてプロの選手になれたのも、指導してくれた父のおかげだ。

③ みんなの応援のおかげで、苦しくても最後まで走ることができた。

⁰³ ～もの

意味	～だから

接続	普通形（ナAだ→な / Nだ→な）＋ものだから / もので 普通形＋もの / もん よくわからなかったもので / 苦手なものだから / 頑張ったもん

1) 宿題を忘れてしまった**もの**だから、先生に怒られてしまった。

2) 松下「ちょっと食べ過ぎじゃない？」

　　泉　「だって、お腹空いてるんだ**もん**。」

3) 久しぶりの買い物だった**もの**で、つい買い過ぎてしまいました。

⁰⁴ ～ため

意味	～なので（お知らせなど、たくさんの人に伝える場面で使う）

接続	普通形（ナAだ→な・である / Nだ→の・である）＋ため（に / だ） 病気のため / 雨のためだ / 忙しいために

1) 急に店を休みにしたのは、冷蔵庫の調子が悪い**ため**だ。

2) 相手の気持ちを考えずに言ってしまった**ため**に、ひどくきずつけてしまった。

3) 体調が悪い**ため**、今日は仕事を休みました。

⁰⁵ ～のだから

意味	～なので（相手もわかっていること）

接続	普通形（ナAだ→な / Nだ→な）＋のだから / のですから / んだから / んですから 子どもじゃないんだから / 疲れているのですから / 歩くのだから

1) 山本さんは車の免許を持っている**んだから**、たまには運転すればいいのに。

2) 最近ちゃんと眠れていない**のですから**、今日は早く寝てください。

3) せっかくのパーティーな**んですから**、楽しんでいってくださいね。

⁰⁶〜をきっかけに

意味	〜のときから、…を始めた
接続	Vた＋ことをきっかけに / ことがきっかけで / のをきっかけに / のがきっかけで N＋をきっかけに / がきっかけで 趣味をきっかけに / 留学したことがきっかけで / 友達ができたのがきっかけで

① 仕事を辞めた**のがきっかけで**、世界中をまわる旅をしようと思うようになった。

② 子どものころみに行った映画**がきっかけで**、音楽を学ぶようになった。

③ パソコンを買った**のをきっかけに**、書類の作り方を覚えた。

⁰⁷〜わけだ

意味	①だから〜なんだね（相手の話を聞いて、納得したとき） ②〜ということだね（相手の話を聞いて、内容をまとめて言うとき）
接続	普通形（ナAだ → な / Nだ → な）＋わけだ きれいなわけだ / 人気があるわけだ / 忙しいわけだ

① 君の話をまとめると、つまり明日から 週間休みたいという**わけだ**。

② 佐藤さん、3年間海外で仕事をしていたんだってね。英語が上手な**わけだ**。

③ 彼女は美容師だそうだ。だからかみの毛の色が素敵な**わけだ**。

⁰⁸〜以来

意味	〜のときから、ずっと同じだ
接続	Vて / N＋以来 卒業して以来 / 引っ越して以来 / 出会って以来 / ★あれ以来

① 彼女とは高校で出会って**以来**、ずっと一番の親友だ。

② 彼とは、**あれ以来**連絡を取っていない。

③ 初めて海外に行って**以来**、文化の違いに興味を持つようになった。

⁰⁹ 〜によって①

意味　〜が理由で

接続　N＋によって／により
　　　地震によって／交通事故によって／値上げにより

1) 病気の流行**によって**、生活や仕事の仕方が大きく変わった。

2) この本と出会ったこと**によって**、本を読む楽しさがわかった。

3) 大雪**により**、いくつかの道が通れなくなっている。

問題1　つぎの文の（　　　）に入れるのに最もよいものを、1・2・3・4から一つえらびなさい。

1 音楽の先生との出会い（　　　）、ピアノを習いはじめました。

1　であるため　　　2　のせいで　　　　3　をきっかけに　　　4　以来

2 こうして大学に合格できたのも、毎日応援してくれた両親の（　　　）。

1　おかげだ　　　　2　ためだ　　　　　3　せいだ　　　　　4　わけだ

3 （部活で）

泉　「加藤くんが強く（　　　）、けがして試合に出られなくなったじゃないか。」
加藤「わざとじゃなかったんだ。ごめんね。」

1　押したのだから　　　　　　　　　2　押したせいで
3　押したんだから　　　　　　　　　4　押したおかげで

4 （会社で）

先輩「最近、部長は体の具合が悪いんだって。大丈夫かな。」
後輩「それで最近会社を休んでいる（　　　）。心配です。」

1　ものですね　　　2　ためですね　　　3　わけですね　　　4　んですから

5 斉藤「まだ残ってるのにもう食べないの？」

渡辺「自分で作った弁当なんだけど、あまりにもからくて（　　　）。」

1　食べられないせいだ　　　　　　　2　食べられないんだから
3　食べられないんだもの　　　　　　4　食べられないわけだ

6 明日は早く起きないと（　　　）、早く寝なさい。

1　いけないせいで　　　　　　　　　2　いけないんだから
3　いけないおかげで　　　　　　　　4　いけないために

7 オリンピックの試合を（　　　）彼女のファンになり、応援するようになりました。

1　みたせいで　　　2　みたのだから　　　3　みたまま　　　　4　みて以来

8 ゆか先生に出会ったこと（　　　）、日本語の勉強が楽しくなった。

1　によって　　　　　2　に対して　　　　　3　のせいで　　　　　4　のとおりに

9 今週は、台風が来る予報が出た（　　　）イベントを延期_{えんき}いたします。

1　ことをきっかけで　　　　　　　　2　おかげで

3　のに　　　　　　　　　　　　　　4　ため

10 健康_{けんこう}のために運動を（　　　）、体を動かすことが好きになった。

1　始めたからには　　　　　　　　　2　始めたせいで

3　始めたのがきっかけで　　　　　　4　始めすぎて

問題2　つぎの文の＿＿★＿＿に入る最もよいものを、1・2・3・4から一つえらびなさい。

11　（デパートで）

村上「学生は昨日から春休みなんだって。」

中本「＿＿＿＿　＿＿＿＿　★　＿＿＿＿。どの店も混んでるなと思ったの。」

1　多い　　　　　　　　　　　　2　若い人が

3　だから　　　　　　　　　　　4　わけだ

12　泉　「トンさんはどうして日本語を勉強しようと思ったんですか。」

トン「日本に＿＿＿＿　★　＿＿＿＿　＿＿＿＿ようになりました。」

1　勉強する　　　　　　　　　　2　日本語を

3　旅行したこと　　　　　　　　4　がきっかけで

13　＿＿＿＿　＿＿＿＿　★　＿＿＿＿ことができました。

1　おかげさまで　　　　　　　　2　結果を出す

3　目標以上の　　　　　　　　　4　今年は会社の

14　昨日は、＿＿＿＿　＿＿＿＿　＿＿＿＿　★　くしゃみが止まらない。

1　寒かった　　　　　　　　　　2　ひいてしまい

3　かぜを　　　　　　　　　　　4　せいか

15　（道で）

加藤「あの、そこに入ってはいけませんよ。」

松井「そうなんですか。＿＿＿＿　＿＿＿＿　＿＿＿＿　★　わからなくて。ありがとうございます。」

1　最近　　　　　　　　　　　　2　引っ越して

3　ものですから　　　　　　　　4　来た

正答　⑪ 1（3214）　⑫ 4（3421）　⑬ 3（1432）　⑭ 2（1432）　⑮ 3（1243）

② 状況・変化

¹⁰ 〜まま

意味　変わらないで

接続　Vた / Vない / イA / ナAな＋まま

N＋のまま
壊れたまま / 昨日のまま / 自然なまま / ★そのまま

① 私のふるさとの景色は、子どものころのまま変わっていない。

② エアコンをつけたまま、家を出てしまった。

③ 片付けはせず、そのままにしておいてください。

¹¹ 〜つつ

意味　〜ながら

接続　Vます＋つつ
思いつつ / 理解しつつ / 我慢しつつ

① 彼女が僕のことを好きではないと知りつつも、あきらめることができない。

② 洗濯しなければと思いつつも、疲れたせいか帰ってすぐに寝てしまった。

③ 料理をしつつ、子どもの面倒を見るのはとても大変だ。

¹²〜とともに

意味 〜と同時に

接続 Vる / N / Nである＋とともに
変化するとともに / 時代とともに / 社長であるとともに

1) 彼女は私に日本語を教えてくれる先生であるとともに、私の友人でもある。

2) 気温が上がるとともに、体調が悪くなる人が増えてきた。

3) 高校卒業とともに、引っ越しをして東京で仕事を始めた。

変化 ▼

¹³〜つつある

意味 どんどん〜になる（少しずつ変化している様子を表すときに使う）

接続 Vます＋つつある
減少しつつある / 広まりつつある / 消えつつある

1) アニメや漫画の人気によって、日本語学習者は増加しつつある。

2) 時代の変化に合わせて、人々の働き方は変わりつつある。

3) 彼の病気は治りつつあるが、まだ病院へ通わなければならないらしい。

¹⁴ 〜ば〜ほど

意味	〜なら、もっと…
接続	Vば＋Vる＋ほど

イＡい＋ければ＋イＡ＋ほど

ナＡ / Ｎ＋であれば＋ナＡ / Ｎ＋であるほど

ナＡ / Ｎ＋であればあるほど

話せば話すほど / 早ければ早いほど / 有名であればあるほど

① マンゴーやバナナは甘ければ甘いほどいい。

② 大変であれば大変であるほど、やり終えたときの喜びは大きい。

③ 料理は作れば作るほど上手になるものだ。

¹⁵ 〜にしたがって

意味	〜すると、だんだんと…も変わる
接続	Vる / Ｎ＋にしたがって

寒くなるにしたがって / 変化にしたがって / 時間が過ぎるにしたがって

① 年を取るにしたがって、小さなことが気にならなくなる。

② 昼間は暑いが、日が落ちるにしたがって涼しくなる。

③ 春が近づくにしたがって、桜の花が咲き始める。

¹⁶ ～ばかり①

意味	どんどん～になる（悪くなる、よくならない）
接続	Vる＋ばかり（で / だ）

ひどくなるばかり / 減るばかりで / 下がるばかりだ

1) 給料は上がらないのに、物価は高くなる**ばかり**だ。

2) かぜをひいてしまい、体調が悪くなる**ばかり**だ。

3) 毎日の残業で疲れがたまる**ばかり**だ。

問題1　つぎの文の（　　　）に入れるのに最もよいものを、1・2・3・4から一つえらびなさい。

1 学校が（　　　）子どもたちが外で遊び始める。

1　終わりつつ　　　　　　　　　　　2　終わるばかりで

3　終わったまま　　　　　　　　　　4　終わるとともに

2 教科書を（　　　）、授業の動画をみて日本語を勉強する。

1　開くにしたがって　　　　　　　　2　開きつつ

3　開けば　　　　　　　　　　　　　4　開くばかりで

3 夏が終わり、公園に生えている木の葉が赤く（　　　）。

1　なりつつある　　　　　　　　　　2　なるばかりだ

3　なったおかげだ　　　　　　　　　4　なったせいだ

4 仕事が増える（　　　）、なかなか帰ることができません。

1　にしたがって　　2　ばかりで　　3　とともに　　　　4　ほど

5 自分の発表する番が（　　　）、緊張して汗が止まらない。

1　近づきつつ　　　　　　　　　　　2　近づくかわりに

3　近づいたまま　　　　　　　　　　4　近づくにしたがって

6 村上「泉さん、朝からずっと咳してるけど大丈夫？」

　　泉　「実は、昨日の夜窓を（　　　）寝ちゃって、かぜをひいてしまったみたい。」

1　開けるばかりで　　　　　　　　　2　開ければ

3　開けるとともに　　　　　　　　　4　開けたまま

7 （料理教室で）

　　生徒「先生、いい肉を使っても、私が料理するといつもかたくなっちゃうんです。」

　　先生「もしかしたら、焼きすぎているのかもしれません。お肉は（　　　）焼くほどかたくなってしまうんですよ。」

1　焼くまま　　　　2　焼いて　　　　3　焼けば　　　　　4　焼きつつ

8 娘が結婚すると聞いたときは、（　　　　）離れてしまう寂しさを感じました。

1　喜ぶにしたがって

2　喜んでばかりで

3　喜びとともに

4　喜びであればあるほど

9 花屋で（　　　　）、アクセサリー屋でも働いている。

1　働きつつ

2　働くばかりで

3　働くほど

4　働くにしたがって

10 健康にやせるためには、運動を（　　　　）しっかりご飯を食べることが大切です。

1　すれば

2　しつつ

3　するにしたがって

4　したまま

問題2　つぎの文の＿★＿に入る最もよいものを、1・2・3・4から一つえらびなさい。

11　大人になった今、学生の ＿＿＿＿ ＿＿＿＿ ＿＿＿＿ ＿★＿ つつある。

1　ときに　　　　　　　　　　　2　英単語を

3　覚えた　　　　　　　　　　　4　忘れ

12　かぜをひいたので薬を飲んで ＿★＿ ＿＿＿＿ ＿＿＿＿ ＿＿＿＿ だ。

1　休んでいたが　　　　　　　　2　悪くなる

3　体の調子は　　　　　　　　　4　ばかり

13　（病院で）

患者「年を取る ＿＿＿＿ ＿＿＿＿ ＿★＿ ＿＿＿＿ いるんです。」

医者「そうですか。無理な運動はよくないですが、毎日外を歩いて体を動かすことをおす

　　　すめしますよ。」

1　困って　　　　　　　　　　　2　足腰が

3　弱くなって　　　　　　　　　4　にしたがって

14　町でうわさになるほどきれいだった友人は、＿＿＿＿ ＿★＿ ＿＿＿＿ ＿＿＿＿ だ。

1　美人な　　　　　　　　　　　2　今も

3　10年たった　　　　　　　　　4　まま

15　家は、新しければ ＿＿＿＿ ＿＿＿＿ ＿★＿ ＿＿＿＿ です。

1　いい　　　　　　　　　　　　2　新しい

3　ほど　　　　　　　　　　　　4　きれいで

正答　⑪4（1324）　⑫1（1324）　⑬3（4231）　⑭2（3214）　⑮4（2341）

¹⁷ ～として

意味 ～の立場で

接続 N＋として

N1＋としての＋N2
医者として / 学生として / 親としての責任

① 入学式では、新入生の代表としてみんなの前で話をした。

② もう少し、大人としての行動を考え直しましょう。

③ コンビニの店長として、仕事は全部できるようになるべきだ。

¹⁸ ～にとって

意味 ～の立場から考えて

接続 N＋にとって

N1＋にとっての＋N2
私にとって / 外国人にとって / 植物にとっての栄養

① どんな人にとっても生活しやすい国にすることを目標にしている。

② 私にとっての幸せとは、家族と一緒に過ごすことだ。

③ 中村さんにとって一番の楽しみは、孫と一緒にご飯を食べることだそうです。

基準 ▼

¹⁹ ～に基づいて

意味	～をもとにして
接続	N＋に基づいて N1＋に基づく / に基づいた＋N2 計画に基づいて / 考えに基づく行動 / 経験に基づいたアドバイス

1) 年の始めに決めた目標に基づいて、計画を立てる。

2) この商品は、多くの人の意見に基づいて作られている。

3) この映画は、実際にあった出来事に基づいて作られました。

²⁰ ～を中心に

意味	～を基本に考えて
接続	N＋を中心に（して） N＋を中心として インターネットを中心にして / 大学生を中心に / 首都を中心として

1) 若者を中心にして、古いカメラで写真を撮ることが流行っている。

2) この地域の人々は、中学生を中心として町のごみ拾いを行っている。

3) 今夜は、西日本を中心に大雨になると予報されている。

²¹ 〜とおり

意味 〜と同じように

接続 Vる/Vた＋とおり（に）

N＋のとおり（に）/どおり（に）
思ったとおり/言うとおりに/予定どおり

① 本に書いてあるとおりにやったのに、うまくいかない。

② 計画どおり進まないことはよくあることなので、心配しなくてもいいですよ。

③ 母が教えてくれたとおりに作ってみたが、なかなかおいしく作ることができない。

²² 〜という

意味 〜という名前の（知らないことを説明したり教えてもらったりするときに使う）

接続 N1＋という/っていう/って＋N2

立川という街/佐藤さんっていう人/日本語の森って会社

① 客　「ひたちっていう駅に行きたいんですが、どの電車に乗ればいいですか？」

駅員「ひたちですか？3番線の電車に乗ってください。」

② 私は、トイプードルという種類の犬を飼っています。

③ となりに引っ越してきた加藤さんって人、知ってる？

²³〜に対して①

意味	〜に／〜を相手に
接続	N＋に対して

N1＋に対する＋N2
祖母に対して／過去に対して／ニュースに対する意見

① 友達からの相談に対して、なんと答えようか考えている。

② 中学生になった弟は、母に対してひどい事ばかり言っている。

③ あなたの仕事に対する考え方を教えてください。

²⁴〜について

意味	〜のことを（〜のことを話す、考えると言うときに使う）
接続	N＋について

家族について／将来について／仕事について

① 父とおじさんたちが、野球の試合について話し合っている。

② 彼は、日本の文化についてよく知っている人だ。

③ ふるさとに帰ると、両親から一人暮らしの生活についてたくさん質問された。

²⁵〜に関して

意味	〜について
接続	N＋に関して

N1＋に関する／に関しての＋N2
研究に関して／会議に関する資料／料理に関しての本

① アフリカに行った目的は、文化に関する研究をするためだった。

② その場にいた人から、事件に関しての話を聞き出した。

③ 植物に関して、父はかなり詳しい。

問題1 つぎの文の（　　）に入れるのに最もよいものを、1・2・3・4から一つえらびなさい。

1 このドラマは、本当にあった話（　　）作られています。

　　1　にとって　　　　2　に対して　　　　3　について　　　　4　に基づいて

2 日本では最近、若者（　　）30年前のファッションが流行している。

　　1　に対して　　　　2　に基づいて　　　3　に関して　　　　4　を中心に

3 医者（　　）、病気で困っている人をそのままにしておくことはできない。

　　1　について　　　　2　として　　　　　3　のとおり　　　　4　を中心に

4 わからないときは、説明書（　　）組み立ててください。

　　1　のとおりに　　　2　を中心として　　3　に関して　　　　4　について

5 高橋「前田さん、トイプードル（　　）種類の犬、知ってる？」
　前田「うん、小さくてかわいいよね。」

　　1　に関する　　　　2　に基づいた　　　3　という　　　　　4　としての

6 新入社員の彼は、先輩（　　）敬語を使うことができない。

　　1　という　　　　　2　に関して　　　　3　に対して　　　　4　として

7 今週末行われるバスケットボール大会（　　）詳しいことは、明日お伝えします。

　　1　に関する　　　　2　に対して　　　　3　に基づいて　　　4　にとって

8　（学校で）

先生「伊藤さん（　　　）、家族とは何ですか。」

伊藤「私の全てです。どんなときも、私のことを応援してくれるからです。」

1　を中心に　　　　　2　について　　　　　3　のとおり　　　　4　にとって

9　（会社で）

新入社員「今日は初めて会議に出席するので緊張しています。」

　先輩　「そうだよね。会議（　　　）わからないことがあったらなんでも聞いてね。」

1　に基づいて　　　　2　について　　　　　3　を中心として　　　4　のとおりに

10　（博物館で）

松井「江戸時代の町は、本当にこんな感じだったのかな？」

小澤「うん。ここの博物館は、江戸時代の写真（　　　）作られているんだって。」

1　に対して　　　　　　　　　　　2　を中心として

3　に基づいて　　　　　　　　　　4　に関して

正答　①4　②4　③2　④1　⑤3　⑥3　⑦1　⑧4　⑨2　⑩3

問題2 つぎの文の＿★＿に入る最もよいものを、1・2・3・4から一つえらびなさい。

11 （インタビューで）

アナウンサー「鈴木さんが経営しているこちらの森レストランは、宮崎以外にもお店があるんですよね。」

鈴木 「はい。九州＿＿＿ ＿★＿ ＿＿＿ ＿＿＿店を出しています。」

1 や   2 を中心として

3 大阪にも   4 東京

12 私たちは、プロ ＿★＿ ＿＿＿ ＿＿＿ ＿＿＿働いている。

1 高く   2 としての

3 意識を   4 持って

13 行うことが難しい＿＿＿ ＿＿＿ ＿＿＿ ＿★＿ こととなりました。

1 予定通り   2 と言われていた

3 行われる   4 東京オリンピックは

14 私が日本語を上手に話せるようになったのは、＿＿＿ ＿＿＿ ＿★＿ ＿＿＿なんだ。

1 学校に   2 日本語の森

3 通っていたから   4 っていう

15 授業で環境問題について学んでから、＿＿＿ ＿＿＿ ＿＿＿ ＿★＿ 。

1 大きく変わった   2 意識が

3 に対する   4 環境

正答 ⑪ 4 （2413） ⑫ 2 （2314） ⑬ 3 （2413） ⑭ 1 （2413） ⑮ 1 （4321）

4 逆接・否定

逆接▼

²⁶ ～わけではない

意味　はっきり～とは言えない

接続　普通形（ナAだ → な / Nだ → な）＋わけではない / わけじゃない
行きたくないわけではない / 困っているわけではない / 嫌いなわけじゃない

① すしは嫌いなわけではないんですが、好きでもないです。

② 彼はいつも明るいけど、悩みがないわけじゃないと思うよ。

③ 行けないわけではないんですが、到着がぎりぎりになると思います。

²⁷ ～ながら

意味　～けれども

接続　Vます / ナA / イA / N＋ながら（も）
ナA / N＋でありながら（も）
貧しいながら / 初心者でありながら / 決意しながらも / ★しかしながら

① 残念ながら、田中商店は来月末でお店を閉めることにしました。

② 赤ちゃんは、小さな体でありながらも一生懸命生きている。

③ 恥ずかしくないと言いながら、彼の顔は真っ赤になっていた。

28 〜かわりに①

意味	〜はいいところと、悪いところがある
接続	普通形（ナAだ→な・である）＋かわりに 楽をしたかわりに / 苦いかわりに / 大変なかわりに / ★そのかわりに ※Nは使えない

① この薬は、効果があるかわりにとても苦いです。

② 明日は仕事を休んでもいいですよ。そのかわりに、来週の土曜日は出勤してください。

③ 明日はいつもより早く出勤するかわりに、早く帰れることになった。

29 〜反面

意味	〜なところがあるが、反対に…
接続	普通形（ナAだ→な・である / Nだ→の・である）＋反面 難しい反面 / お金がある反面 / 得意な反面

① 日本では、都会に住む若者が増えている反面、地方に住む若者は減っている。

② 今の仕事は忙しくて大変である反面、人のためになるいい仕事だと思う。

③ この家は広い反面、掃除するのが大変だ。

否定 ▼

30 〜ようがない

意味	〜する方法がない
接続	Vます＋ようがない

説明しようがない / 怒りようがない / あきらめようがない

1) 携帯電話を水でぬらしてしまったら、もう直し**ようがない**。

2) こんなに点数を入れられてしまっては、相手に勝ち**ようがない**。

3) 何度教えても仕事を覚えないので、もう教え**ようがない**。

31 〜がたい

意味	〜するのが難しい
接続	Vます＋がたい

理解しがたい / 捨てがたい / 忘れがたい

1) あの優しい先生が大きな声で怒るなんて、信じ**がたい**話だ。

2) 受け入れ**がたい**悲しいニュースが流れていた。

3) 私にとって、うそをつかれることは許し**がたい**ことである。

32 〜ずに

意味	〜しないで
接続	Vない＋ず（に）

寝ずに / おどろかずに / 無理せず

※しない → せず（に）

1) 財布を持た**ずに**家を出てしまったので、急いで家に戻った。

2) 体調が悪いのであれば、今日は無理**せず**帰ってください。

3) 旅行の前日に何も準備を**せずに**寝てしまい、集合時間に遅刻した。

³³ 〜はずがない / 〜わけがない

意味 _{いみ}	絶対に〜ない（はっきりとはわからないけど、そう信じている） _{ぜったい}　　　　　　　　　　　　　　　　_{しん}
接続 _{せつぞく}	普通形（ナAだ→な・である / Nだ→の・である）＋はずがない / わけがない _{ふつうけい} 寝坊するはずがない / 田中さんのはずがない / 嫌なわけがない _{ね ぼう}　　　　　　_{た なか}　　　　　　　_{いや}

1) いつも正直な彼女が、うそをつく**わけがない**。
　　_{しょうじき}　_{かのじょ}

2) 遊んでばかりいる弟が、東京大学に受かる**はずがない**。
　　_{あそ}　　　　　_{おとうと}　_{とうきょうだいがく}　_う

3) あんなにたくさん勉強したんだ。試験に落ちる**わけがない**。
　　　　　　　　　_{べんきょう}　　　　_{し けん}　_お

問題1　つぎの文の（　　　）に入れるのに最もよいものを、1・2・3・4から一つえらびなさい。

1 初めて作る料理はレシピがなければ（　　　）。
1　作らずにはいられない　　　　2　作りようがない
3　作るわけじゃない　　　　　　4　作りたくてしかたがない

2 全ての野菜が嫌いな（　　　）ですが、苦手なものが多いのであまり食べません。
1　わけではない　　2　もの　　3　はずがない　　4　まま

3 彼女は、自分で作った料理がまずいと（　　　）全部食べました。
1　言うかわりに　　　　　　2　言いながらも
3　言う反面　　　　　　　　4　言ってばかりで

4 息子「キャベツには、なんでこんなに虫がついているの？」
　父「それはおいしいからだよ。薬を使わないで育った野菜は、おいしい（　　　）虫がたくさんついているんだ。」
1　はずがない　　2　わけじゃない　　3　かわりに　　4　おかげで

5 （テレビで）
アナウンサー「最近は、携帯電話を見ていないと落ち着かない人が増えているようですね。」
専門家「はい。携帯電話は（　　　）、それに頼って生活する人が増えてしまい社会問題になっています。」
1　便利なはずがなく　　　　　　2　便利な反面
3　便利なわけではないが　　　　4　便利なわけがなく

6 このくまの人形は、小さいころ祖母が買ってくれた大切なものなので（　　　）。
1　捨てようがない　　　　　　2　捨てるほかない
3　捨てがたい　　　　　　　　4　捨てるわけじゃない

7 かみの毛を（　　　）寝てしまい、かぜをひいてしまった。

1 乾かす反面

2 乾かすかわりに

3 乾かさずに

4 乾かしながらも

8 明るくて優しい性格の彼が、人のお金を（　　　）。

1 取るわけじゃない

2 取りきれない

3 取るわけがない

4 取りがたい

9 （学校で）

山根「弟が、足をけがしてサッカークラブを辞めることになったんだ。」

田中「ええ、あんなに上手だったのに。残念だとしか（　　　）ね。」

1 言うわけじゃない

2 言いきれない

3 言いがたい

4 言いようがない

10 学生時代に、酔って道で寝てしまったという（　　　）思い出がある。

1 忘れるかわりに

2 忘れる反面

3 忘れるわけじゃない

4 忘れがたい

正答 ①2　②1　③2　④3　⑤2　⑥3　⑦3　⑧3　⑨4　⑩4

問題2　つぎの文の ＿＿★＿＿ に入る最もよいものを、1・2・3・4から一つえらびなさい。

11 3年間付き合った ＿＿＿＿ ＿＿＿＿ ＿★＿ ＿＿＿＿ ありません。

1　彼女とは　　　　　　　　　　2　別れた

3　わけでは　　　　　　　　　　4　別れたくて

12 これは ＿＿＿＿ ＿＿＿＿ ＿★＿ ＿＿＿＿ が想像できます。

1　でありながらも　　　　　　　2　お祭りのにぎやかな

3　様子　　　　　　　　　　　　4　白と黒の色がない写真

13 （果物屋で）

客　「あの、りんごを一つください。」

店員「ありがとうございます。今日とれたりんごがどれも小さくてね。

　　　　でも、 ＿★＿ ＿＿＿＿ ＿＿＿＿ ＿＿＿＿ ですよ。」

1　小さい　　　　　　　　　　　2　おいしい

3　あまくて　　　　　　　　　　4　かわりに

14 4月から始まる高校生活が ＿＿＿＿ ＿＿＿＿ ＿＿＿＿ ＿★＿ だ。

1　友達ができるか　　　　　　　2　楽しみ

3　である反面　　　　　　　　　4　不安

15 毎晩、歯を ＿＿＿＿ ＿★＿ ＿＿＿＿ ＿＿＿＿ なってしまった。

1　みがかずに　　　　　　　　　2　奥の歯が

3　寝ていたら　　　　　　　　　4　虫歯に

正答　⑪ 2（1423）　⑫ 2（4123）　⑬ 1（1432）　⑭ 4（2314）　⑮ 3（1324）

問題3　つぎの文章を読んで、文章全体の内容を考えて、　16　から　20　の中に入る最もよいものを、1・2・3・4から一つえらびなさい。

下の文章は、留学生が書いた作文です。

日本語のあいさつの言葉

グェン・ティ・ホン・バン

　私は、日本に来ておどろいたことがあります。それは、あいさつです。朝学校へ行き、私が「先生こんにちは」と言うと、先生は「グェンさん、おはようございます」とあいさつを返しました。周りを見ると、みんな先生には「おはようございます」、友達には「おはよう」とあいさつしていることに気が付きました。　16　、ベトナムでは日本のようなあいさつの決まりがあまりないので、そのときの私はあいさつの仕方がわからず、いつも友達に「間違っているよ。」と言葉を　17　。

　そんなある日、授業で日本のあいさつについて学びました。「おはよう」というあいさつは「早い時間からお疲れ様です。」という言葉から　18　、「こんにちは」「こんばんは」に関しては「今日は、いい天気ですね」「今晩は、気分はいかがですか」と後ろに続く言葉を短くしてできたものでした。

　私はこの授業をきっかけに、あいさつに対する考えが大きく変わりました。日本語のあいさつは、ただのあいさつではなく、相手を思う気持ちの言葉が変化して今の言葉になったことを知ったからです。もしかしたら、日本人も本当のあいさつの意味を知らずに　19　。意味を知ってあいさつをすると気持ちがいいですし、不思議とあいさつをするだけで相手と親しくなれたような気分にもなります。　20　ような経験から、日本語のおもしろさに気づかされ、学ぶ言葉ひとつひとつに関心を持つようになりました。

16

　1　ですが　　　　　　　2　つまり　　　　　3　そのうえ　　　　4　そこで

17

　1　直されていました　　　　　　　　2　直してみました

　3　直させてもらいました　　　　　　4　直させてくれました

18

　1　できたら　　　　　2　できてから　　　3　できるように　　4　できていて

19

　1　使っていません　　　　　　　　　2　使ってみたいと思いません

　3　使っているかもしれません　　　　4　使えません

20

　1　あの　　　　　　　2　この　　　　　　3　それらの　　　　4　あれらの

5 程度・強調・比較

³⁴ 〜くらい

意味	〜と同じ程度だ（例を出して、自分の気持ちを話す）
接続	普通形（ナAだ → な）＋くらい／ぐらい 痛いくらい／オーバーなくらい／こわいぐらい

① 出発する前に、痛い**くらい**しっかりと抱き合った。

② おもしろいテレビをみて、涙が出る**ぐらい**笑った。

③ 彼女は部屋にいるだけで、みんなが笑顔になる**くらい**明るい人だ。

³⁵ 〜ほど

意味	〜と同じ程度だ（「〜くらい」よりかたい表現）
接続	普通形（ナAだ → な）＋ほど 死ぬほど／涙が出るほど／残念なほど

① 父は、一人では持ちきれない**ほど**たくさんのお土産を持って帰ってきた。

② 会場には、びっくりする**ほど**人が集まった。

③ 昨日の夜は、電話で友達と死ぬ**ほど**笑った。

³⁶ 〜だらけ

意味	〜がたくさんある、〜がたくさんついている（悪いことや、汚いもの）
接続	N＋だらけ 失敗だらけ／血だらけ／ごみだらけ

① 仕事からの帰り道、きず**だらけ**の猫を拾った。

② ほこり**だらけ**の箱から、なつかしい写真がたくさん出てきた。

③ 庭に植えていた植物の葉っぱが、虫に食べられて穴**だらけ**になっていた。

³⁷ ～やすい

意味	簡単に～できる

接続	Vます＋やすい

食べやすい / 使いやすい / 洗いやすい

1) 私の高校は、駅の目の前にあるので通いやすい。

2) 村上先生の授業はわかりやすくて、楽しく勉強することができる。

3) 彼女が書く文字は大きくてきれいなので、とても読みやすい。

強調 ▼

³⁸ ～はず

意味	絶対に～だ

接続	普通形（ナAだ → な・である / Nだ → の・である）＋はず（だ）

おもしろいはずだ / あげたはず / 大変であるはずだ

1) 友達みんなで行く旅行なんて、絶対に楽しいはずだ。

2) しっかり勉強をしたので、今回の試験では満点を取れたはず。

3) 確か、文房具はこの棚に置いてあったはずだ。

³⁹ ～ずにはいられない

意味	どうしても～してしまう

接続	Vない＋ずにはいられない

驚かずにはいられない / 見ずにはいられない / 気にせずにはいられない

※しない → せずにはいられない

1) 好きな作家の本が発売されると、買わずにはいられない。

2) 頑張っている人を見ると、応援せずにはいられない。

3) 暑くなってくると、夏の歌を聴かずにはいられない。

⁴⁰ ～くらい～はない

意味	～がいちばん～だ
接続	N1＋くらい／ぐらい＋N2＋はない

彼女くらい熱心な先生はいない／今日ぐらいつまらない日はない／
彼ぐらい頭がいい人はいない

1) 私は、日本語の勉強くらい楽しいことはないと思っています。

2) 村上さんぐらいきれいな女性はどこを探してもいないだろう。

3) あの店くらいおいしいカレー屋さんは他にありません。

⁴¹ ～まで

意味	～も（たくさんある、充分だ、ということを強調して言う）
接続	N＋まで

鳥まで飼っている／日本語まで話せる／漢字まである

1) 料理が上手な彼女は、ケーキまで作ることができる。

2) 日本語能力試験では、見て解く問題だけでなく聞いて解く問題まである。

3) このレストランは料理がとてもおいしい。そのうえ、値段まで安い。

⁴² ～ほど～はない

意味	～がいちばん～だ
接続	N1＋ほど＋N2＋はない

あなたほど親切な人はいない／母の料理ほどおいしいものはない／
これほど苦い薬はない

1) 彼女ほど絵が上手な人は、他にいません。

2) 日本では、富士山ほど高くて有名な山はない。

3) 彼ほど優しくて頼りになる人はいません。

43 〜てしかたがない

意味	とても〜だ（気持ちを表現する言葉と一緒に使う）
接続	Vたい / イAい＋くてしかたがない / くてしょうがない

　　　ナA＋でしかたがない / でしょうがない

　　　遊びたくてしかたがない / 残念でしかたがない / 楽しくてしょうがない

1) 外国に住んでいると、ときどき家族に会いたく**てしょうがなく**なる。

2) あんなにかっこいい彼と付き合えるなんて、友達がうらやましく**てしかたがない**。

3) いらいらしているときは、ビールが飲みたく**てしかたがなく**なる。

44 〜に違いない

意味	絶対に〜だ、きっと〜だ
接続	普通形（ナAだ / Nだ）＋に違いない

　　　ナA / N＋であるに違いない

　　　おいしいに違いない / 大丈夫に違いない / 犯人であるに違いない / ★そうに違いない

1) 昨日買ったお菓子がもうないのは、妻が食べたから**に違いない**。

2) 何度もお願い事をしてしまっては、相手に迷惑である**に違いない**。

3) この服は彼女に似合う**に違いない**。

45 ～に対して②

意味 ～と比べて考えると

接続 普通形（ナAだ→な・である／Nだ→な・である）＋のに対して
N＋に対して
優しい父に対して／働いているのに対して／真面目であるのに対して

① 私の国の言葉は発音が難しいのに対して、日本語は文法が難しい。

② 日本は夜の10時であるのに対して、アメリカは朝の8時だそうだ。

③ とても優しい父に対して、母はかなり厳しい人だ。

46 ～どころか

意味 ～よりもっと（比較して強調するときに使う）

接続 普通形（ナAだ→な／Nだ）＋どころか
ほめられるどころか／有名などころか／困るどころか

① 昔の携帯電話は、写真を撮るどころかメッセージを送ることもできなかった。

② 私と彼が付き合っているということは、クラスの友達どころか先生も親もみんな知っている。

③ この子犬は、病気が原因で最初は歩くどころか立つこともできなかった。

47 ～に比べて

意味 ～より

接続 N＋に／と＋比べて／比べると
昨年と比べて／妹に比べると／日本語に比べて

① 私の子どものころに比べて、ここ数年、雪が降ることが少なくなった。

② 日本の料理は韓国の料理に比べて、そんなに辛くない。

③ 兄は昔に比べて、料理がとてもうまくなったと思う。

問題1　つぎの文の（　　　）に入れるのに最もよいものを、1・2・3・4から一つ えらびなさい。

1 彼女は花が好きなので、花をプレゼントしたら（　　　）。

1　喜ぶばかりです　　　　　　　　　2　喜びつつあります

3　喜ぶはずです　　　　　　　　　　4　喜びきります

2 北海道の秋は東京よりも気温が低く、（　　　）寒かったです。

1　ふるえるとおり　　　　　　　　　2　ふるえるくらい

3　ふるえるにしたがって　　　　　　4　ふるえるまま

3 （学校で）

木村「今日の夜9時からのテレビ番組に、となりのクラスの加藤さんが出るんだって。」

大野「知らなかった！それは（　　　）ね！」

1　みるくらいだ　　　　　　　　　　2　みずにはいられない

3　みるに違いない　　　　　　　　　4　みるはずだ

4 （レストランで）

母　「ご飯のあと、ケーキも食べる？」

息子「ううん。（　　　）食べたら、歩けなくなっちゃうよ。」

1　それまで　　　　2　あれほど　　　　3　どんなに　　　　4　これくらい

5 （デートで）

女「最近自分に自信がなくて。」

男「何言ってるの、君（　　　）美しい人はいないのに。」

1　によって　　　　2　まで　　　　3　以来　　　　4　ほど

6 昨日読んだ本がおもしろかったので、続きが早く（　　　）。

1　読みたくてしかたがない　　　　　2　読まずにはいられない

3　読むわけだ　　　　　　　　　　　4　読むためだ

7 京都の夏はとても（　　　）、冬はとても寒いことで有名です。

1　暑いのを中心に　　　　　　　　2　暑いのに関して

3　暑いのに対して　　　　　　　　4　暑いのに基づいて

8　（ギター教室で）

生徒「先生はどうしてピアノじゃなくてギターをやろうと思ったんですか？」

先生「ピアノ（　　　）ギターは持ち運びが簡単だからです。」

1　にしたがって　　　2　に比べて　　　　3　にとって　　　　4　について

9　かびんを割ったことをお母さんに知られたら、（　　　）。

1　怒られるはずがない　　　　　　2　怒られようがない

3　怒られてしかたない　　　　　　4　怒られるに違いない

10　あそこに立っている女性は、アメリカで有名な歌手（　　　）。

1　くらいだ　　　　2　だらけだ　　　　3　に違いない　　　　4　ほどだ

正答　①3　②2　③2　④1　⑤4　⑥1　⑦3　⑧2　⑨4　⑩3

問題2　つぎの文の＿＿★＿＿に入る最もよいものを、1・2・3・4から一つえらびなさい。

11 彼と ＿＿＿＿ ＿★＿ ＿＿＿＿ ＿＿＿＿。

   1　あふれるほどの　　　　　　　　2　もらった

   3　幸せを　　　　　　　　　　　　4　出会って

12 久しぶりに友達と ＿＿＿＿ ＿★＿ ＿＿＿＿ ＿＿＿＿しまった。

   1　くらい　　　　　　　　　　　　2　サッカーをしたら

   3　疲れて　　　　　　　　　　　　4　歩けない

13 久しぶりに妹の家に行ったら、＿＿＿＿ ＿＿＿＿ ＿★＿ ＿＿＿＿になっていた。

   1　中が　　　　　　　　　　　　　2　冷蔵庫の

   3　お酒　　　　　　　　　　　　　4　だらけ

14 妹は、＿＿＿＿ ＿＿＿＿ ＿★＿ ＿＿＿＿。

   1　できてしまう　　　　　　　　　2　曲を作ることも

   3　どころか　　　　　　　　　　　4　歌を歌える

15 姉がケーキを ＿＿＿＿ ＿＿＿＿ ＿★＿ ＿＿＿＿。

   1　切って　　　　　　　　　　　　2　食べやすい

   3　くれた　　　　　　　　　　　　4　大きさに

正答　⑪ 1（4132）　⑫ 4（2413）　⑬ 3（2134）　⑭ 2（4321）　⑮ 1（2413）

⁴⁸ ～がる

意味 （いみ）	～と感じているようだ（他の人の様子を言うときに使う） （かん）　　　　　　（ほか　ひと　ようす　い　　　つか）
接続 （せつぞく）	イAい / ナA＋がる 不思議がる / 寒がる / 嫌がる （ふ　し　ぎ）　　（さむ）　　（いや）

① 彼は私のことをこわがっているのか、目を合わせようともしない。
（かれ）（わたし）　　　　　　　　　　　　　　　　（め）（あ）

② 鈴木さんが会社を辞めると聞いて、みんな残念がっていたよ。
（すず き）　　（かいしゃ）（や）　　（き）　　　　　　（ざんねん）

③ 娘の誕生日は、前から欲しがっていた人形をプレゼントしてあげよう。
（むすめ）（たんじょう び）　　（まえ）　（ほ）　　　　　　　（にんぎょう）

⁴⁹ ～ようとする

意味 （いみ）	～を始める直前 （はじ）（ちょくぜん）
接続 （せつぞく）	Vよう＋とする 入ろうとする / 休もうとする / 世話しようとする （はい）　　　　　（やす）　　　　　（せ わ）

① 4歳の息子は、ペットにえさをあげようとしている。
（さい）（むすこ）

② 仕事が終わって早く帰ろうとしたが、部長に声をかけられてしまった。
（し ごと）（お）　　（はや）（かえ）　　　　　（ぶ ちょう）（こえ）

③ 学校から家に帰って、そのまま寝ようとした妹を起こした。
（がっこう）（いえ）（かえ）　　　　　　　（ね）　　　　（いもうと）（お）

⁵⁰ ～そう①

意味	～に見える / ～と感じる

接続	イAい / ナAな＋そう

大変そう / 楽しそう / 幸せそう

※いい → よさそう、ない → なさそう

1）彼は仕事が楽しいらしく、他のことにはあまり興味がなさ**そう**に見える。

2）村上さんは、難しい問題を簡単**そう**に解く。

3）彼女は誕生日に花をもらって、うれし**そう**な顔をしていた。

⁵¹ ～そう②

意味	もう少しで～してしまう

接続	Vます＋そう

転びそう / ぶつかりそう / 寝そう

1）携帯電話を見ながら歩いていたせいで、階段から落ち**そう**になった。

2）運転中に眠くなって、事故を起こし**そう**になったことがある。

3）電車に乗っていた女性は、今にも泣き**そう**な顔をしていた。

⁵² ～だろう

意味	たぶん～

接続	普通形（ナAだ / Nだ）＋だろう / でしょう

いい結果になるでしょう / 便利だろう / 忘れ物だろう

1）薬を飲んでゆっくり休めば、すぐに熱は下がる**だろう**。

2）道路がぬれているのは、夜中に雨が降ったから**でしょう**。

3）明日は雪が降るので、今日の夜はとても寒い**だろう**。

53 〜みたい

意味（いみ）
① 〜に見（み）える
② 〜だと思（おも）う

接続（せつぞく）
普通形（ふつうけい）（ナAだ / Nだ）＋みたい

子（こ）どもみたい / 忙（いそが）しいみたい / 大丈夫（だいじょうぶ）みたい

※「まるで〜みたい」という言（い）い方（かた）もある

1) 彼女（かのじょ）の歌声（うたごえ）はとてもきれいで、まるでプロの歌手（かしゅ）**みたい**だ。

2) 男性（だんせい）が道（みち）に迷（まよ）っている**みたい**だったので、声（こえ）をかけて案内（あんない）してあげた。

3) 体（からだ）が熱（あつ）く感（かん）じる。どうやらかぜをひいてしまった**みたい**だ。

問題1　つぎの文の（　　　　）に入れるのに最もよいものを、1・2・3・4から一つ えらびなさい。

1 週末は、妻が前から（　　　　）ハンバーグを食べに行く予定です。

1　食べたがっていた　　　　　　　　2　食べようとする

3　食べそうな　　　　　　　　　　　4　食べるだろう

2 今日は大雨だったが、明日は天気がよく（　　　　）。

1　なろうとする　　　　　　　　　　2　なるだろう

3　なるおかげだ　　　　　　　　　　4　なるわけだ

3 （会社で）

佐々木「疲れている（　　　　）ですね。最近仕事が忙しいんですか。」

古川　「そうなんです。毎日残業しているので、あまり寝られていません。」

1　おかげ　　　　　2　はず　　　　　3　みたい　　　　　4　くらい

4 友達によると、先週から始まった新しいドラマはとても（　　　　）。

1　おもしろいくらいだ　　　　　　　2　おもしろいだろう

3　おもしろいそうだ　　　　　　　　4　おもしろくてしかたがない

5 （　　　　）息子を両手で抱いて温める。

1　寒いどころか　　　　　　　　　　2　寒いみたいな

3　寒がっている　　　　　　　　　　4　寒いのに対して

6 電車に（　　　　）、財布を忘れたことを気がつきました。

1　乗りそうになったら　　　　　　　2　乗ろうとしたら

3　乗るのをきっかけに　　　　　　　4　乗りたがっていたら

7 この気温だと、今日の夜は雪が（　　　　）。

1　降ろうとする　　　　　　　　　　2　降りたがる

3　降るだろう　　　　　　　　　　　4　降っているみたい

8 台風による強い風で、お店の看板が（　　　　　）。

1　倒れそうだ　　　　2　倒れる通りだ　　　3　倒れるべきだ　　　4　倒れたせいだ

9 彼女は写真（　　　　　）絵をかくのが得意なので、とても人気がある。

1　そうな　　　　　　2　ながらも　　　　　3　みたいな　　　　　4　まで

10 （教室で）

中本「村上さんの誕生日プレゼント、何をあげようかな。」

佐藤「そういえば、最近流行しているイヤホンを（　　　　）。」

1　欲しがっていよう　　　　　　　　　2　欲しがっていたからね

3　欲しがってね　　　　　　　　　　　4　欲しがっていたよ

問題2　つぎの文の　★　に入る最もよいものを、1・2・3・4から一つえらびなさい。

11 引っ越してきた家の庭に桜の木があり、春になると ＿＿＿ ★ ＿＿＿ ＿＿＿。

1　楽しみに　　　　　　　　　　　2　咲くだろうと

3　している　　　　　　　　　　　4　きれいに

12 日曜日に公園へ行くと、 ＿＿＿ ＿＿＿ ★ ＿＿＿。

1　楽しそうに　　　　　　　　　　2　近所の

3　子どもたちが　　　　　　　　　4　遊んでいる

13 生徒「最近流行している ＿＿＿ ★ ＿＿＿ ＿＿＿、うまくできません。」

　　先生「私が最初から丁寧に教えてあげる。早速やってみよう。」

1　のですが　　　　　　　　　　　2　踊ろうとした

3　頑張って　　　　　　　　　　　4　ダンスを

14 彼女の手は ＿＿＿ ★ ＿＿＿ ＿＿＿みたいだ。

1　子どもの手　　　　　　　　　　2　まるで

3　小さくて　　　　　　　　　　　4　とても

15 一年かけて ＿＿＿ ★ ＿＿＿ ＿＿＿です。

1　あと　　　　　　　　　　　　　2　かいている絵が

3　3日で　　　　　　　　　　　　4　完成しそう

正答　⑪2（4213）　⑫1（2314）　⑬3（4321）　⑭3（4321）　⑮1（2134）

⁵⁴ ～にあたって

意味 ～をするとき

接続 Vる / N＋にあたって / にあたり
参加するにあたって / 結婚にあたり / 作業開始にあたって

① 大学を卒業して就職するにあたり、東京へ引っ越すことになった。

② 新しい作品の完成にあたって、お祝いのパーティーが開かれた。

③ 大学受験にあたって、様々な種類の本を買った。

⁵⁵ ～際

意味 ～とき

接続 Vる / Vた＋際（に / は / には）
N＋の際（に / は / には）
間違えた際は / 緊急の際には / お帰りの際に / ★その際
※「お＋Vます＋の際」という言い方もある

① 買い物をする際は、商品にきずや汚れがないか十分に確認することが大切です。

② 中村「すみません…どなた様でしょうか。」

本橋「先月、森高校のイベントがありましたよね。その際にお会いした、本橋で

す。」

③ 階段を降りる際は、足元にお気をつけください。

⁵⁶ 〜ところに

意味	ちょうど〜のときに
接続	Vる / Vた / Vている＋ところに / ところへ 話しているところに / 完成したところに / メールを打っているところへ / ★いいところに

1) ケーキが焼けた**ところへ**、ちょうど子どもたちが学校から帰ってきた。

2) ちょうど**いいところに**来たね。君にお土産を渡そうと思っていたんだ。

3) 電話をしようと思っていた**ところに**、彼から電話がかかってきた。

⁵⁷ 〜に先立って

意味	〜の前に
接続	Vる / N＋に先立って / に先立ち N1＋に先立つ＋N2 開演に先立って / 訪問するに先立ち / 授業開始に先立つ説明

1) 試験開始**に先立って**、皆さんにいくつか注意点をお伝えします。

2) オリンピックを行う**に先立って**、会場や選手の宿泊先を用意する。

3) コンサート**に先立ち**、お客さまの案内を始めた。

⁵⁸ 〜ばかり②

意味	さっき〜した
接続	Vた＋ばかり 起きたばかり / 出かけたばかり / 直したばかり

1) 買った**ばかり**の車にきずがついてしまって、とても悲しい。

2) 今までずっと家族と暮らしていたので、一人暮らしを始めた**ばかり**のころは大変

だった。

3) まだ外に出て歩き始めた**ばかり**なのに、息子は「帰りたい」と言って泣き出した。

59 ～たところ

意味	さっき～が終わった
接続	Vた＋ところ

帰ったところ / 話を聞いたところ / 乗ったところ

1) 客　「アイスクリームはありますか？」

　　店員「すみません、ついさっき売り切れたところなんです。」

2) 中本さんなら、さっき家に帰ったところですよ。

3) 妻「もしもし、仕事終わった？」

　　夫「今ちょうど終わったところだよ。」

60 ～たびに

意味	～するとき、いつも
接続	Vる＋たびに
	N＋のたびに

来るたびに / 帰国のたびに / 会ったびに

1) 山本さんは会うたびにかみの毛の色が変わっている。

2) 冬が来るたびに、カナダで過ごした一年間を思い出す。

3) となりに住んでいる男の子は、見るたびに背が高くなっていく。

^{61} 〜おきに

意味	決まっている数・時間で〜する
接続	数＋おきに
	二週間おきに / 10分おきに / 50個おきに

① 5分おきに目覚まし時計が鳴るように、セットしてから寝る。

② 一日おきにトレーニングをする習慣がある。

③ ここのデパートは、50メートルおきにごみ箱が置いてある。

^{62} 〜ごとに

意味	〜のときは、いつも
接続	Vる / N / 数＋ごとに
	チームごとに / 半年ごとに / 3つ買うごとに

① 3か月ごとに、定期券を買うことにしている。

② クラスごとに曲を決めて、歌を発表することになっている。

③ このカードは、買うごとに10円で1ポイントたまるのでとてもお得だ。

あいだ▼

^{63} 〜間

意味	〜の時間に
接続	Vる / Vている / Vない ＋間（に）
	N＋の間（に）
	夜の間 / 話している間に / 見ない間に

① 赤ちゃんはたった一年の間に、たくさんのことができるようになる。

② 会社の人と電話で話している間、息子は大きな声で泣き続けていた。

③ 私たちが寝ている間に、ずっと働いている人たちもいる。

⁶⁴ ～うちに

意味	～あいだに

接続 普通形（ナAだ→な / Nだ→の）＋うちに

あたたかいうちに / 学生のうちに / 降らないうちに

※Vたは使えない

1) 妻が帰ってこないうちに、家の掃除をして夜ご飯も作っておこう。

2) 学生のうちに、たくさんのことを経験してみたい。

3) 新鮮なうちに魚を食べよう。

問題1　つぎの文の（　　　）に入れるのに最もよいものを、1・2・3・4から一つ えらびなさい。

1 （電話で）

新入社員「部長、確認したいことがあるのですが、お時間よろしいでしょうか。」

　部長　「わかった。駅に（　　　）だから、後でまたかけるね。」

1　着いた際

2　着いたばかり

3　着く間

4　着いたはず

2 （電話で）

妻「あなた、無事に日本に到着したの？」

夫「うん。今ちょうど、空港に（　　　）。」

1　到着したそうだよ

2　到着したみたいだよ

3　到着したはずだよ

4　到着したところだよ

3 父は、出張に行く（　　　）家族にお土産を買ってきてくれた。

1　おきに

2　ところに

3　たびに

4　とともに

4 留学する（　　　）必要なものを、デパートへ買いに行った。

1　にあたり　　　　2　うちに　　　　3　に対して　　　　4　くらいに

5 （　　　）、いつでもスタッフにお声がけください。すぐにご案内いたします。

1　お困りの際は

2　お困りだったところ

3　お困りの間に

4　お困りのうちに

6 （　　　）、友達から相談の電話がかかってきた。

1　寝ようとしたばかりで

2　寝ようとしたうちに

3　寝ようとしたところに

4　寝ようとしたみたいで

7 大切な会議（　　　）、様々な資料を準備しなければなりません。

1　をきっかけに　　　2　を中心に　　　3　に先立って　　　4　とともに

8 （うちで）

妻「昨日友達にケーキをもらったんだけど、まだ食べていないの。」

夫「消費期限が過ぎない（　　　）、食べてしまわないとね。」

1　ごとに　　　　　　2　うちに　　　　　　3　おきに　　　　　　4　たびに

9 夏休みの（　　　）、いろんな国へ旅行する予定です。

1　反面に　　　　　　2　ところに　　　　　3　とおりに　　　　　4　間に

10 私の住んでいる地域は、一時間（　　　）しかバスが来ない。

1　のたびに　　　　　2　おきに　　　　　　3　以来　　　　　　　4　のうちに

正答　①2　②4　③3　④1　⑤1　⑥3　⑦3　⑧2　⑨4　⑩2

問題2　つぎの文の＿★＿に入る最もよいものを、1・2・3・4から一つえらびなさい。

11 大雨 ＿＿＿ ＿＿＿ ＿★＿ ＿＿＿ に水が入ってしまい、靴下までぬれた。

1　ごとに　　　　　　　　　　　2　歩く

3　のせいで　　　　　　　　　　4　靴

12 （映画館で）

後輩「映画の開始時間に間に合わなくてごめんなさい。電車が遅れていたんです。」

先輩「ううん。まだ ＿＿＿ ＿＿＿ ＿★＿ ＿＿＿ 、大丈夫だよ。」

1　映画は　　　　　　　　　　　2　ばかり

3　始まった　　　　　　　　　　4　だから

13 今日は仕事がなかなか終わらず、＿＿＿ ＿★＿ ＿＿＿ ＿＿＿ です。

1　ところ　　　　　　　　　　　2　たった

3　会社を出た　　　　　　　　　4　今

14 彼は料理が苦手だったが、＿＿＿ ＿★＿ ＿＿＿ ＿＿＿ いる。

1　なって　　　　　　　　　　　2　作る

3　うまく　　　　　　　　　　　4　たびに

15 ＿＿＿ ＿★＿ ＿＿＿ ＿＿＿ 友人から手紙や応援の言葉をもらった。

1　する　　　　　　　　　　　　2　手術

3　たくさんの　　　　　　　　　4　にあたって

正答　⑪ 1（3214）　⑫ 2（1324）　⑬ 4（2431）　⑭ 4（2431）　⑮ 1（2143）

65 たとえ〜ても

意味 もし〜でも、変わらない

接続 たとえ＋Vて / イAくて＋も

たとえ＋Vない / イAくない＋くても

たとえ＋ナA / N＋でも / じゃなくても

たとえ反対されても / たとえお金が無くても / たとえ有名じゃなくても

① たとえ難しくても、もっと勉強して東京大学に行くつもりだ。

② たとえお金持ちじゃなくても、あなたのことが大好きです。

③ たとえみんなに反対されても、私は絶対に日本へ行く。

66 〜ことにする

意味 〜すると決める

接続 Vる / Vない＋ことにする

行かないことにする / 会うことにする / 持っていくことにする

① 今日の昼ご飯は、コンビニで買うことにする。

② 熱がある気がするので、病院に行ってみることにします。

③ 息子がかぜをひいたので、学校を休ませることにした。

67 ～次第

意味	～したら、すぐ
接続	Vます＋次第

連絡が入り次第 / わかり次第 / 確認が取れ次第

1) 印刷が終わり**次第**、すぐに部長にご報告します。

2) 迎えに行きますので、空港に着き**次第**、お電話ください。

3) まだ仕事の予定がわからないから、わかり**次第**連絡するね。

68 ～としたら

意味	～だと考えたら
接続	普通形＋としたら / とすると / とすれば

美人だとしたら / うそをついているとすると / 真実だとすれば

1) 彼の言っていることが本当だ**とすれば**、私は将来お金持ちになるだろう。

2) 北海道は広いので、観光地を全て回る**としたら**一週間あっても足りないくらいですよ。

3) 来週姉が帰ってくる**としたら**、迎えに行くために仕事を休まなければいけません。

69 ～てからでないと

意味	～が終わったあとでないと
接続	Vて＋からでないと / からじゃないと / からでなければ

食事をしてからでないと / 会ってからじゃないと / 寝てからでなければ

1) 詳しい話を聞い**てからでないと**、答えられません。

2) 書類を見**てからでなければ**、サインすることはできません。

3) 学校が終わっ**てからでないと**、会いに行けません。

^{70}〜によって②

意味 それぞれ

接続 N+によって
人によって / 国によって / 時代によって

1) コーヒーは作られた場所によって味やかおりが違うそうだ。

2) 国によって言葉やルールが違うので、訪問する前に必ず勉強しなければならない。

3) 好きなものや嫌いなものは、人によって違う。

問題1　つぎの文の（　　　）に入れるのに最もよいものを、1・2・3・4から一つ えらびなさい。

1 　（　　　）いつかはなれても、私たちはずっと友達^{ともだち}です。

1　ぜひ　　　　　　　2　まず　　　　　　　3　たとえ　　　　　　4　まだ

2 　会議^{かいぎ}がいつ終わるかわからないので、（　　　）また連絡します。

1　終わり次第　　　　　　　　　　　2　終わるとしたら

3　終わってからでないと　　　　　　4　終わるたびに

3 　（電話で）

川島^{かわしま}「都会から自然^{しぜん}の多い場所へ引っ越^こして、どうですか？」

米田^{よねだ}「とてもいいですが、近くに電車もバスも通ってないので車を（　　　）。」

1　買いたいに違いないです　　　　　2　買うということです

3　買いたがっています　　　　　　　4　買うことにしました

4 　私の行きたい大学は作文の試験に（　　　）入学できないので、一生懸命^{いっしょうけんめい}勉強している。

1　合格するとしたら　　　　　　　　2　合格し次第

3　合格してからでないと　　　　　　4　合格によって

5 　（カフェで）

中川^{なかがわ}「もし百万円が（　　　）、世界中を旅したいな。」

広田^{ひろた}「私は、家族とおいしいご飯を食べたり、欲^ほしいものを買ったりしたいな。」

1　あるにあたって　　　　　　　　　2　あるうちに

3　ある際に　　　　　　　　　　　　4　あるとしたら

6 　同じ日本でも、地域^{ちいき}（　　　）話している言葉が違う。

1　に対して　　　　2　おきに　　　　3　のうちに　　　　4　によって

7 （学校で）

生徒「明日の試験、うまくいくか不安です。」

先生「たとえ（　　　）、今までの努力を信じるしかないよ。」

1　自信がないとしたら　　　　　　2　自信がなくても

3　自信がないに先立って　　　　　4　自信がないにしたがって

8 来月は結婚記念日なので、仕事の休みが（　　　）すぐに旅行の予約^{よやく}をするつもりです。

1　取れる間　　　　　　　　　　　2　取れ次第

3　取れるごとに　　　　　　　　　4　取れてからでないと

9 今年の年末は仕事が忙^{いそが}しすぎるので、ふるさとには帰らない（　　　）。

1　ためです　　　　　　　　　　　2　ということです

3　わけです　　　　　　　　　　　4　ことにしました

10 今日が誕生日^{たんじょうび}の加藤^{かとう}さんが（　　　）、パーティーは始められない。

1　来てからでないと　　　　　　　2　来次第

3　来た際に　　　　　　　　　　　4　来るとともに

問題2　つぎの文の＿＿★＿＿に入る最もよいものを、1・2・3・4から一つえらびなさい。

11 ＿＿＿＿ ＿＿＿＿ ＿★＿ ＿＿＿＿家に住みたいかを考える。

   1　どんな　　　　　　　　　　　　2　としたら

   3　結婚して　　　　　　　　　　　4　家族と住む

12 バラの花は種類＿＿＿＿ ＿★＿ ＿＿＿＿ ＿＿＿＿のがいいですね。

   1　楽しめる　　　　　　　　　　　2　によって

   3　形や　　　　　　　　　　　　　4　香りを

13 ＿＿＿＿ ＿★＿ ＿＿＿＿ ＿＿＿＿、健康のために夜中は食べないことにしている。

   1　としても　　　　　　　　　　　2　たとえ

   3　お腹が　　　　　　　　　　　　4　ぺこぺこだ

14 （飲食店で）

   客　「すみません、4人入れますか。」

   店員「申し訳ありません。＿＿＿＿ ＿＿＿＿ ＿★＿ ＿＿＿＿ご案内いたします。」

   1　空き　　　　　　　　　　　　　2　席が空いていないので

   3　ただいま　　　　　　　　　　　4　次第

15 仕事で疲れたので、＿＿＿＿ ＿★＿ ＿＿＿＿ ＿＿＿＿。

   1　料理はせずに　　　　　　　　　2　ご飯を食べる

   3　ことにした　　　　　　　　　　4　レストランで

正答　⑪2（3421）　⑫3（2341）　⑬3（2341）　⑭1（3214）　⑮4（1423）

問題3 つぎの文章を読んで、文章全体の内容を考えて、 16 から 20 の中に
入る最もよいものを、1・2・3・4から一つえらびなさい。

下の文章は、留学生が書いた作文です。

ゆかた

ヴァネッサ・ブラウン

　私は日本に来てから、一度も着物やゆかた 16 の日本らしい服を着たことがあり
ませんでした。きれいなので、いつかは着てみたいと思っていたのですが、色の種類が
多すぎて、自分で選ぶことができませんでした。

　今年、私の住んでいる町で、夏祭りが開かれることになりました。 17 私は日本
人の友達をさそって一緒に行くことにしました。当日友達の家まで迎えに行くと、その
友達が突然「これ、ヴァネッサさんにあげる。ぜひ着てみて！」と、うすい緑色に大き
な黄色の花がかかれたゆかたをプレゼントしてくれました。

　そのゆかたは色がきれいで、とてもはなやかに見えました。友達は「ゆかたも洋服と
同じで、人によって似合う色が違うんだよ。ヴァネッサさんはこの色が絶対似合うと思
ったの。」と、うれしそうに 18 。私は感動して、何度もお礼を言いました。

　初めて着るゆかたは、腰をひもでしめるので少し苦しかったり、足を大きく動かせな
いので歩きにくかったりすることがわかりました。でも、夏祭りで会った学校の友達に
も「よく似合っているね！」とほめられてうれしかったし、ゆかたで行った今年の夏祭
りは今まで行った 19 お祭りよりも特別に感じました。今年の夏休みは、旅行をし
たり海に行ったりもしましたが、夏祭りでの経験がこの夏一番の 20 。

16

    1　など   2　まで   3　だけ   4　とか

17

    1　それから   2　すると   3　ついでに   4　そこで

18

    1　話したところです   2　話してくれました

    3　話しそうです   4　話してもらいました

19

    1　この   2　どの   3　あの   4　その

20

    1　思い出になりつつあります   2　思い出になりはじめました

    3　思い出になっています   4　思い出になろうとしました

正答　⑯ 1　⑰ 4　⑱ 2　⑲ 2　⑳ 3

71 ～ように①

意味	～するために工夫をする
接続	Vる / Vない / Vれる＋ように

作れるように / 遅刻しないように / 合格するように

❶ 待ち合わせの時間に遅れない**ように**、いつも早めに家を出る。

❷ お父さんが仕事に集中できる**ように**、家族で協力しようね。

❸ 息子が学校に間に合う**ように**、毎朝起こしている。

72 ～には

意味	～するためには
接続	Vる＋には

のぼるには / 予約するには / 無くすには

❶ 免許証の申請をする**には**、顔写真が必要です。

❷ 会社へ行く**には**、この長い坂道をのぼらなければなりません。

❸ この商品を買う**には**、インターネットで予約をしなければなりません。

方法 ▼

73 〜しかない

意味	〜以外の方法がない
接続	Vる＋しかない

やるしかない / がまんするしかない / 行くしかない

1) こうなったら、あきらめて他の方法を探す**しかない**。

2) 部下「お客さんに質問されたとき、すぐに答えられなくて困ってしまったんです。」
上司「最初は誰でもそうだよ。少しずつ学んでいく**しかない**よ。」

3) 何回地図を見ても道がわからないので、誰かに聞く**しかない**。

74 〜ほかない

意味	〜以外の方法がない（「〜しかない」よりかたい言い方）
接続	Vる＋ほかない

注意するほかない / 考えるほかない / 寝るほかない

1) スーパーまで来たのに財布を忘れてしまったので、何も買わず家に帰る**ほかなかった**。

2) けがで試合に出られなくて悔しいが、今はがまんする**ほかない**。

3) 何度言ってもゲームをやめないなら、禁止する**ほかない**。

75 〜によって③

意味	〜の方法で
接続	N+によって

インターネットによって／法律によって／話し合いによって

1) わからない言葉は、辞書を使うことによって調べることができる。

2) 試験の合格発表は、メールによって連絡がくるそうだ。

3) 次の部長は、会議によって決定いたします。

動作 ▼

76 〜なおす

意味	もう一度〜する
接続	Vます+なおす

撮りなおす／やりなおす／準備しなおす

1) パソコンの故障で、昨日の仕事を全部やりなおすことになった。

2) パスポートを無くしてしまったので、作りなおすことにした。

3) 納得がいくまで、何度も書きなおそう。

77 〜始める

意味	〜するのを始める
接続	Vます+始める

走り始める／食べ始める／行動し始める

1) 泉さんが歌い始めると同時に、みんなおどりだした。

2) 今日は晴れると聞いていたのに、急に雨が降り始めた。

3) 彼は飛行機に乗ってすぐに寝始めた。

問題1　つぎの文の（　　　）に入れるのに最もよいものを、1・2・3・4から一つ えらびなさい。

[1]　加藤「この時計、気に入って何年も使っていたんだけど、壊れちゃったんだ。」

　　　泉　「修理のためにお店に持って行ったの？」

　　　加藤「うん。でも古い物だから修理が難しいって。もう（　　　）かな。」

　　　1　捨てるしかない　　　　　　　　　2　捨てはじめる

　　　3　捨てやすい　　　　　　　　　　　4　捨てなおす

[2]　このレストランは、子どもが遊べる（　　　）おもちゃが置いてある。

　　　1　しかない　　　　2　ほかない　　　　3　には　　　　4　ように

[3]　新しい商品の名前は、話し合い（　　　）決まりました。

　　　1　に対して　　　　2　によって　　　　3　にあたって　　　　4　に比べて

[4]　大きな台風が近づいているので、明日は会社を（　　　）だろう。

　　　1　休みなおす　　　　　　　　　　　2　休みようがない

　　　3　休むほかない　　　　　　　　　　4　休みはじめる

[5]　東京から九州に行く（　　　）、飛行機を使うのが一番早いです。

　　　1　おきに　　　　2　ように　　　　3　ところ　　　　4　には

[6]　きちんとした食事をすること（　　　）、かぜをひきにくくなります。

　　　1　どころか　　　　2　によって　　　　3　には　　　　4　くらい

[7]　洗濯しても洋服の汚れが落ちていなかったので（　　　）。

　　　1　洗いつつある　　　2　洗いなおす　　　3　洗いそう　　　4　洗いやすい

8 30年前からこの国に（　　　　）、今ではもう人生の半分を過ごしました。

1　住みはじめ　　　2　住むように　　　3　住むには　　　4　住むたびに

9 困っている様子だったから、声をかける（　　　）と思ったんです。

1　には　　　　　　2　ように　　　　　3　しかない　　　4　ということだ

10 外国へ旅行に行く（　　　）、パスポートが必要です。

1　ように　　　　　2　ところに　　　　3　には　　　　　4　うちに

問題2 つぎの文の＿★＿に入る最もよいものを、1・2・3・4から一つえらびなさい。

11 先生にレポートの字がきたない ＿＿＿ ＿＿＿ ＿★＿ ＿＿＿。

1 なおした

2 と言われたので

3 最初から

4 書き

12 ガラスのコップは割れやすい ＿＿＿ ＿★＿ ＿＿＿ ＿＿＿してください。

1 ように

2 ので

3 注意して

4 運ぶ

13 （会社で）

新入社員「商品の数を間違えて、100個多く注文してしまいました。申し訳ありません。」

部長　「それは大変だ。しかたがないから ＿＿＿ ＿＿＿ ＿★＿ ＿＿＿ね。」

1 値段を

2 ほかない

3 売る

4 下げて

14 あなたが赤ちゃんのころは、一度 ＿★＿ ＿＿＿ ＿＿＿ ＿＿＿子だったのよ。

1 泣きやまない

2 なかなか

3 はじめると

4 泣き

15 今日は早く帰りたかったが、先輩から食事会に ＿＿＿ ＿★＿ ＿＿＿ ＿＿＿。

1 行く

2 しかない

3 ので

4 誘われた

正答　⑪4（2341）　⑫3（2341）　⑬3（1432）　⑭4（4321）　⑮3（4312）

🔟 ルール・アドバイス

⁷⁸～ことになっている

意味 ～することが決まっている（約束・ルール・制度など）

接続 Vる / Vない＋ことになっている / こととなっている

N＋ということになっている

ゲームをすることになっている / 残業しないこととなっている /
3時に待ち合わせということになっている

1) 週末は、友達の家に泊まりに行く**ことになっている**。

2) 日本では、19歳以下はお酒を飲めない**こととなっている**。

3) 来年はタイで仕事をする**ことになっている**。

⁷⁹ ～なくちゃ

意味	～なくては（話すときによく使う言い方）

接続	Vない / イAくない＋なくちゃ / なきゃ

ナA / N＋でなくちゃ / でなきゃ / じゃなくちゃ / じゃなきゃ

楽しくなきゃ / ていねいじゃなきゃ / 勉強しなくちゃ

① 今日勉強した単語は、忘れないうちに使わ**なくちゃ**！

② 長生きするためには、心も体も健康じゃ**なくちゃ**。

③ 寝坊した！急いで準備し**なきゃ**！

	食べ**なくては**	→	食べ**なくちゃ**
なくては → なくちゃ	楽しく**なくては**	→	楽しく**なくちゃ**
	健康じゃ**なくては**	→	健康じゃ**なくちゃ**
	食べ**なければ**	→	食べ**なきゃ**
なければ → なきゃ	楽しく**なければ**	→	楽しく**なきゃ**
	健康じゃ**なければ**	→	健康じゃ**なきゃ**

アドバイス▼

⁸⁰ ～ことはない

意味	～する必要はない

接続	Vる＋ことはない

走ることはない / 心配することはない / 悩むことはない

① にんじんが嫌いなら、無理して食べる**ことはない**ですよ。

② 何回でもチャンスはあるから、失敗してもあきらめる**ことはない**。

③ 出発時刻までまだ時間があるんだから、そんなに急ぐ**ことはない**よ。

81 〜べき

意味	〜した方がいい

接続	Vる＋べき

読むべき / 注意するべき / 働くべき

※する → すべき・するべき

1) 食べ物があることは当たり前ではないから、大切にすべきだ。

2) 夜遅い時間に、女の子が一人で歩くべきではないよ。

3) やりたいことは、何でもやってみるべきだ。

82 〜ように②

意味	〜しなさい

接続	Vる / Vない＋ように

早く来るように / 遅れないように / 忘れないように

1) 明日はピクニックに行くので、お弁当を持ってくるように。

2) ここは病院なので、大きな声を出さないように。

3) 運動して汗をかいたら、必ず水を飲むように。

83 〜こと

意味	〜しなさい（「〜ように②」よりかたい言い方）

接続	Vる / Vない＋こと

静かにすること / 勉強すること / 走らないこと

1) 社長の部屋に入るときは、必ずドアをノックすること。

2) 学校の中では、走らないこと。危ないですよ。

3) 家へ帰ったら手洗い・うがいをすること。

問題1　つぎの文の（　　　）に入れるのに最もよいものを、1・2・3・4から一つ えらびなさい。

1 私の家では、毎年お正月に家族みんなで（　　　）。

1　集まりきる 　　　　　　　　　　　2　集まってしかたがない

3　集まることになっている 　　　　　4　集まるほかない

2　（学校で）

先生「明日はピクニックに行くので、お弁当を忘れ（　　　）。」

学生「はい！」

1　ないように 　　　2　なさそうに 　　　3　ないみたいに 　　　4　ないとおりに

3　泉 「ベトナムに引っ越すのは楽しみだけど、緊張するなあ。」

ミン「心配（　　　）よ。ベトナムに友達がいるんでしょう？みんな優しいから、助けて

　　くれるよ。」

1　するべきだ 　　　　　　　　　　　2　することはない

3　しなきゃいけない 　　　　　　　　4　することだ

4　（学校で）

生徒「先生、英語の成績がよくならないんです。何かアドバイスもらえませんか。」

先生「そうですね。まずは毎日5分でいいので勉強をして、英語に（　　　）です。」

1　慣れるばかり 　　　　　　　　　　2　慣れることはない

3　慣れやすい 　　　　　　　　　　　4　慣れるべき

5　来週は試験があります。体調の管理には十分（　　　）。

1　気をつけたばかりだ 　　　　　　　2　気をつけるせいだ

3　気をつけること 　　　　　　　　　4　気をつけたところだ

6　佐藤「あのアイドルの新しい曲聴いた？とってもいいよ。」

鈴木「え、もう発売されたの？早く（　　　）！」

1　聴くばかりだ 　　　　　　　　　　2　聴くわけだ

3　聴かなきゃ 　　　　　　　　　　　4　聴くみたいだ

7 明日は昼ご飯を食べたあと、みんなで山に（　　　　）。

　1　登ることになっています　　　　　2　登ったままだ

　3　登りつつある　　　　　　　　　　4　登るものだ

8 明日までに、会議の資料を作って印刷しておく（　　　　）。

　1　みたいに　　　　2　ように　　　　3　とともに　　　　4　とおりに

9 体調が悪くなるまで、やりたくない仕事を（　　）ですよ。

　1　しやすい　　　　2　することはない　　3　しているため　　4　するばかり

10 やりたいことよりも、しなければならないことを先に（　　　　）。

　1　やりますように　　　　　　　　　2　やりなおす

　3　やるべきだ　　　　　　　　　　　4　やるおかげだ

問題2　つぎの文の＿★＿に入る最もよいものを、1・2・3・4から一つえらびなさい。

11 坂本「そういえば、春休みはどこに旅行するか決まったの？」

岩井「うん。四国の4つの ＿＿＿＿ ＿＿＿＿ ＿★＿ ＿＿＿＿ よ。」

1 友達と　　　　　　　　　　　2 ことになっている

3 県を　　　　　　　　　　　　4 周る

12 会場の中では、＿＿＿＿ ＿＿＿＿ ＿★＿ ＿＿＿＿。

1 食べたりしない　　　　　　　2 絶対に

3 飲んだり　　　　　　　　　　4 ように

13 彼女はこの仕事に ＿＿＿＿ ＿＿＿＿ ＿＿＿＿ ＿★＿ ですよ。

1 何も　　　　　　　　　　　　2 慣れているので

3 心配する　　　　　　　　　　4 ことはない

14 弟はいつも学校に遅刻しそうなので、＿＿＿＿ ＿★＿ ＿＿＿＿ ＿＿＿＿ だと思う。

1 あと　　　　　　　　　　　　2 5分は

3 起きるべき　　　　　　　　　4 早く

15 横断歩道は、車が来ていないかを ＿＿＿＿ ＿＿＿＿ ＿＿＿＿ ＿★＿。

1 こと　　　　　　　　　　　　2 しっかり

3 確認してから　　　　　　　　4 渡る

正答 ⑪ 4（3142）　⑫ 1（2314）　⑬ 4（2134）　⑭ 2（1243）　⑮ 1（2341）

84 ～なんか ①

意味	～とか
接続	N＋なんか / なんて
	お菓子作りなんか / 掃除なんか / 読書なんて

1) 森田「週末、どこに行こうか。」

　　小川「そうだね。あたたかくなってきたから、海**なんて**どう？」

2) 休日は、散歩**なんか**してゆっくり過ごしています。

3) 松井「最近、新しい趣味を探しているんだよね。」

　　加藤「そうなんだ。読書**なんて**どう？」

85 ～ばかりでなく

意味	～だけではなく
接続	普通形（ナAだ → な / Nだ）＋ばかりで（は）なく
	遊ぶばかりでなく / 大変なばかりではなく / 寒いばかりでなく

1) 彼女は仕事が丁寧な**ばかりではなく**親切なので、みんなに愛されている。

2) このお店の商品はデザインがかわいい**ばかりではなく**値段も安い。

3) 好きなことを仕事にするのは、楽しいこと**ばかりでなく**つらいこともたくさんある。

⁸⁶ ～とか～とか

意味	～や、～や（例を出すときに使う）
接続	Vる1／N1＋とか＋Vる2／N2＋とか
	新幹線とか飛行機とか／洗濯するとか掃除するとか／猫とか犬とか

❶ 将来は、沖縄とか北海道とか、海の近いところで暮らしたい。

❷ カタカナとか漢字とか、日本語は覚えることが多すぎるよ。

❸ 服とか靴とか、欲しいものがたくさんある。

⁸⁷ ～はもとより

意味	～はもちろん
接続	N＋はもとより
	両親はもとより／子どもはもとより／育児はもとより

❶ 運転免許を持っていない妻は、車はもとよりバイクや自転車にも乗ったことがない

らしい。

❷ 彼は英語はもとより、中国語もスペイン語も話せる。

❸ このレストランは、料理の味はもとよりサービスもいいので気に入っている。

⁸⁸ ～だけでなく

意味	～のほかにもある
接続	普通形（ナAだ → な／Nだ）＋だけで（は）なく／だけじゃなく
	早いだけでなく／親切なだけじゃなく／壊しただけではなく

❶ 子どもは笑った顔だけではなく、泣いている顔もかわいい。

❷ この町には美しい山があるだけじゃなく、おいしい食べ物もたくさんある。

❸ この店は安いだけではなく、料理もおいしいので人気だ。

89 〜かわりに②

意味
① 〜を使わないで、別のものを使う
② 自分が〜して、他の人に別のことをしてもらう

接続
Vる＋かわりに

N＋のかわりに

貸すかわりに / ハンコのかわりに / 父のかわりに / ★そのかわり（に）

1) さとの**かわりに**、はちみつを使ってもおいしいですよ。

2) 私が荷物を持つ**かわりに**、あなたが傘をさしてください。

3) 手伝ってあげるよ。**そのかわり**、今度僕の仕事も助けてね。

問題1　つぎの文の（　　　）に入れるのに最もよいものを、1・2・3・4から一つ えらびなさい。

1 急に雨が降りだしたので、かさ（　　　）かばんを頭にのせて家まで帰った。

　　1　ばかりでなく　　　2　ごとに　　　　　　3　のかわりに　　　4　によって

2 夏休み、クラスのみんなで遊びに行くなら、遊園地（　　　）どうかな？

　　1　はもとより　　　　2　ばかりでなく　　　3　なんて　　　　　4　だけでなく

3 食べ物を捨てるのはもったいない（　　　）、環境にも悪い影響がある。

　　1　なんかでなく　　　2　からでなく　　　　3　とかでなく　　　4　ばかりでなく

4 このケーキ屋は、いちごとかりんご（　　　）、くだものを使った商品が有名だ。

　　1　だけでなく　　　　2　なんか　　　　　　3　とか　　　　　　4　によって

5 花屋で働くためには、花の種類（　　　）花の包み方も覚える必要がある。

　　1　なんて　　　　　　　　　　　　　　　　2　のかわりに
　　3　にあたって　　　　　　　　　　　　　　4　はもとより

6 （靴屋で）

　　客　「山に登るための靴を買いたいんですが、歩きやすい靴はありますか？」

　　店員「こちらはいかがですか？歩きやすい（　　　）、雨が降っても靴の中に水が入らな
　　　　　いんですよ。」

　　1　かわりに　　　　　　　　　　　　　　　2　だけじゃなく
　　3　ぐらい　　　　　　　　　　　　　　　　4　うちに

7 タイの料理は、からい料理（　　　）すっぱい料理もある。

　　1　にあたって　　　　　　　　　　　　　　2　ごとに
　　3　ばかりでなく　　　　　　　　　　　　　4　に関して

8 田中「山本さんは、一人暮らしだよね。週末は何をして過ごすことが多いの？」

山本「うーん、よく山登り（　　　）。」

1 なんかしますね　　　　　　　　　2 ばかりではありません

3 のかわりにしますね　　　　　　　4 だけではありません

9 妹「お母さんの誕生日プレゼント、何がいいかな。」

兄「運動が好きだから、運動靴とかスポーツ用の服（　　　）どうかな。」

1 とか　　　　　　　　　　　　　　2 だけでなく

3 はもとより　　　　　　　　　　　4 のかわりに

10 私が日本語の勉強を助けるので、（　　　）英語の勉強を手伝ってくれませんか。

1 そのあとなんか　　　　　　　　　2 それだけじゃなく

3 それはもとより　　　　　　　　　4 そのかわりに

問題2　つぎの文の＿★＿に入る最もよいものを、1・2・3・4から一つえらびなさい。

11 仕事で忙しい両親＿＿＿＿ ＿★＿ ＿＿＿＿ ＿＿＿＿。

1　の面倒を見る　　　　　　　　2　のかわりに

3　弟たち　　　　　　　　　　　4　私が小さい

12 妹「私、どんな服が似合うと思う？」

姉「この ＿＿＿＿ ＿＿＿＿ ＿★＿ ＿＿＿＿と思うよ！」

1　ワンピース　　　　　　　　　2　なんか

3　似合う　　　　　　　　　　　4　オレンジ色の

13 この町は、歴史のある ＿＿＿＿ ＿★＿ ＿＿＿＿ ＿＿＿＿ことでも有名です。

1　ばかりでなく　　　　　　　　2　建物

3　新鮮な　　　　　　　　　　　4　魚がとれる

14 ＿＿＿＿ ＿＿＿＿ ＿＿＿＿ ＿★＿ とか、何でもいいから家の仕事を手伝ってほしい。

1　作るとか　　　　　　　　　　2　ご飯を

3　そうじを　　　　　　　　　　4　する

15 この八百屋では ＿＿＿＿ ＿＿＿＿ ＿★＿ ＿＿＿＿売っている。

1　歯ブラシ　　　　　　　　　　2　生活用品も

3　野菜はもとより　　　　　　　4　などの

正答 ⑪ 4（2431）　⑫ 2（4123）　⑬ 1（2134）　⑭ 4（2134）　⑮ 4（3142）

90 ～そう③

意味(いみ)	～らしい（本人(ほんにん)から直接(ちょくせつ)聞(き)いたことをそのまま他人(たにん)に言(い)う）
接続(せつぞく)	普通形(ふつうけい)＋そう

知(し)っているそう / 休(やす)むそう / 元気(げんき)だそう

1) かぜをひいたときは、お腹(なか)に優(やさ)しいものを食(た)べるのがいい**そう**です。

2) 彼(かれ)は、動物(どうぶつ)の絵(え)をかくことが趣味(しゅみ)だ**そう**。

3) 佐藤(さとう)さんは、辛(から)い食(た)べ物(もの)が苦手(にがて)だ**そう**です。

91 ～ということだ

意味(いみ)	～らしい
接続(せつぞく)	普通形(ふつうけい)＋ということだ / とのことだ

元気(げんき)だということだ / 学生(がくせい)だということだ / 電話(でんわ)してほしいとのことだ

1) 近所(きんじょ)に住(す)んでいるかなちゃんは、来年(らいねん)から海外(かいがい)で働(はたら)く**ということだ**。

2) 田中(たなか)さんは、アフリカから世界(せかい)をまわる旅(たび)をスタートする**とのことだ**。

3) 天気予報(てんきよほう)によると、明日(あした)は気温(きおん)が35度(ど)まで上(あ)がる**ということだ**。

⁹²～きる

意味　はっきりと～する / 最後まで～する

接続　Vます＋きる / きれない

　　　　飲みきる / 食べきれない / あきらめきれない

1) 近所の人にたくさんの果物をもらったが、なかなか食べ**きれない**。

2) まだ冷蔵庫にあるマヨネーズを使い**きって**いないのに、彼は新しいものを開けてしまった。

3) 彼はみんなの前で「今年は絶対に合格する」と言い**きった**。

⁹³～られる

意味　自然と～する

接続　Vない＋（ら）れる

　　　　感じられる / 思い出される / おどろかされる

　　　　※する→される

1) 彼の成長の早さにはおどろか**された**。

2) この場所に来ると、学生時代の楽しかったことが思い出**される**。

3) 息子の顔を見ると、反省した様子が感じ**られる**。

94 ～だけ

意味	～できるところまで
接続	Vれる＋だけ

書けるだけ / 食べられるだけ / できるだけ / ★あるだけ / ★好きなだけ

1) 休日の朝は、寝られる**だけ**寝ている。目が覚めるのは11時くらいだ。

2) 母「スーパーに行くけど、なにか買ってほしいものある？」

息子「プリンが売っていたら、**あるだけ**買ってきてくれる？」

3) うまくできるかわからないけど、やれる**だけ**やってみよう。

95 ～ことがある

意味	①ときどき～する ②昔～をした経験がある
接続	①Vる / Vない＋ことがある ②Vた ＋ことがある

りんかをすることがある / 映画をみたことがある / 思い出すことがある

1) 伊藤「吉田さん、中国語を勉強しているの？」

吉田「はい。仕事で中国に行く**ことがある**ので、話せるように勉強しているんで

す。」

2) 「食べなさい！」と言っているのに、息子は朝食を食べない**ことがある**。

3) 学生時代に、花屋と飲食店のアルバイトをした**ことがある**。

⁹⁶ つい〜てしまう

意味	〜するつもりではないのに、〜する

接続	つい＋Vて＋しまう

つい＋Vそ＋ちゃう

つい買ってしまう / つい泣いちゃう / つい考えてしまう

1) 興味のある内容の本を見つけると、お金がなくても**つい買ってしまう**。

2) 早く起きなければいけないのに、**つい二度寝してしまった**。

3) ダイエットをしようと思っていたのに、**つい**アイスクリームを食べ**ちゃった**。

⁹⁷ 〜てほしい

意味	〜てください

接続	Vて＋ほしい

じゃましないでほしい / 助けてほしい / やめてほしい

1) 仕事でしばらく留守にするので、うちのペットの世話をし**てほしい**。

2) 自分のことばかり話すのではなく、こちらの話も聞い**てほしい**。

3) 高い授業料を払っているんだから、もっといい授業をし**てほしい**。

⁹⁸ 〜なんか②

意味	〜は（すごくない、という気持ちを表すときに使う）

接続	N＋なんか / なんて

私なんて / おまえなんか / 田中さんなんて

1) うちの犬**なんて**、人の食べているものを何でも欲しがるのよ。

2) 私の息子**なんて**、学校から帰ってきたら勉強もせずに遊んでばかりいるのよ。

3) 私**なんか**、キムさんに比べたら何もできないただの新入社員です。

⁹⁹ なんて〜だろう

意味 とても〜だ！

接続 なんて＋普通形（ナAだ / Nだ）＋だろう / でしょう

なんてかわいい子でしょう / なんて美しいでしょう / なんて便利だろう

① 初めてこの町に来たとき、**なんて**楽しい場所**だろう**！と感動した。

② この美しいドレスを着て、好きな人とパーティーに行けたら、**なんて**すてき**でしょう**。

③ かぜをひいた私の世話を一日中してくれるなんて、**なんて**優しい人**でしょう**！

¹⁰⁰ 〜ように③

意味 〜と願う

接続 Vます＋ように

合格しますように / 晴れますように / 失敗しませんように

① 明日は晴れて、運動会ができます**ように**。

② 今年こそは海外旅行に行けます**ように**。

③ 明日の演奏会、絶対成功します**ように**。

問題1　つぎの文の（　　　）に入れるのに最もよいものを、1・2・3・4から一つえらびなさい。

1 勉強に集中するためにまんがを閉じたが、ついまた開いて（　　　）。

1　読んでしまう　　　　　　　　　　2　読んでほしい

3　読むことになっている　　　　　　4　読むほかない

2 彼女のコミュニケーション力には、いつも（　　　）。

1　おどろいたままだ　　　　　　　　2　おどろくことはない

3　おどろこうとする　　　　　　　　4　おどろかされる

3 来年の留学までに、お金をためられる（　　　）ためようと思っています。

1　とおり　　　　　2　かわりに　　　　　3　たびに　　　　　4　だけ

4 私は時々、どうしてもカレーライスが食べたくなる（　　　）。

1　べきだ　　　　　　　　　　　　　2　ことになっている

3　ことがある　　　　　　　　　　　4　しかない

5 （電話で）

妻「今夜は友達と飲みに行ってくるね。」

夫「わかった。迎えに行くから、飲み会が終わったら（　　　）。」

1　連絡してほしいな　　　　　　　　2　連絡しなきゃ

3　連絡することにしたよ　　　　　　4　連絡せずにはいられないね

6 （観光バスで）

運転手「左をご覧ください。今日は天気がいいので、富士山がきれいに見えます。」

　客　「わあ、なんてきれいな（　　　）！」

1　景色ということだ　　　　　　　　2　景色なんだろう

3　景色だそうだ　　　　　　　　　　4　景色みたいだ

7 ダンス教室には長く通っているけど、僕（　　　）まだまだ踊りが上手とは言えません。

1　のかわりに　　　　2　なんて　　　　3　によって　　　　4　に比べて

8 （病院で）

医者「薬は毎日飲んでいますか。」

患者「それが毎朝忙しいせいで、つい（　　　　）。」

1　飲み忘れるしかないんです　　　　2　飲み忘れることはないんです

3　飲み忘れてしまうんです　　　　4　飲み忘れやすいんです

9 この曲を聴くと、昔付き合っていた彼女のことが（　　　　）。

1　思い出されるだけだ　　　　2　思い出されることになっている

3　思い出してほしい　　　　4　思い出される

10 今日の結婚パーティーのために、友達を（　　　　）集めました。

1　集めるかわりに　　　　2　集めるのはもとより

3　集められるだけ　　　　4　集めるとおりに

正答 ①1　②4　③4　④3　⑤1　⑥2　⑦2　⑧3　⑨4　⑩3

問題2　つぎの文の ＿★＿ に入る最もよいものを、1・2・3・4から一つえらびなさい。

11 川島さんの家に比べたら、＿＿＿ ＿＿＿ ＿★＿ ＿＿＿ です。

1　家
2　私の
3　なんて
4　小さい

12 「今年も健康で ＿＿＿ ＿＿＿ ＿★＿ ＿＿＿。」と願う。

1　一年を
2　ように
3　幸せな
4　過ごせます

13 先輩「佐藤さんって、何時に来るの？」
後輩「飛行機が遅れていて、＿＿＿ ＿＿＿ ＿＿＿ ＿★＿ です。」

1　間に合わない
2　そう
3　時間には
4　パーティーの

14 兄によると、高校生活は中学のとき ＿＿＿ ＿＿＿ ＿★＿ ＿＿＿。

1　楽しい
2　ということだ
3　もっと
4　より

15 大雪のなか ＿＿＿ ＿★＿ ＿＿＿ ＿＿＿ しまった。

1　40分も
2　体がすっかり
3　バスを待って
4　冷えきって

正答　⑪3（2134）　⑫4（3142）　⑬2（4312）　⑭1（4312）　⑮3（1324）

101 お / ご〜する

意味　〜する（自分の行動を相手に丁寧に言うときに使う）

接続　お / ご＋Vます / N＋する / いたします
お返事する / ご案内いたします / お呼びいたします

1) 午後、こちらからお電話いたします。何時ごろがご都合よろしいでしょうか。

2) 試験の結果は、はがきでお送りします。

3) 二階のお部屋へご案内いたします。

102 お / ご〜になる

意味　〜です（他の人の行動や状況について丁寧に言うときに使う）

接続　お / ご＋Vます / N＋になる
ご出席になる / お座りになる / お思いになる

1) 村上さんは用事があるとのことで、さっきお帰りになりました。

2) 社長は商品を売り出す前に、まずは自分でお試しになる。

3) 佐藤先生は、3時ごろ病院にお見えになりました。

¹⁰³ お / ご〜くださる

意味　〜してくれる

接続　お / ご＋Vます / N＋くださる
お守りくださる / ご了承くださる / ご指導くださる

① おばさんがお送りくださったみかん、昨日受け取りました。

② 私に仕事のやり方を全てお教えくださったのは、中本部長です。

③ 私の気持ちをご理解くださり、本当にありがとうございます。

¹⁰⁴ お / ご〜いただく

意味　〜してもらう

接続　お / ご＋Vます / N＋いただく
ご対応いただく / ご連絡いただく / お取りいただく

① この度はご協力いただき、心より感謝しております。

② 本日は、ご来店いただきありがとうございました。またお待ちしております。

③ 有名な画家に、花の絵をおかきいただきました。

¹⁰⁵ お / ご〜申し上げる

意味　〜を言う

接続　お / ご＋N＋申し上げる
お祝い申し上げる / お願い申し上げる / ごあいさつ申し上げる

① ご結婚されたんですね。お祝い申し上げます。

② 今後とも、よろしくお願い申し上げます。

③ 皆様に、新年のごあいさつ申し上げます。

106 〜ございます

意味	〜です／〜があります

接続	ナA／N＋でございます

N＋がございます

可能でございます／予定がございます／メニューでございます

1） 学生課の島村でございます。学校生活で困ったときは、いつでも声をかけてください。

2） 課長、この資料の内容について確認したいことがございます。ただ今お時間よろしいでしょうか。

3） せっかくのお誘いですが、週末は予定がございます。申し訳ありません。

107 〜ております

意味	〜しています

接続	Vて＋おります

申しております／外出しております／感謝しております

1） 父はただいま外出しております。

2） 当店は、年中休まず営業しております。

3） 先生方のおかげで、大学に合格できました。本当に感謝しております。

108 〜と申します

意味	（名前）と言います

接続	名前＋と申します

① K大学の山田先生のところで研究をしています。田中と申します。

② 建築部の村上と申します。よろしくお願いいたします。

③ この度、こちらのお店で働くことになりました、坂井と申します。

109 お目にかかります

意味	会います

① 来月、お目にかかれることを楽しみにしています。

② お目にかかることができて、大変うれしく思っております。

③ 昨日は、お目にかかることができず残念でした。

110 伺います

意味	行きます・聞きます

例	3時に伺います＝3時に行きます / お話を伺います＝お話を聞きます

① 社員旅行の日にちについて、皆様のご意見を伺いたいです。

② それでは、来週月曜日の朝9時に伺いますね。

③ 動物園の園長に、詳しくお話を伺ってみます。

問題1 つぎの文の（　　　）に入れるのに最もよいものを、1・2・3・4から一つ えらびなさい。

1　（会社で）

部長「山本さん、明日の打ち合わせの資料ちょっと見せてくれる？」

山本「はい、すぐ（　　　）。」

1　お渡しいただきます　　　　　　　2　お渡しになります

3　お渡し申し上げます　　　　　　　4　お渡しします

2　社長は、月末に行われる会議にご出席（　　　）予定です。

1　になる　　　　　2　申し上げる　　　3　いたす　　　　　4　差し上げる

3　本日は、私の誕生日パーティーに（　　　）ありがとうございました。

1　ご参加して　　　　　　　　　　　2　ご参加くださり

3　ご参加いたし　　　　　　　　　　4　ご参加申し上げ

4　本日は、私たちの結婚式に来てくださり心から感謝（　　　）。

1　いただきます　　　　　　　　　　2　差し上げます

3　になります　　　　　　　　　　　4　申し上げます

5　（映画館で）

客　　「この映画をみたいんですけど、席は空いていますか。」

受付員「一番前でしたら空いている（　　　）。」

1　席がございます　　　　　　　　　2　席になります

3　席でしょう　　　　　　　　　　　4　席にいたします

6　（電話で）

客　「明日の18時に5人で予約したいんですけど。」

店員「はい、ありがとうございます。それでは、明日18時に（　　　）。」

1　お待ちいただきます　　　　　　　2　お待ちになります

3　お待ちしております　　　　　　　4　お待ちでございます

7 アンケートにお答え（　　　　）、ありがとうございました。

1　いたしまして　　　2　申^{もう}し上げ　　　　3　いただき　　　　4　しており

8 結婚式で（　　　　）ことを楽しみにしています。

1　お目にかかれない　　　　　　　2　お目にかかれる

3　お目にかかろうとする　　　　　4　お目にかかりたい

9 講演会^{こうえんかい}のあと、みなさんに感想を（　　　　）ので準備^{じゅんび}しておいてください。

1　ご覧^{らん}になります　　　　　　　2　申^{もう}します

3　失礼します　　　　　　　　　　4　伺^{うかが}います

10 初めまして、日本語の森営業部の田中^{たなか}^ぶと（　　　　）。

1　申^{もう}します　　　2　伺^{うかが}います　　　3　申^{もう}し上^あげます　　　4　差し上げます

正答　①4　②1　③2　④4　⑤1　⑥3　⑦3　⑧2　⑨4　⑩1

問題2　つぎの文の＿★＿に入る最もよいものを、1・2・3・4から一つえらびなさい。

11 社長のスケジュールですが、今年の ＿＿＿ ＿＿＿ ＿＿＿ ＿★＿ いたします。

1 ご連絡　　　　　　　　　　2 年末は

3 特に忙しいので　　　　　　4 決まりましたら

12 （学校で）

先生「松井さん、スピーチ大会優勝おめでとう。」

松井「ありがとうございます。＿★＿ ＿＿＿ ＿＿＿ ＿＿＿ ことができました。」

1 おかげで　　　　　　　　　2 優勝する

3 先生が　　　　　　　　　　4 ご指導くださった

13 先生、3年間 ＿＿＿ ＿★＿ ＿＿＿ ＿＿＿、本当にありがとうございました。

1 お教え　　　　　　　　　　2 ことを

3 いろいろな　　　　　　　　4 くださり

14 新入社員のころから ＿★＿ ＿＿＿ ＿＿＿ ＿＿＿。

1 お礼　　　　　　　　　　　2 申し上げます

3 お世話になった　　　　　　4 村上先輩に

15 今日から ＿＿＿ ＿＿＿ ＿＿＿ ＿★＿。よろしくお願いします。

1 斉藤　　　　　　　　　　　2 こちらで

3 働かせていただく　　　　　4 と申します

正答 ⑪ 1（2341）　⑫ 3（3412）　⑬ 2（3214）　⑭ 3（3412）　⑮ 4（2314）

問題3　つぎの文章を読んで、文章全体の内容を考えて、　16　から　20　の中に
　　　入る最もよいものを、1・2・3・4から一つえらびなさい。

下の文章は、留学生が書いた作文です。

日本のドア

マリア・フセイン

　私が日本に来て初めて住んだ家は、小さな一人暮らし用の家でした。駅から少し遠か
ったのですが、家賃が安く、まだ新しい建物だということで、不動産会社の人からその
家を　16　。

　その家には、不思議なドアがありました。木や鉄ではなく、紙のようなものでできて
いて、押しても引いても開かなかったので、管理人さんに電話しました。　17　管理
人さんは、「そのドアは“ふすま”といって、横に動かして開けたり閉じたりするもので
す。」と教えてくれました。私はこのような形のドアを初めて見たので、とてもおどろ
きました。

　ある日友達と京都へ遊びに行ったとき、泊まったホテルにまた不思議なドアがありま
した。それは、少し当たったらやぶれそうなくらいのうすい紙と、細い木でできたドア
でした。不思議に思って見ていると、友達が「　18　『障子』と言って、うすい紙を
細い木にはり付けて作るんだよ。」と教えてくれました。　19　、木を同じ大きさに
切ったり、やぶれないように丁寧に紙をはる作業は、簡単な仕事ではないということも
教えてくれました。

　夜になって外からホテルを見ると、障子がある部屋の明かりが優しく見えました。木
や鉄のドアにはない、紙のあたたかさがとても気に入りました。その夜はとても気持ち
よく寝ることができました。

　最初は驚きましたが、今では横に動かす日本のドアが大好きになりました。いつか自
分で家を建てるときは、ふすまや障子がある　20　と思いました。

16

1　紹介されました　　　　　　　　2　紹介してあげました

3　紹介していました　　　　　　　4　紹介させてくれました

17

1　一方　　　　　　2　しかし　　　　　3　すると　　　　　4　そこで

18

1　これは　　　　　2　あれから　　　　3　どれは　　　　　4　それから

19

1　だが　　　　　　2　また　　　　　　3　または　　　　　4　つまり

20

1　家にしてみせたらいい　　　　　　2　家にさせてもらおう

3　家にさせたい　　　　　　　　　　4　家にしてみたい

正答　⑯ 1　⑰ 3　⑱ 1　⑲ 2　⑳ 4

第3章

読解

1 読解を解くコツ

問題の形式は、全部で2種類あります。（問題数は変動する可能性があります。）

問題4	内容理解（短文）	4問
問題5	内容理解（中文）	6問
問題6	内容理解（長文）	4問
問題7	情報検索	2問

1. 問題文を読む

まず、問題文がどのようなものかを確認します。問題文の種類は3種類あります。

1. 文章を書いた人の考えに合うものを質問する問題

2. 原因や理由を質問する問題（＿＿はなぜか。＿＿はどうしてか。）

3. 内容を質問する問題（＿＿は何か。＿＿について合っているものはどれか。）

2. 本文を読み、流れを理解する

文章は以下の3つの「関係」でできています。

1. 同じ関係　A＝B　AとBが同じ

2. 反対関係　A↔B　AとBが反対

3. 理由・結果関係　A→B　AだからB

1. 同じ関係　A＝B

> **例** 私が勉強している言語(A)は日本語(B)です。

私が勉強している言語(A)　＝　日本語(B)

この文の中で、「私が勉強している言語」と「日本語」は同じ関係です。

2. 反対関係　A↔B

> **例** 日本語を勉強していました。(A)
> でも今は、日本語を勉強していません。(B)

日本語を勉強していました。(A)　↔　日本語を勉強していません。(B)

この文章の中で、「日本語を勉強していました。」と「日本語を勉強していません。」は、
反対関係です。

3. 理由・結果関係　A→B

> **例** 私は日本語を毎日勉強しています。(A)
> だから、日本語が得意です。(B)

私は日本語を毎日勉強しています。(A)　[理由]
　　　↓
日本語が得意です。(B)　[結果]

この文章の中で、「私は日本語を毎日勉強しています。」と「日本語が得意です。」は、
理由・結果関係です。

**同じ関係、反対関係、理由・結果関係になっているかどうかを考えながら、文と文、段落と段落
の関係を理解することが一番大事です。**

★では、読解問題のような文章を実際に見てみましょう。

この3つの関係は「単語」・「文」・「段落」でも使うことができます。

同じ関係

単語を探す　A＝B

　スマホ(A)の登場により、人々の生活はとても便利になりました。この便利な四角い箱(B)のおかげで、遠くに住んでいる友人と話すことや、新しい情報を調べることは、とても簡単になりました。

文を探す　A＝B

　スマホの登場により生活が便利になっただけでなく、私たちはもうスマホがないと生活ができない(A)ようになりました。仕事の連絡、言語の勉強、歯医者の予約、生活の全てをスマホに頼っています(B)。

段落を探す　A＝B

　スマホの登場により、人々の生活はとても便利になりました。どこにいても友達と連絡をとることができるし、わからないことはいつでも調べることができるようになりました。(A)
　この便利な四角い箱のおかげで、遠くに住んでいる友人と話すことや、新しい情報を調べることは、決して難しいことではなくなったのです。(B)

※　AとBが同じ関係になる理由

1) どこにいても友達と連絡をとることができる
　＝遠くに住んでいる友人と話すこと

2) わからないことはいつでも調べることができる
　＝新しい情報を調べることは、決して難しいことではなくなった

反対関係

単語を探す　A↔B

スマホ(A)の登場により、人々の生活はとても便利になりました。**その一方で**、いつでもメールを送ることができるため、手紙(B)はどんどん必要なくなってきています。

文を探す　A↔B

スマホの登場により生活が便利になっただけでなく、私たちはもうスマホがないと生活ができないようになりました(A)。**しかし**、家族そろって楽しく食事をする時間には、スマホは全く必要のないものです(B)。

段落を探す　A↔B

スマホの登場により、人々の生活はとても便利になりました。どこにいても友達と連絡をとることができるし、わからないことはいつでも調べることができるようになりました。(A)

しかし、今までよく使われていたものが私たちの生活からなくなりました。街中から電話ボックスが消え、紙の辞書を使って勉強する学生もほとんどいなくなってしまったのです。(B)

理由・結果関係

単語を探す　A→B

※単語だけでは「理由・結果関係」の問題を作ることはできません。

文を探す　A→B

　2010年ごろから、スマホが世界中に広まり、それと同時に多くのアプリが作られました(A)。そのため友達と連絡を取り合うこと、おもしろい映画をみること、コンビニでお金を払うこと、いろんなことがスマホ一つでできるようになりました(B)。

段落を探す　A→B

　1990年ごろからインターネットがどんどん世界に広まりました。同時に、パソコンやスマホなどの新しい機械も数多く作られてきました。(A)
　それによって、会社に行かずに家で仕事をするという新しい働き方が生まれました。インターネット上にある資料を使って、ビデオ電話で会議をするという働き方が、当たり前になってきています。(B)

3. 3つの間違いの選択肢を探す

問題文に対する正しい選択肢を探すのではなく、3つの間違いの選択肢を本文の内容と比べながら探すことが大事です。間違いの選択肢にはこのようなものがあります。

本文で言っていない

本文	私は、ゆか先生に会って話したいです。
問題	この文章を書いた人は、何をしたいと言っていますか。
選択肢	ゆか先生に会ってうどんを食べたいです。×

※　本文ではうどんを食べたいとは言っていない

本文で言っていることが、選択肢で抜けている

本文	私は、ゆか先生に会っていっしょに食事をしたいです。
問題	この文章を書いた人は、何をしたいと言っていますか。
選択肢	ゆか先生に会いたいです。×

※　本文ではいっしょに食事をしたいが大事な内容

「AだからB」なのに、「BだからB」という間違い

例

本文	ちゃんと勉強をしなかった(A)せいで、テストで0点をとりました(B)。 テストで悪い点数をとったので(B)先生に怒られました(C)。
問題	テストで0点をとった(B)のはどうしてですか。
選択肢	テストで悪い点数をとった(B)からです。× ちゃんと勉強をしなかった(A)からです。○

テストで悪い点数をとった(B)からテストで0点をとった(B)は、同じ関係のことを理由のように言っている。これは間違い。

4. 解き方の例

例1

　人は一度にたくさんの感覚を使うことで、色々なことを早く覚えることができると言われています。目だけでなく、口や耳などの感覚も同時に使うと、早く覚えることができるのです。例えば、読むだけでなく、声に出しながら書くなど複数の感覚を一緒に使うと、覚えやすくなるようです。

この文章を書いた人は、どのように言っているか。

1　心の中で読むと早く覚えることができる。

2　声に出しながら、きれいにノートにまとめるといい。

3　一度に多くの感覚を使うことで早く覚えられる。

4　何回も読むとしっかり覚えることができる。

① 問題文を読む

この問題で、何が質問されているかを頭に入れます。

（この問題では、「この文章を書いた人はどのように言っているか。」）

② 本文を読み、流れを理解する

人は一度にたくさんの感覚を使うことで、色々なことを早く覚えることがで
（一度にたくさんの感覚を使うことで、色々なことを早く覚えることができる）
きると言われています。目だけでなく、口や耳などの感覚も同時に使うと、早
（一度にたくさんの感覚を使うことで、色々なことを早く
く覚えることができるのです。例えば、読むだけでなく、声に出しながら書く
覚えることができる：同じ関係）　　　　　　　　　　（一度にたくさんの感覚を使うことで、
など複数の感覚を一緒に使うと、覚えやすくなるようです。
色々なことを早く覚えることができる：同じ関係）

本文をまとめると「たくさんの感覚を使うことで、早く覚えることができる」です。

③ 3つの間違いの選択肢を探す

この文章を書いた人は、どのように言っているか。

1 心の中で読むと早く覚えることができる。（✕）

「心の中で読む」とは言っていない

2 声に出しながら、きれいにノートにまとめるといい。（✕）

「きれいにノートにまとめる」とは言っていない

3 一度に多くの感覚を使うことで早く覚えられる。（〇）

4 何回も読むとしっかり覚えることができる。（✕）

「何回も読む」とは言っていない

例2

　1990年ごろからインターネットがどんどん世界に広まりました。同時に、パソコンやスマホなどの新しい機械も数多く作られてきました。

　それによって、会社に行かずに家で仕事をするという新しい働き方が生まれました。インターネット上にある資料を使って、ビデオ電話で会議をするという働き方が、当たり前になってきています。

この文章の内容と合っているものはどれか。

1　新しい働き方が生まれたことによって、インターネットが世界に広まった。

2　インターネットや新しい機械が世界に広まったことによって、人々の生活は便利になった。

3　インターネットや新しい機械が世界に広まったことによって、新しい働き方が生まれた。

4　ビデオ会議の流行により、家で仕事をするという新しい働き方が生まれた。

① 問題文を読む

この問題で、何が質問されているかを頭に入れます。

（この問題では、「この文章の内容と合っているものはどれか。」）

② 本文を読み、流れを理解する

1990年ごろからインターネットがどんどん世界に広まりました。同時に、パ
（理由）

ソコンやスマホなどの新しい機械も数多く作られてきました。
（理由）

　それによって、会社に行かずに家で仕事をするという新しい働き方が生まれ
（結果）

ました。インターネット上にある資料を使って、ビデオ電話で会議をするとい
（新しい働き方が生まれました：同じ関係）

う働き方が、当たり前になってきています。

本文をまとめると、「インターネットがどんどん世界に広まったこと」と「新しい機械も数多く作られて
きた」によって、「新しい働き方が生まれました。」です。

③ 3つの間違いの選択肢を探す

この文章の内容と合っているものはどれか。

1　新しい働き方が生まれたことによって、インターネットが世界に広まった。　（×）
理由と結果が反対

2　インターネットや新しい機械が世界に広まったことによって、人々の生活は便利に
なった。（×）
「生活は便利になった」とは言っていない

3　インターネットや新しい機械が世界に広まったことによって、新しい働き方が生ま
れた。（○）

4　ビデオ会議の流行により、家で仕事をするという新しい働き方が生まれた。　（×）
理由として「ビデオ会議の流行」とは言っていない

例3

私は大学から一人暮らしを始めました。勉強やアルバイトもうまくいって、友達も増えて、楽しい学生生活を送っていましたが、料理は苦手だったので、毎日カップラーメンを食べていました。すると、栄養不足のせいでクラブ活動中に倒れてしまい、しばらく入院することになりました。元気に生活するためには健康が一番大切だということを学び、それからは自分で料理を作るようになり、同時に栄養を考えるようになりました。毎日自分でメニューを考えるようになると、もっと栄養の勉強をしたいと思うようになりました。

今は大学をやめて料理の専門学校に通っています。将来はレストランを開いて、人々の健康の役に立ちたいです。

この文章を書いた人が栄養を考えるようになったのはなぜか。

1 自分でメニューを考えるようになったから。

2 もっと栄養の勉強をしたいと思うようになったから。

3 健康が一番大切だということがわかったから。

4 将来レストランを開きたいから。

① 問題文を読む

この問題で、何が質問されているかを頭に入れます。

（この問題では、「この文章を書いた人が栄養を考えるようになったのはなぜか。」）

② 本文を読み、流れを理解する

> 　私は大学から一人暮らしを始めました。勉強やアルバイトもうまくいって、友達も増えて、楽しい学生生活を送っていましたが、料理は苦手だったので、毎日カップラーメンを食べていました。すると、栄養不足のせいでクラブ活動中に倒れてしまい、しばらく入院することになりました。元気に生活するためには健康が一番大切だということを学び、それからは自分で料理を作るようになり、同時に栄養を考えるようになりました。毎日自分でメニューを考えるようになると、もっと栄養の勉強をしたいと思うようになりました。
> 　今は大学をやめて料理の専門学校に通っています。将来はレストランを開いて、人々の健康の役に立ちたいです。

本文をまとめると「栄養不足により倒れたことで健康の大切さがわかり、栄養を考えながら自分で料理をするようになった。そこで栄養についてもっと勉強したいと思うようになった。」です。

③ 3つの間違いの選択肢を探す

この文章を書いた人が栄養を考えるようになったのはなぜか。

1　<u>自分でメニューを考えるようになったから。</u>　（✗）

　　　　　繰り返している間違い

2　<u>もっと栄養の勉強をしたいと思うようになったから。</u>　（✗）

　　　「栄養を考えるようになった」ことの理由ではない

3　<u>健康が一番大切だということがわかったから。</u>　（○）

4　<u>将来レストランを開きたいから。</u>　（✗）

　「栄養を考えるようになった」ことの理由ではない

2 | 練習問題

4 内容理解（短文）

問題4では、短文（200字程度）を読みます。そして、お知らせやメールの内容、または文章を書いた人の考えについての問題が出ます。内容理解（短文）は4つの大問があり、1つの大問ごとに1つの小問が出ます。

問題4　つぎの（1）から（4）の文章を読んで、質問に答えなさい。

　　　答えは、1・2・3・4から最もよいものを一つえらびなさい。

（1）

　私は英語がどうしても苦手だ。いくら勉強しても単語の意味や発音を覚えることができず、先週も単語のテストで悪い点数を取ってしまった。その一方、友達の田中さんは習ったばかりの単語もすぐ覚えてしまうくらい、英語が得意だ。「どうやっているの。」と質問したら、「覚えたい単語の例文を、実際に会話しているような感じで読んでみるといいよ。文字を見るだけだとすぐに忘れちゃうよね。」と答えてくれた。彼の考え方はとてもおもしろいと思った。

1　「私」は田中さんの何がおもしろいと言っていますか。

　　1　英語の単語の覚え方

　　2　単語の意味の調べ方

　　3　英語で会話する方法

　　4　単語テストの受け方

1 「私」は田中さんの何がおもしろいと言っていますか。

1 英語の単語の覚え方

2 単語の意味の調べ方

> 「調べ方」については言っていない

3 英語で会話する方法

> 「会話する方法」については言っていない

4 単語テストの受け方

> 「受け方」については言っていない

(2)

　3か月前から、食事する回数を一日一回にしている。「一日3回食べないと、体の具合が悪くなる」と子どものころから言われてきたが、それは人によって違うと思う。

　以前は「一日3回しっかりご飯を食べるべき」だと考えていた。しかし、一日中座って仕事をしていて、あまりお腹が空かないときがあったため、お腹が空いたときだけ食べるようにしてみたのだ。すると、自然に体重が減（へ）って、体が軽くなった。

　一回の食事で、一日に必要な栄養（えいよう）をとることが必要だし、無理をしたら本当に体の具合が悪くなるので注意が必要だ。でも、今は自分の運動量に合った食事ができているので、これからもこの生活を続けたい。

1　食事について、「私」はどのように考えているか。

　　1　一日3回ご飯を食べるべきだと言われたが、面倒だったら、食べなくてもいい。

　　2　一日3回食べたいが、食事よりも、仕事の方が大切だ。

　　3　一回の食事で栄養（えいよう）をとるのは難しいし、健康（けんこう）に悪いので、一日3回食べた方がいい。

　　4　食事の内容に注意する必要はあるが、一日3回ご飯を食べる必要はない。

1 食事について、「私」はどのように考えているか。

1　一日3回ご飯を食べるべきだと言われたが、面倒だったら、食べなくてもいい。

　　　　　　　　　「面倒だったら、食べなくてもいい」とは言っていない

2　一日3回食べたいが、食事よりも、仕事の方が大切だ。

　　　　　　　　　「仕事の方が大切だ」とは言ってない

3　一回の食事で栄養をとるのは難しいし、健康に悪いので、一日3回食べた方がいい。

　　　　　　　　　「健康に悪いので、一日3回食べた方がいい」とは言っていない

4　食事の内容に注意する必要はあるが、一日3回ご飯を食べる必要はない。

正答 4

(3)

これは会社の先輩からジョンへさんに届いたメールである。

ジョンへさん

　　来月の新入社員歓迎会の準備を、ジョンへさんにお願いします。

　　資料と参加者のリストを送りますので、確認して、みなさんへの案内の手紙を作っ

てください。案内には、会場の場所、時間、会費について書いてください。

　　また、会場もまだ予約できていません。場所は昨年と同じホテルでいいので、午前

中に予約をしておいてください。

　　案内状の作成の手伝いが必要な場合は、今日の夜までに連絡をお願いします。

　　もし、わからないことがあれば何でも聞いてください。

山本

1　ジョンへさんがこのメールで頼まれていることはどれか。

　1　新入社員歓迎会の案内状に、会場の場所のほかに参加者の名前も書く。

　2　新入社員歓迎会の会場を予約したあとで、参加者に送る案内状を作る。

　3　新入社員歓迎会の会場を予約したら、夜までに山本さんに連絡する。

　4　新入社員歓迎会の資料と参加者を山本さんに連絡して聞く。

1 ジョンへさんがこのメールで頼_{たの}まれていることはどれか。

1 新入社員歓迎会_{しんにゅうしゃいんかんげいかい}の案内状_{あんないじょう}に、会場_{かいじょう}の場所_{ばしょ}のほかに<u>参加者_{さんかしゃ}の名前_{なまえ}も書_かく</u>。

案内状_{あんないじょう}に書_かくのは、「会場_{かいじょう}の場所_{ばしょ}」「時間_{じかん}」「会費_{かいひ}」

2 **新入社員歓迎会_{しんにゅうしゃいんかんげいかい}の会場_{かいじょう}を予約_{よやく}したあとで、参加者_{さんかしゃ}に送_{おく}る案内状_{あんないじょう}を作_{つく}る。**

3 新入社員歓迎会_{しんにゅうしゃいんかんげいかい}の会場_{かいじょう}を予約_{よやく}したら、<u>夜_{よる}までに山本_{やまもと}さんに連絡_{れんらく}する</u>。

手伝_{てつだ}いが必要_{ひつよう}な場合_{ばあい}だけ、山本_{やまもと}さんに連絡_{れんらく}する

4 新入社員歓迎会_{しんにゅうしゃいんかんげいかい}の資料_{しりょう}と参加者_{さんかしゃ}を<u>山本_{やまもと}さんに連絡_{れんらく}して聞_きく</u>。

「山本_{やまもと}さんに連絡_{れんらく}して聞_きく」ではなく、メールといっしょに届_{とど}いている

正答 2

（4）

これは図書館にはってあるお知らせである。

利用者のみなさんへ

森図書館では、月に3回『映画会』を行っています。

週末は、映画会のあと『おはなし会』もあります。お菓子を食べながら映画について話しましょう。日程は以下の通りです。

11月13日（土）13：30〜16：30（森図書館一階　子どもの部屋）
11月21日（日）15：30〜17：30（森図書館三階　子どもの部屋）
11月29日（月）10：30〜12：30（森図書館三階　会議室）

また、森図書館二階のまんがの部屋では交流会を行っていますので、間違えないようお気を付けください。

1　おはなし会に参加するにはどこに行けばよいですか。

1　一階子どもの部屋か三階子どもの部屋

2　三階会議室

3　一階子どもの部屋か三階会議室

4　二階のまんがの部屋

1 おはなし会に参加するにはどこに行けばよいですか。

1　一階子どもの部屋か三階子どもの部屋

2　<u>三階会議室</u>

「三階会議室」で「映画会」を行う日は月曜日なので、「おはなし会」は行われない

3　一階子どもの部屋か<u>三階会議室</u>

「三階会議室」で「映画会」を行う日は月曜日なので、「おはなし会」は行われない

4　<u>二階のまんがの部屋</u>

「二階のまんがの部屋」は、交流会を行う場所

正答 1

問題5では、中文（400字程度）を読みます。そして、文章を書いた人の考え、原因や理由についての問題が出ます。内容理解（中文）は2つの大問があり、1つの大問ごとに3つの小問が出ます。

問題5 つぎの（1）と（2）の文章を読んで、質問に答えなさい。答えは、1・2・3・4から最もよいものを一つえらびなさい。

（1）

　私は電車の旅が好きです。観光地で写真を撮ったり、買い物をしたりするのも好きですが、それだけではなく、電車に乗りながら景色を見たり、目的地に着いたら何をするか考えるのが好きなんです。

　今日も北駅に向かうために電車に乗りました。しかし、電車が動き出してしばらく経ってから私は大変なことに気づきました。電車は私の行きたい方向と反対に向かって走っていたのです。
　　　　①
驚いて、もう一度よく調べると、北駅に行く電車と南駅に行く電車が同じ時間に出発していました。今から戻っても、北駅へ行く電車が来るのは3時間後でした。

　いつも細かい確認を忘れてしまい、目的地に着くまでに時間がかかってしまうのです。道を間違えるたびにそんな自分の性格を直したいと思っています。
　　　　　　　　②
　しかし、目的地とは違う場所でも新しい発見があります。なので何度道を間違えても、旅が嫌いになることはないと思います。

1 ①大変なことに気づきましたとあるが、どのようなことか。

　1　二本の電車が、同じ時間に出発しなかったこと

　2　乗った電車が、目的地とは反対に進んでいたこと

　3　乗った電車の出発が、3時間遅れていたこと

　4　乗っている電車が、しばらく動かなかったこと

2 ②そんな自分の性格を直したいとあるが、それはなぜか。

　1　目的地に到着するまで、旅を楽しむことが出来ないから。

　2　目的地に到着する前に、疲れて楽しめないから。

　3　細かい確認を忘れてしまい、目的地になかなか到着できないから。

　4　細かい確認をしすぎて、目的地に予定より早く到着してしまうから。

3 旅をすることについて「私」はどう思っているか。

　1　旅を好きになれるように、新しい発見をしながら旅をするだろう。

　2　また道を間違えると思うが、これからも楽しく旅をするだろう。

　3　今度から道を間違えないように、もっと調べてから旅をするだろう。

　4　今よりも旅が楽しくなるように、時間に注意して旅をするだろう。

1 ①<u>大変なことに気づきました</u>とあるが、どのようなことか。

1 二本の電車が、同じ時間に出発しなかったこと

2 乗った電車が、目的地とは反対に進んでいたこと

3 乗った電車の出発が、3時間遅れていたこと

4 乗っている電車が、しばらく動かなかったこと

※「電車は私の行きたい方向と反対に向かって走っていたのです。」が理由だから2が正解。

2 ②<u>そんな自分の性格を直したい</u>とあるが、それはなぜか。

1 目的地に到着するまで、旅を楽しむことが出来ないから。

2 目的地に到着する前に、疲れて楽しめないから。

3 細かい確認を忘れてしまい、目的地になかなか到着できないから。

4 細かい確認をしすぎて、目的地に予定より早く到着してしまうから。

※「いつも細かい確認を忘れてしまい、目的地に着くまでに時間がかかってしまうのです。」が理由だから3が正解。

3 旅をすることについて「私」はどう思っているか。

1 旅を好きになれるように、新しい発見をしながら旅をするだろう。

　「旅を好きになれるように」とは言っていない

2 また道を間違えると思うが、これからも楽しく旅をするだろう。

3 今度から道を間違えないように、もっと調べてから旅をするだろう。

　「今度から道を間違えないように」とは言っていない

4 今よりも旅が楽しくなるように、時間に注意して旅をするだろう。

　全部言っていない

正答 ①2 ②3 ③2

(2)

　祖母と一緒に買い物に出かけたときのことだ。お店に入ると、猫の形をした物がたくさんかざってあった。それを見た祖母は「いいお店だね」と言った。そして、「猫の形のものを置くと、商品が売れるようになるんだよ。」と教えてくれた。

　昔から、猫は家の野菜やお米を食べる虫などを捕まえてくれるいい動物だと言われてきた。それで、猫を飼っていない家でも入り口などに猫の形のものをかざるようになったらしい。特にお店を経営している人は、商売が成功するようにと願って、猫をかざるという。八百屋を経営する祖母も、家のたんすの上に猫を置いていて、「うちの八百屋がうまくいくように」と願っているそうだ。

　祖母の話を聞いてから、猫を見るたび、私も猫から守られているように感じる。しかし、本当にそのような効果があるかはわからない。猫がなんでも助けてくれるわけではないし、自分で努力することも必要だと思う。

1　祖母が<u>いいお店</u>だねと言ったとあるが、どうしてか。

　1　店員さんが猫を飼っていたから。

　2　猫の形の商品が売っていたから。

　3　商品がたくさん売れたから。

　4　猫の形をしたものがかざってあったから。

2　祖母が猫の置物をタンスの上に置くのはなぜか。

　1　野菜やお米をたくさん食べたいから。

　2　猫にたくさんの虫を捕まえてほしいから。

　3　商売がうまくいってほしいから。

　4　必ず店の経営が成功するから。

3　「私」は猫をかざることについて、どう思っているか。

　1　効果はないが、心を落ち着かせるためにかざりたい。

　2　猫も努力しているので、自分もがんばろうという気持ちになる。

　3　効果があるかわからないが、守られているような気持ちになる。

　4　だいたいは猫が守ってくれるようになるので、安心している。

1 祖母がいいお店だねと言ったとあるが、どうしてか。

1 店員さんが猫を飼っていたから。

2 猫の形の商品が売っていたから。

3 商品がたくさん売れたから。

4 猫の形をしたものがかざってあったから。

※「お店に入ると、猫の形をした物がたくさんかざってあった。」ことが理由だから4が
正解。

2 祖母が猫の置物をタンスの上に置くのはなぜか。

1 野菜やお米をたくさん食べたいから。

2 猫にたくさんの虫を捕まえてほしいから。

3 商売がうまくいってほしいから。

4 必ず店の経営が成功するから。

※「八百屋を経営する祖母も、家のたんすの上に猫を置いていて、「うちの八百屋がうまく
いくように」と願っている」とあるので、3が正解。

3 「私」は猫をかざることについて、どう思っているか。

1 効果はないが、心を落ち着かせるためにかざりたい。

「効果はない」とは言っていない

2 猫も努力しているので、自分もがんばろうという気持ちになる。

全部言っていない

3 効果があるかわからないが、守られているような気持ちになる。

4 だいたいは猫が守ってくれるようになるので、安心している。

「だいたいは猫が守ってくれるようになる」とは言っていない

正答 ①4 ②3 ③3

問題6では、長文（700字程度）を読みます。文章を書いた人の考え、原因や理由についての問題が出ます。内容理解（長文）は大問が1つあり、4つの小問が出ます。

問題6　つぎの文章を読んで、質問に答えなさい。答えは、1・2・3・4から最もよいものを一つえらびなさい。

　2020年から、全国の小学校でパソコンの使い方の基本を教えることになった。そして私も、来年の春から、4年生にパソコンの授業をすることになった。

パソコンについて勉強することは、インターネット社会を生きるために必要な「情報を調べる力」を身につけられるという。また、迷ったり悩んだりしたとき、正しい情報を探したり、正しい方を選んだりすることができるようになるだろう。

　「ゲームが得意だから」という理由で先生に選ばれたが、実は、私が好きなのは携帯電話のゲームだ。パソコンはあまり使わないし、どのように教えればいいのかわからないのでとても不安だ。早速、教え方について調べることにした。

　まず、子どもにパソコンの使い方を教えるときに大切なことは「パソコンを好きになってもらうこと」だそうだ。もうパソコンの授業を始めている学校が、実際に使っている有名なサイトが二つある。

　一つ目は、パソコンを使って絵をかき、その絵を自由に動かすことができるというものだ。使い方は簡単だが、なかなか自由に動かすことができずに苦労した。二つ目は、ゲームやクイズをしながら、パソコンの使い方を勉強するというものだ。クイズは数学の内容のものが多く、大人の私でも難しいレベルのものもあった。どちらにしても、授業の前に、先生が使い方をよく理解する必要がありそうだ。

　パソコンの扱いに慣れることももちろん必要だが、私も生徒側になって学ぶ経験が必要だと考えた。授業が始まる前に、私もパソコン教室に通って、教えてもらう経験をしなければならないと思う。

1 この文章では、子どもにパソコンの使い方を教えることにはどんな効果があると言っているか。

1　子どもたちが、ゲームをもっと楽しむことができる。

2　インターネット社会を調べることができる。

3　将来、迷ったり悩んだりしなくなる。

4　インターネット社会で必要な力を身につけられる。

2 とても不安だとあるが、何が不安なのか。

1　携帯やパソコンのゲームの教え方がわからないから。

2　携帯やパソコンのゲームがよくわからないから。

3　ゲームが得意だと、パソコンの使い方を教えることは難しいから。

4　ゲームは得意だが、パソコンは得意ではないから。

3 サイトについて、合っているものはどれか。

1　絵をかくサイトは、クイズを解くだけなので簡単だ。

2　絵をかくサイトは、絵を動かすのが難しい。

3　ゲームで勉強するサイトは、数学の授業で使える。

4　ゲームで勉強するサイトは、使い方が簡単だ。

4 パソコンの授業をする前に、「私」はどうしなければならないと考えているか。

1　生徒と一緒にパソコン教室に通う必要がある。

2　パソコンを好きになって使い方に慣れる必要がある。

3　生徒の気持ちがわかるように、教えてもらうという経験をする必要がある。

4　パソコン教室に通って、教え方を勉強する必要がある。

1 この文章では、子どもにパソコンの使い方を教えることにはどんな効果があると言っているか。

1 子どもたちが、ゲームをもっと楽しむことができる。

ゲームをもっと楽しむことができる」とは言っていない

2 インターネット社会を調べることができる。

全部言っていない

3 将来、迷ったり悩んだりしなくなる。

「迷ったり悩んだりしなくなる」とは言っていない

4 インターネット社会で必要な力を身につけられる。

2 とても不安だとあるが、何が不安なのか。

1 携帯やパソコンのゲームの教え方がわからないから。

2 携帯やパソコンのゲームがよくわからないから。

3 ゲームが得意だと、パソコンの使い方を教えることは難しいから。

4 ゲームは得意だが、パソコンは得意ではないから。

※ 「パソコンはあまり使わないし、どのように教えればいいのかわからない」とあるので、
4が正解。

3 サイトについて、合っているものはどれか。

1 絵をかくサイトは、クイズを解くだけなので簡単だ。

「クイズを解く」とは言っていない

2 絵をかくサイトは、絵を動かすのが難しい。

3 ゲームで勉強するサイトは、数学の授業で使える。

「数学の授業で使える」とは言っていない

4 ゲームで勉強するサイトは、使い方が簡単だ。

「使い方が簡単」とは言っていない

4 パソコンの授業をする前に、「私」はどうしなければならないと考えているか。

1　生徒と一緒にパソコン教室に通う必要がある。

　　「生徒と一緒に」とは言っていない

2　パソコンを好きになって使い方に慣れる必要がある。

　　「パソコンを好きになって」とは言っていない

3　生徒の気持ちがわかるように、教えてもらうという経験をする必要がある。

4　パソコン教室に通って、教え方を勉強する必要がある。

　　「教え方を勉強する必要がある」とは言っていない

正答　①4　②4　③2　④3

問題7では、お知らせの紙・パンフレット・ちらし・ポスターなど（600字程度）を読みます。そして、その内容について答える問題が出ます。情報検索は大問が1つあり、2つの小問が出ます。

問題7　右のページは、鉄道公園のポスターである。これを読んで、下の質問に答えなさい。答えは、1・2・3・4から最もよいものを一つえらびなさい。

1 アリさんは8月4日に娘を連れて、モーリー君に乗りたいと思っている。アリさんがしなければならないことはどれか。

1　19：30に娘と一緒にモーリー君乗り場へ行く。

2　入園料と乗り物料金をチケット売り場で一緒に支払う。

3　先に入園料を払って、モーリー君乗り場でチケットを買う。

4　モーリー君に乗ると食事ができないので、先にレストランで食事をする。

2 今日は土曜日である。ユスラさんは13時に鉄道公園に来た。できるだけたくさんのイベントに参加したいと思っているが、鉄道公園が昼間に開いているイベントで、今から参加できるものはどれか。

1　Aだけ

2　BとD

3　AとCとD

4　AとD

鉄道公園 夏休みだけの特別イベントのお知らせ

ミニ列車・モーリー君に乗ろう！

◇日時：7月21日、28日、8月4日、8月11日、8月18日

　17：30〜21：30（最終入園は20：00まで）

　※この日程以外は、いつも通り、17時以降は入園できません。

◇モーリー君出発時間　①17：45〜　②19：30〜

　乗車の時間は出発の10分前までです。遅れないように、モーリー君乗り場に集合してください。

◇参加のしかた：昼間と同じ入園料がかかります。

　モーリー君に乗るにはチケットが必要です。入園のときに、正面入り口のチケット売り場で入園料と乗り物料金を合わせた料金を支払ってください。

◇レストラン：営業しています。モーリー君の車内でも、モーリー弁当、焼きそば、オレンジジュース、コーヒー、アイスクリームなどの販売があります。

ほかにも鉄道をもっと好きになってもらうためのイベントを、毎週開いています。

A　鉄道公園案内
専門スタッフの話を聞きながら、バスに乗って園内を一周します（約30分）。 昔の鉄道のことや、電車の歴史について知りましょう。 毎日 3回　①10：30〜　②13：00〜　③15：30〜
B　駅のお仕事をやってみよう
本物の制服を着て、駅員の仕事をやってみましょう。 毎週 土曜　14：30〜16：00　（予約が必要。一回10人まで。）
C　電車見学
園内にある全ての電車の車内を見学することができます。 普段は見られない、エンジンの中も公開！ 毎週 日曜　13：30〜15：30
D　交通ルール教室
電車にも交通ルールがあります。園内にある電車の運転席に乗って、一緒に勉強しましょう。 毎週 月曜、木曜　14：00〜15：00 毎週 土曜　　　　13：30〜14：30

参加料金：　無料

集合場所：　A、C、D：正面入り口　B：鉄道公園駅入り口

申し込み：　Bのみ当日12時までに予約が必要です。正面入り口のチケット売り場で予約を受け付けています。

1 アリさんは8月4日に娘を連れて、モーリー君に乗りたいと思っている。アリさんがしなければならないことはどれか。

1　19：30に娘と一緒にモーリー君乗り場へ行く。

> 10分前に集合なので、「19：30」ではなく「19：20」

2　**入園料と乗り物料金をチケット売り場で一緒に支払う。**

3　先に入園料を払って、モーリー君乗り場でチケットを買う。

> 「先に」ではなく、乗り物料金と一緒に支払う

4　モーリー君に乗ると食事ができないので、先にレストランで食事をする。

> 「食事ができない」とは言っていない

2 今日は土曜日である。ユスラさんは13時に鉄道公園に来た。できるだけたくさんのイベントに参加したいと思っているが、鉄道公園が昼間に開いているイベントで、今から参加できるものはどれか。

1　Aだけ

> Dも参加できる

2　BとD

> Bは予約が必要

3　AとCとD

> Cは日曜日に行われる

4　**AとD**

正答　①2　②4

QRコードから練習問題と模擬試験の音声をダウンロードできます。

第4章

聴解

解き方の説明と練習問題

問題の形式は、全部で5種類あります。（問題数は変動する可能性があります。）

問題1	課題理解	6問
問題2	ポイント理解	6問
問題3	概要理解	3問
問題4	発話表現	4問
問題5	即時応答	9問

1 課題理解

○問題1（例）

問題1では、まず質問を聞いてください。それから話を聞いて、問題用紙の1から4の中から、最もよいものを一つえらんでください。

1ばん

1　先生にもうしこみしょを出す
2　友達と一緒にもうしこみしょを出す
3　もうしこみしょに名前を書いて箱に入れる
4　けいじばんに名前を書く

正答　3

1. あることについての説明文・問題文が流れる

話している人たちの関係や、何をしているかが話されてから、問題文が流れます。問題文の多くは、「〜はこのあと何をしますか。」などの、やらなければいけないことを質問するものです。

音声

学校で先生が話しています。学生は英会話の先生と昼食を食べたいとき、どのように申し込みますか。

2. 本文・問題文が流れる

本文は男の人と女の人の会話です。問題を解決するために、だれが何をするのかに注意して聞きましょう。 本文が流れた後は、もう一度問題文が流れます。

音声

男：ええと、英会話の先生と昼食を食べたい人は、必ず朝の10時までに申込書を出してください。

女：どこに出したらいいですか。

男：職員室の入り口の前に箱がありますので、そこに入れてください。それから、申込書には必ず名前を書いてくださいね。友達と一緒に参加したい場合は、一人一枚書いて出すようにしてください。

女：はい。

男：あと、先生たちのスケジュールは、食堂の前の掲示板に貼ってあります。毎週金曜日に貼り替えるので、そこで確認してくださいね。

女：毎日申し込んでもいいんですか？

男：もちろんいいですよ。

学生は英会話の先生と昼食を食べたいとき、どのように申し込みますか。

3. 選択肢を選ぶ

選択肢を選ぶ時間は約12秒あります。
選択肢は問題用紙に書かれています。

問題1

　問題1では、まず質問を聞いてください。それから話を聞いて、問題用紙の1から4の中から、最もよいものを一つえらんでください。

1ばん

1　しょくざいを買う

2　皿をあらう

3　テーブルをふく

4　たなに皿をもどす

① 　② 　③ 　④

レストランで店長と女の店員が店の片付けをしようとしています。女の店員はこのあと
まず何をしますか。

男：もうすぐ夕方の6時になるね。そろそろ片付けを始めようか。

女：はい。

男：私は食材を買ってくるから、テーブルを拭いておいてもらえる？台所に白い布が
　　あるから、水で濡らしてから拭いてね。

女：わかりました。それと、使ったお皿はどうしますか。

男：お皿はしっかり洗って、立てておこうか。お皿は乾くのに時間がかかるから、テー
　　ブルを拭くのはその後にしてね。

女：わかりました。乾いたお皿は棚に戻せばいいんですよね。

男：うん、そうして。30分くらいで戻ってくるから、よろしくね。

女の店員はこのあとまず何をしますか。

1　しょくざいを買う
2　皿をあらう
3　テーブルをふく
4　たなに皿をもどす

2ばん

1　かかりの人にチケットを見せる

2　にもつの　けんさをする

3　みんなで集まる

4　おてあらいに行く

①	②	③	④

くうこう せんせい せいと はな　　　　　　　　　　せいと　　　　　　　　なに
空港で先生が生徒に話しています。生徒はこのあとまず何をしなければなりませんか。

男：みなさん、これから飛行機に乗ります。今からチケットを配りますので、係の人に
　　　　　　　　　　　ひこうき　の　　　　　　　いま　　　　　　　　　　　くば　　　　　　かかり　ひと

　　　み　　　　　　にもつ　けんさ
　　　見せてから、荷物の検査をしてもらってください。チケットは絶対に無くさないで
　　　　　　　　　　　　　　　　　　　　　　　　　　　　　　　　　　ぜったい　な

　　　ください。それからもう一度集合します。その後、お手洗いに行く時間があるの
　　　　　　　　　　　　　　　いちどしゅうごう　　　　あと　てあら　い　じかん

　　　　　　　　　　　かなら　す　　　　　　　　　ひこうき　　　　　　　　てあら　い
　　　で、必ず済ませてください。飛行機ではなかなかお手洗いに行くことができないの

　　　で。

せいと　　　　　　　　　　　　　　なに
生徒はこのあとまず何をしなければなりませんか。

　　　　　　ひと　　　　　　　　　み
1　かかりの人にチケットを見せる

2　にもつの　けんさをする

　　　　　　　　　　　あつ
3　みんなで集まる

　　　　　　　　　　い
4　おてあらいに行く

3ばん

1　ケーキ屋に行く

2　車でむかえに行く

3　スーパーで買い物をする

4　かざりをする

① ② ③ ④

自宅で妻と夫が息子の誕生日会について話しています。夫はこのあとまず何をします

か。

女：今日、サトルの誕生日会があるでしょう？それで、お願いがあるんだけど。

男：うん、何だい。

女：誕生日ケーキを買いに行ってくれない？駅前にあるケーキ屋のチョコレートケーキ

を買うって決めてるんだけど、料理も作らないといけなくて買いに行く時間がない

のよ。

男：うん、いいよ。

女：ケーキを買ったら、おじいちゃんとおばあちゃんを家まで車で迎えに行ってくれ

る？うちまで歩いてくるのは大変だから。あ、あとおじいちゃんとおばあちゃんを

車に乗せたら、近くのスーパーでお菓子と飲み物を買ってきて。

男：わかった。ほかに何か手伝えることはある？

女：んー、誕生日会のために部屋を飾りたいと思ってるんだけど、時間見つけて私がや

るわ。

夫はこのあとまず何をしますか。

1　ケーキ屋に行く

2　車でむかえに行く

3　スーパーで買い物をする

4　かざりをする

4ばん

1　古いれっしゃの写真

2　一番気に入っている食べ物をとった写真

3　かんこうちで売られている写真

4　自分が一番好きな写真

① ② ③ ④

授業で、先生が話しています。学生は来週どんな写真を発表しますか。

男：皆さんは今まで、どのような場所へ旅行に行ったことがありますか。そこでは、有名な観光地または食べ物の写真を撮ってきたと思います。そこで、みんなが旅行で撮ってきた写真の中で一番気に入っている写真が何かを知りたいです。来週の授業までに一枚選んで、その写真はいつごろ撮ったのか、どこで撮ったのか、どうして気に入っているのかを発表してもらいたいと思います。例えば、旅行で利用した列車の写真でもいいですよ。

学生は来週どんな写真を発表しますか。

1　古いれっしゃの写真
2　一番気に入っている食べ物をとった写真
3　かんこうちで売られている写真
4　自分が一番好きな写真

5ばん

1　玉ねぎ、トマト

2　玉ねぎ、トマト、ビール

3　肉、玉ねぎ、トマト、ワイン

4　ビール、ワイン

①　②　③　④

スーパーで男の人と女の人が話しています。女の人は何を買いますか。

男：今、会社から電話がきて、今すぐ来てほしいって言われちゃって。悪いけど、この
　　後の買い物を任せてもいい？

女：いいわよ。

男：ありがとう。今日はハンバーグを作ろうと思って、肉は昨日買ったから、玉ねぎ
　　と、今日飲むお酒も買ってね。あとサラダ用のトマトも。一応、買い物リストを渡
　　しておくね。

女：うん、わかった。お酒は何を飲む？ビールとワイン、どっちも買おうか。

男：いや、ワインは家にあったからいいよ。

女：わかった。

女の人は何を買いますか。

1　玉ねぎ、トマト

2　玉ねぎ、トマト、ビール

3　肉、玉ねぎ、トマト、ワイン

4　ビール、ワイン

正答　2

6ばん

1　りゅうがくをする

2　英語が勉強できる学校に行く

3　インターネットのじゅぎょうを　もうしこむ

4　海外のえいがをみる

① ② ③ ④

学校で男の学生と女の学生が話しています。男の学生はこのあとまず何をしますか。

男：頑張って勉強してるのに、なかなか英語がうまく話せるようにならないんだよね。
　　鈴木さんはなんでそんなに上手なの？

女：実は小学校までアメリカに住んでたんだ。そうだ、海外に留学してみるなんてどう？でも、お金もかかるしそんな簡単なことじゃないか。

男：うん、留学はしてみたかったんだけどね。

女：あ、インターネットでやる会話授業って知ってる？学校で先生をしている友達が教えてるんだけど、実際に会話して学ぶことができるから、自信がつくと思うよ。

男：へえ、知らなかったよ、便利だね。

女：最初の授業は無料らしいよ、やってみたら？

男：うん、そうするよ。

女：そうだ、海外の映画をみて楽しみながら英語を聞くのもいいと思うよ、よかったら今度うちでみようよ。

男：いいね、そうしよう。

男の学生はこのあとまず何をしますか。

1　りゅうがくをする
2　英語が勉強できる学校に行く
3　インターネットのじゅぎょうを　もうしこむ
4　海外のえいがをみる

正答　3

2 ポイント理解

○問題2（例）

　問題2では、まず質問を聞いてください。そのあと、問題用紙を見てください。読む時間があります。それから話を聞いて、問題用紙の1から4の中から、最もよいものを一つえらんでください。

1ばん

1　宿題が多くて寝ていないから

2　アルバイトがいそがしいから

3　かれしに会えないから

4　気分が悪いから

正答　2

1. あることについての説明文・問題文が流れる

話している人たちの関係や、何をしているかが話されてから、問題文が流れます。

> **音声**
>
> 大学で、男の人と女の人が話しています。女の人はどうして元気がないのですか。

2. 選択肢を読む

選択肢を読む時間が約20秒あります。何を聞き取らなければいけないのか、<u>ポイントをつかんでから</u>本文を聞きましょう。

3. 本文・問題文が流れる

本文は、男の人と女の人の会話やテレビ・ラジオ・留守番電話などで一人の人が話す、というようなものです。本文が流れた後、もう一度問題文が流れます。

> **音声**
>
> 男：どうしたの？なんか元気がないね。最近、宿題が多くてあまり寝ていないんじゃない？
>
> 女：それはいつものことだから慣れたよ。最近アルバイトを始めたって話したと思うんだけど。
>
> 男：ああ、パン屋さんの。残ったパンが無料でもらえてうれしいって言ってたよね。
>
> 女：でも、店が人気すぎて忙しいから大変なんだよ。もう辞めようかな。
>
> 男：ああ、わかった。彼氏に会う時間が少なくなって嫌なんでしょ。
>
> 女：それは関係ないよ、毎日連絡してるし。ああ、アルバイトのことを考えてたら気分が悪くなっちゃう。
>
> 女の人はどうして元気がないのですか。

4. 選択肢を選ぶ

選択肢を選ぶ時間は約12秒あります。
選択肢は問題用紙に書かれています。

もんだい
問題2

問題2では、まず質問を聞いてください。そのあと、問題用紙を見てください。読む時間があります。それから話を聞いて、問題用紙の1から4の中から、最もよいものを一つえらんでください。

1ばん

1　けがをしたこと
2　眠れていないこと
3　進学できなかったこと
4　成績が悪くなったこと

① ② ③ ④

高校で女の学生と男の学生が話しています。女の学生はこの男の学生のことでどんなことを心配していますか。

女：上野さん、最近クラブ活動でうまくいってないみたいだね。昨日も練習中に転んだって山内さんから聞いたよ。

男：でもまあ、そんなにひどいけがじゃないから。

女：大丈夫？実はそれが心配だったわけじゃなくてね。

男：うん。

女：山内さんが、上野さんはあまり寝てないって言ってたよ。夜遅くまで起きているの？

男：うん。もうすぐ3年生になるし、進学について考えることが増えてね。

女：そっか。でも学校の勉強にも集中できなくなっちゃうよ。先生や友達に相談したらいろんな意見がもらえていいかも。

男：そうしてみようかな。

女の学生はこの男の学生のことでどんなことを心配していますか。

1　けがをしたこと
2　眠れていないこと
3　進学できなかったこと
4　成績が悪くなったこと

正答　2

2ばん

1　しぜんが多いところ

2　有名な絵がたくさんあるところ

3　たてものが　くふうされているところ

4　ポスターがもらえるところ

① ② ③ ④

女の人と男の人が話しています。女の人は、美術館に行って何がよかったと言っていますか。

女：昨日、東京に新しくできた美術館に行ったんだけど、とても感動したの。

男：あ、自然に囲まれていて落ち着くんだってね。有名な絵はたくさん飾ってあった？

女：みんなが知っているような絵はあまりなくて、場所も大きい道路が近くにあったからそんなに静かではなかったよ。でも建物がすごかったの。一つ一つの作品に集中できるようなデザインになっていてね。

男：へえ、気になるな。

女：毎週日曜日は美術館に飾られている絵のポスターがもらえるみたいよ。

男：それは行くしかないな。

女の人は、美術館に行って何がよかったと言っていますか。

1　しぜんが多いところ

2　有名な絵がたくさんあるところ

3　たてものが　くふうされているところ

4　ポスターがもらえるところ

正答　3

3ばん

1　しゅっちょうのよていが　かわったから

2　社長がひこうきに乗れなかったから

3　部長と話すから

4　しんにゅうしゃいんの　きょういくかいがあるから

① ② ③ ④

留守番電話のメッセージを聞いています。男の人はどうして会議の時間に間に合いませんか。

男：もしもし、鈴木です。明日の朝の会議なんだけど、少し遅れそうで。急に明日の午前に出張先での予定が増えてね、社長が、大事なお客さんだから帰りの飛行機の時間を遅らせてでも行ってくれって。あと、部長と大事な話し合いがあって、夕方にある新入社員の教育会に遅れて参加するって話してたけど、教育会の後にすることになったから、最初から出られることになったよ。悪いんだけど、よろしくね。

男の人はどうして会議の時間に間に合いませんか。

1　しゅっちょうのよていが　かわったから

2　社長がひこうきに乗れなかったから

3　部長と話すから

4　しんにゅうしゃいんの　きょういくかいがあるから

正答　1

4ばん

1　地図が見られる

2　どこでも本が読める

3　家のかぎになる

4　いろいろなゲームができる

①　②　③　④

テレビで、ある男の人が携帯電話について話しています。この携帯電話の何が特徴だと言っていますか。

男：皆さん、今人気のこの携帯電話を知っていますか。とても便利だと話題になっているんです。最近の携帯電話は、たくさんのゲームをすることができたり、道がわからなくなってしまったときに地図を見ることができます。それに、どこにいても本が読めるようになりました。この携帯電話はそれだけではなく、家のかぎにもなるんです。こんな携帯電話は、今までにありませんでしたよね。かぎを持つ必要がなくなっていいですね。

この携帯電話の何が特徴だと言っていますか。

1 地図が見られる
2 どこでも本が読める
3 家のかぎになる
4 いろいろなゲームができる

5ばん

1　めずらしいがっきが　あるところ

2　ねだんが高いところ

3　たくさんギターをおいているところ

4　むりょうのサービスがあるところ

① ② ③ ④

女の人と男の人が、楽器屋について話しています。男の人はこの楽器屋の何が一番好きだと言っていますか。

女：すぐ近くに、楽器屋があるので少し寄ってもいいですか。

男：あ、森楽器屋ですよね。私もよく行くんですよ。

女：そうなんですか！実はずっと行ってみたくて。

男：楽器の種類がたくさんあるので選ぶのには時間がかかりますが、日本ではあまり見ないような楽器もあっておもしろいんですよ。それを見るのが楽しみで、つい仕事帰りに寄っちゃうんです。

女：そうなんですか。値段はどうですか。

男：値段は普通です。でも、人気のある楽器しか置いてないので、どれを買っても間違いないと思いますよ。あと、無料で楽器の掃除をしてくれるサービスもあるんですよ。まあ、掃除は自分でもできると思うんですけど。

女：なるほど。じゃあ今度ゆっくりその店でギターを選ぼうと思います。

男の人はこの楽器屋の何が一番好きだと言っていますか。

1　めずらしいがっきが　あるところ

2　ねだんが高いところ

3　たくさんギターをおいているところ

4　むりょうのサービスがあるところ

正答 1

6ばん

1　部長に　しんしょうひんを見せる

2　ちがう　しょうひんを考える

3　しょうひんの絵を入れる

4　アンケートのじょうほうを　まとめる

①　②　③　④

女の人と男の人が会社で新しい商品の計画書について話しています。二人はこのあとまず何をしますか。

女：松下くん、この前一緒に考えた新商品の計画書のことなんだけど。

男：うん、もうあとは提出するだけだね。

女：それがね、部長にどんな商品を計画しているか見せてくれって言われて見せたんだけど、今の内容じゃわかりにくいって言われちゃって。

男：何がわかりにくいって？

女：二つアドバイスをもらったんだけど、一つ目は、すごくおもしろい内容なのに、文章の説明だけで絵も何もないから商品の想像ができなくてもったいないって。

男：確かに、絵を入れないといけないね。

女：そうね。二つ目は、今のままだとアンケートの情報がまとまってなくて、この商品がどんな人たちに向けて作られているのかが伝わらないって。松下くん、アンケートの内容、まとめ直さない？

男：そうだな、そうしよう。まとめたら、商品の想像もしやすくなるだろうから、絵はそのあとに考えよう。

女：うん。そうだね。

男：部長に僕からもお礼を言っておくよ。

二人はこのあとまず何をしますか。

1 部長に　しんしょうひんを見せる

2 ちがう　しょうひんを考える

3 しょうひんの絵を入れる

4 アンケートのじょうほうを　まとめる

3 概要理解

○問題3（例）

問題3では、問題用紙に何もいんさつされていません。この問題は、ぜんたいとしてどんなないようかを聞く問題です。話の前に質問はありません。まず話を聞いてください。それから、質問とせんたくしを聞いて、1から4の中から、最もよいものを一つえらんでください。

ーメモー

1. あることについての説明文が流れる

どこで、だれが話しているのかなどが流れます。問題文は流れないので注意してください。

音声

テレビでアナウンサーが話しています。

2. 本文が流れる

本文は一人の人が<u>テレビやラジオで話している</u>か、<u>インタビュー</u>などです。

音声

女：最近、会社に行かないで家で仕事をするというやり方を、多くの会社が行っています。インターネットを使えば、同じ場所にいなくても簡単に情報を伝えることができる便利な時代になりました。しかし、今回のインタビューで「家に家族がいるので仕事に集中できない」「わからないことがあってもすぐに相談ができない」「人との関わりがなくなり、ストレスがたまる」などの意見があることがわかりました。

3. 問題文が流れる

問題文が流れます。

<u>何について話しているのか</u>、<u>話している人がどう思っているのか</u>がよく質問されます。

> **音声**
>
> アナウンサーは何について話していますか。

4. 選択肢1〜4が流れる

> **音声**
>
> 1　家で仕事をする理由
> 2　家での働き方
> 3　家で仕事をすることの問題点
> 4　家で仕事をするいい点
>
> 正答　3

5. 選択肢を選ぶ

選択肢を選ぶ時間は約7秒あります。

選択肢は問題用紙に書かれていません。

もんだい
問題3

　問題3では、問題用紙に何もいんさつされていません。この問題は、ぜんたいとしてどんなないようかを聞く問題です。話の前に質問はありません。まず話を聞いてください。それから、質問とせんたくしを聞いて、1から4の中から、最もよいものを一つえらんでください。

―メモ―

1	① ② ③ ④
2	① ② ③ ④
3	① ② ③ ④

1ばん

音声

<ruby>会社<rt>かいしゃ</rt></ruby>で<ruby>女<rt>おんな</rt></ruby>の<ruby>人<rt>ひと</rt></ruby>と<ruby>男<rt>おとこ</rt></ruby>の<ruby>人<rt>ひと</rt></ruby>が<ruby>話<rt>はな</rt></ruby>しています。

女：<ruby>加藤<rt>かとう</rt></ruby>さんって<ruby>絵<rt>え</rt></ruby>を<ruby>描<rt>か</rt></ruby>くことが<ruby>好<rt>す</rt></ruby>きなんだってね。

男：うん。<ruby>去年<rt>きょねん</rt></ruby>から<ruby>始<rt>はじ</rt></ruby>めてね、<ruby>休日<rt>きゅうじつ</rt></ruby>は<ruby>絵画教室<rt>かいがきょうしつ</rt></ruby>にも<ruby>通<rt>かよ</rt></ruby>ってるんだ。

女：それが<ruby>最近<rt>さいきん</rt></ruby>の<ruby>楽<rt>たの</rt></ruby>しみなんだね。いいね。

男：プロみたいにはうまく<ruby>描<rt>か</rt></ruby>けないんだけどね。でも、<ruby>描<rt>か</rt></ruby>いていると<ruby>気分<rt>きぶん</rt></ruby>がいいし、<ruby>仕事<rt>しごと</rt></ruby>に<ruby>集中<rt>しゅうちゅう</rt></ruby>できないときも、<ruby>絵<rt>え</rt></ruby>を<ruby>描<rt>か</rt></ruby>くときのことを<ruby>考<rt>かんが</rt></ruby>えると<ruby>頑張<rt>がんば</rt></ruby>れるんだ。それに<ruby>一<rt>ひと</rt></ruby>つの<ruby>作品<rt>さくひん</rt></ruby>を<ruby>描<rt>か</rt></ruby>き<ruby>終<rt>お</rt></ruby>わったときはすごく<ruby>自信<rt>じしん</rt></ruby>がつくしね。

女：そうなんだ。<ruby>私<rt>わたし</rt></ruby>もやってみようかな。

<ruby>男<rt>おとこ</rt></ruby>の<ruby>人<rt>ひと</rt></ruby>は<ruby>何<rt>なに</rt></ruby>について<ruby>話<rt>はな</rt></ruby>していますか。

1　<ruby>絵<rt>え</rt></ruby>を<ruby>描<rt>か</rt></ruby>き<ruby>始<rt>はじ</rt></ruby>めた<ruby>理由<rt>りゆう</rt></ruby>

2　<ruby>絵<rt>え</rt></ruby>を<ruby>描<rt>か</rt></ruby>くことの<ruby>楽<rt>たの</rt></ruby>しさ

3　<ruby>絵<rt>え</rt></ruby>をうまく<ruby>描<rt>か</rt></ruby>く<ruby>方法<rt>ほうほう</rt></ruby>

4　<ruby>絵<rt>え</rt></ruby>に<ruby>集中<rt>しゅうちゅう</rt></ruby>できない<ruby>理由<rt>りゆう</rt></ruby>

正答　2

2ばん

音声

<ruby>料理教室<rt>りょうりきょうしつ</rt></ruby>で、<ruby>先生<rt>せんせい</rt></ruby>が<ruby>話<rt>はな</rt></ruby>しています。

女：この<ruby>料理<rt>りょうり</rt></ruby>は、<ruby>難<rt>むずか</rt></ruby>しくはありませんが、いくつかのポイントがあります。<ruby>今<rt>いま</rt></ruby>から<ruby>順番<rt>じゅんばん</rt></ruby>に<ruby>説明<rt>せつめい</rt></ruby>します。<ruby>最初<rt>さいしょ</rt></ruby>に、<ruby>肉<rt>にく</rt></ruby>に<ruby>塩<rt>しお</rt></ruby>で<ruby>味<rt>あじ</rt></ruby>をつけます。10<ruby>分<rt>ぶん</rt></ruby>くらい<ruby>置<rt>お</rt></ruby>いてから、<ruby>冷<rt>つめ</rt></ruby>たいフライパンに<ruby>乗<rt>の</rt></ruby>せて<ruby>火<rt>ひ</rt></ruby>をつけます。そうすることで、どの<ruby>肉<rt>にく</rt></ruby>にも<ruby>同<rt>おな</rt></ruby>じくらい<ruby>火<rt>ひ</rt></ruby>が<ruby>通<rt>とお</rt></ruby>ります。このとき、<ruby>火<rt>ひ</rt></ruby>は<ruby>弱<rt>よわ</rt></ruby>くしてくださいね。この<ruby>通<rt>とお</rt></ruby>りにすれば、とってもおいしくできあがりますよ。

<ruby>先生<rt>せんせい</rt></ruby>は、<ruby>料理<rt>りょうり</rt></ruby>の<ruby>何<rt>なに</rt></ruby>について<ruby>話<rt>はな</rt></ruby>していますか。

1　<ruby>料理<rt>りょうり</rt></ruby>の<ruby>難<rt>むずか</rt></ruby>しさ
2　<ruby>料理<rt>りょうり</rt></ruby>で<ruby>使<rt>つか</rt></ruby>う<ruby>調味料<rt>ちょうみりょう</rt></ruby>
3　<ruby>料理<rt>りょうり</rt></ruby>のおいしさ
4　<ruby>料理<rt>りょうり</rt></ruby>の<ruby>方法<rt>ほうほう</rt></ruby>

正答 4

3ばん

テレビで遊園地の係の人が話しています。

女：皆さん、大人になってから遊園地に行く機会が減ってませんか。遊園地には、大人が乗れるような乗り物がない、行くと歩き回って疲れてしまうと考える人も少なくないと思います。しかし、遊園地も見方によっては、子どもたちだけではなく大人も楽しむことができる場所なんですよ。園内にあるおしゃれなレストランやカフェでご飯を食べたり、夜には電気が光ってきれいな景色を見ながら閉園時間までゆっくり過ごすなんてことも。遊園地の新しい発見をしてみてはどうでしょうか。

遊園地の係の人は何について話していますか。

1 遊園地のお客さんがへった理由

2 遊園地が人気の理由

3 遊園地の営業時間

4 遊園地で大人も楽しむ方法

正答 4

○問題4（例）
もんだい れい

問題4では、えを見ながら質問を聞いてください。やじるし（➡）の人は何と言いますか。1から3の中から最もよいものを一つえらんでください。

1. あることについての説明と質問が流れる
せつめい しつもん なが

どこで、何をしているかなどの説明が流れます。その後、「何と言いますか。」という質問が流れます。
なに せつめい なが あと なん い しつもん なが

> **音声**
> おんせい
>
> 花を買いたいです。何と言いますか。
> はな か なん い

2. 選択肢1～3が流れる
せんたくし なが

選択肢は、短い発話文に対する返事です。
せんたくし みじか はつわぶん たい へんじ

> **音声**
> おんせい
>
> 1　ええ、一本だけですか。
> いっぽん
>
> 2　すみません、一本ください。
> いっぽん
>
> 3　そうですね、一本で十分です。
> いっぽん じゅうぶん

正答　2

3. 選択肢を選ぶ

選択肢を選ぶ時間は約10秒あります。

選択肢は問題用紙に書かれていません。

ポイント

この問題では、絵を見て、どこにだれといるのか、何をしているのかなどをしっかり理解することが大事です。日常生活でよく使われる表現や敬語の問題が出ます。その場に合った正しい返事を選びましょう。

問題4

問題4では、えを見ながら質問を聞いてください。やじるし（➡）の人は何と言いますか。1から3の中から最もよいものを一つえらんでください。

1ばん

2ばん

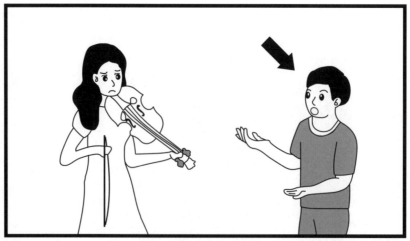

1	① ② ③ ④
2	① ② ③ ④

3ばん

4ばん

3	① ② ③ ④
4	① ② ③ ④

1ばん

音声

友達に冷蔵庫を運ぶのを手伝ってほしいです。何と言いますか。

女：1　重かったかな？

　　2　一緒に持ってもらっていい？

　　3　冷蔵庫運んでいくの？

2ばん

音声

バイオリンがうまく弾けません。娘にアドバイスします。何と言いますか。

男：1　もっと優しく弾いたら？

　　2　うまくなったもんね。

　　3　もうしまっていいよ。

3ばん

音声

試合後の選手に話しかけます。インタビューできるかまだわかりません。何と言いますか。

女：1　今インタビューしてもよろしいですか。

　　2　今インタビューに答えましょうか。

　　3　今インタビューを伝えますか。

4ばん

音声

友達が料理をおいしそうに食べています。感想を聞きたいです。何と言いますか。

男：1　味はどう？気に入った？

　　2　ラーメンって聞いたよ？

　　3　お腹空いちゃった。

正答　（1番）2　（2番）1　（3番）1　（4番）1

5 即時応答

○問題5（例）

問題5では、問題用紙に何もいんさつされていません。まず文を聞いてください。それから、そのへんじを聞いて、1から3の中から、最もよいものを一つえらんでください。

―メモ―

1. 短い発話文が流れる

音声

午前中にこの資料まとめといてって言ったじゃん。

2. 選択肢1～3が流れる
選択肢は、短い発話文に対する返事です。

音声

1　はい、部長のおかげです。

2　もうまとめてくれたんですね。

3　間に合わなくて、すみません。

正答　3

3. 選択肢を選ぶ
選択肢を選ぶ時間は約8秒あります。
選択肢は問題用紙に書かれていません。

ポイント

この問題では、解く時間が短いので時間をかけてメモを取らないことが大事です。
選択肢を聞いて簡単に ○ × △ などのメモを取りながら聞くのもよいでしょう。

正解だと思うもの ○　　絶対に間違いだと思うもの ×　　正解になりそうなもの △

もんだい
問題5

問題5では、問題用紙に何もいんさつされていません。まず文を聞いてください。それから、そのへんじを聞いて、1から3の中から、最もよいものを一つえらんでください。

―メモ―

1	① ② ③ ④
2	① ② ③ ④
3	① ② ③ ④
4	① ② ③ ④
5	① ② ③ ④
6	① ② ③ ④
7	① ② ③ ④
8	① ② ③ ④
9	① ② ③ ④

1ばん

音声

女：山田さん、今どこ？もうすぐ着きそう？

男：1　もう着くの？待ってて。

　　2　そろそろ着くよ。

　　3　着くらしいよ。

2ばん

音声

女：あ、ダニエルさん、先週調子が悪くて学校を休んだんだって？

男：1　そうなの？大丈夫かな。

　　2　ええ、悪いことはしてないよ。

　　3　うん、でも普通のかぜだったよ。

3ばん

音声

男：明日の10時に、山田さんの自宅に伺いたいのですが、よろしいでしょうか。

女：1　そちらに行くということですね。

　　2　はい、お待ちしております。

　　3　いいですよ、見てみますね。

4ばん

男：ミンさん、無くしてた免許証、結局見つかったの？

女：1　いいえ、まだです。
　　2　ええ、見つかったんですか。
　　3　はい、免許を取りました。

5ばん

男：お客様、お預かりする荷物はありますでしょうか。

女：1　はい、持ちました。
　　2　いえ、預けていません。
　　3　これをお願いします。

6ばん

女：お客様、美術館で写真を撮るのはご遠慮ください。

男：1　はい、この写真が気に入りました。
　　2　ぜひ、撮らせてください。
　　3　すみません、気を付けます。

7ばん

音声

女：先生、今お時間よろしいでしょうか。

男：1　結構です。
　　2　構いませんよ。
　　3　ご遠慮ください。

8ばん

音声

女：キムさん、ごあいさつのため、すぐにお目にかかりたいのですが。

男：1　そうですね、明日はいかがですか。
　　2　今日はお会いできてよかったです。
　　3　ぜひ見せてください。

9ばん

音声

男：子どものころ、プールでおぼれちゃったことがあるんだ。

女：1　それはこわかったよね。
　　2　おぼれている子はどこにいるの？
　　3　泳げるんだ、すごいね。

正答　（1番）2　（2番）3　（3番）2　（4番）1　（5番）3　（6番）3　（7番）2　（8番）1　（9番）1

JLPT N3この一冊で合格する

2024年5月1日　初版第2刷発行

著者	日本語の森　日本語研究所
発行所	日本語の森株式会社
	〒190-0011
	東京都立川市高松町3-23-6
	03-5989-0589
	https://nihongonomori.com/
発売	日販アイ・ピー・エス株式会社
	〒113-0034
	東京都文京区湯島1-3-4
	03-5802-1859
印刷	シナノ印刷株式会社

JLPT N3
日本語能力試験

この一冊で
合格する

模擬試験

日本語の森

目次

*一番後ろのページにマークシートがついています。

もんだいようし

N3

げんごちしき（もじ・ごい）
（30ぷん）

ちゅうい
Notes

1. しけんが　はじまるまで、この　もんだいようしを　あけないで
ください。
   Do not open this question booklet until the test begins.

2. この　もんだいようしを　もって　かえる　ことは　できません。
   Do not take this question booklet with you after the test.

3. じゅけんばんごうと　なまえを　したの　らんに、じゅけんひょうと
おなじように　かいて　ください。
   Write your examinee registration number and name clearly in each box below as
   written on your test voucher.

4. この　もんだいようしは、ぜんぶで　7ページ　あります。
   This question booklet has 7 pages.

5. もんだいには　かいとうばんごうの　1 、 2 、 3 …が
ついて　います。かいとうは、かいとうようしに　ある　おなじ
ばんごうの　ところに　マークして　ください。
   One of the row numbers 1, 2, 3… is given for each question. Mark your
   answer in the same row of the answer sheet.

じゅけんばんごう Examinee Registration Number	
なまえ Name	

問題1　＿＿＿＿のことばの読み方として最もよいものを、1・2・3・4から一つえらびなさい。

1　悲しい音楽が流れている。

　　1　さびしい　　　　2　かなしい　　　　3　たのしい　　　　4　うれしい

2　家に絵をかざる。

　　1　かみ　　　　　　2　さら　　　　　　3　え　　　　　　　4　ふく

3　今日は体の調子がいいです。

　　1　ちょうし　　　　2　ちょし　　　　　3　ちょうしい　　　4　ちょしん

4　お気に入りの食器が割れました。

　　1　しょうき　　　　2　しょき　　　　　3　しょっきい　　　4　しょっき

5　大きな橋を車で渡る。

　　1　さか　　　　　　2　みち　　　　　　3　はし　　　　　　4　うみ

6　太陽がのぼる方向に歩く。

　　1　ほこ　　　　　　2　ほうこう　　　　3　ほこう　　　　　4　ほんこん

7　忘れた物を駅まで取りに行く。

　　1　わすれた　　　　2　ぬれた　　　　　3　たおれた　　　　4　われた

8　今日はいい天気だから昼寝をしよう。

　　1　ひるねい　　　　2　ひるねる　　　　3　ひっね　　　　　4　ひるね

問題2 _____のことばを漢字で書くとき、最もよいものを、1・2・3・4から一つ
えらびなさい。

9 さいごに、社長からお話があります。

1 冒後 2 更後 3 最後 4 曹後

10 でんきゅうが切れたので、買いに行くことにした。

1 伝求 2 電球 3 電求 4 伝球

11 クラスみんなの名前をおぼえることができない。

1 観える 2 覧える 3 規える 4 覚える

12 ぐあいが悪いので、今日は帰らせていただきます。

1 具合 2 貝会 3 具会 4 貝合

13 ようきいっぱいに水を入れてください。

1 用器 2 容機 3 容器 4 用機

14 夜になると、彼女のことがこいしくなる。

1 愛しく 2 情しく 3 恋しく 4 欲しく

問題3　（　　　）に入れるのに最もよいものを、1・2・3・4から一つえらびなさい。

15 毎朝、長い髪（かみ）を（　　　）するのに時間がかかる。

1　セット　　　　　2　イメージ　　　　　3　ゴール　　　　　4　チェックアウト

16 来週、父は腕（うで）を（　　　）することになりました。

1　工事（こうじ）　　　　　2　発展（はってん）　　　　　3　手術（しゅじゅつ）　　　　　4　修理（しゅうり）

17 明後日の食事会について、少し（　　　）があります。

1　印象（いんしょう）　　　　　2　相談（そうだん）　　　　　3　仮定（かてい）　　　　　4　感謝（かんしゃ）

18 バスケットボールを始めたばかりなので、（　　　）な練習をたくさんする。

1　数学的（すうがくてき）　　　　　2　経済的（けいざいてき）　　　　　3　代表的（だいひょうてき）　　　　　4　基礎的（きそてき）

19 テストで（　　　）間違いをして合格できなかった。

1　暗（くら）い　　　　　2　惜（お）しい　　　　　3　痛（いた）い　　　　　4　危（あぶ）ない

20 突然停電（とつぜんていでん）したので、会議が（　　　）になりました。

1　禁止（きんし）　　　　　2　以外（いがい）　　　　　3　移動（いどう）　　　　　4　中止（ちゅうし）

21 電子レンジから、温め直した料理を（　　　）。

1　取（と）り出（だ）す　　　　　2　取（と）り消（け）す　　　　　3　取（と）り込（こ）む　　　　　4　取（と）り替（か）える

22 洗濯物がたまっているから、（　　　）から出かけてね。

1　飾（かざ）って　　　　　2　掃（は）いて　　　　　3　植（う）えて　　　　　4　たたんで

23 大雨が降っていたのに、（　　　　）晴れて道が乾いた。

1　早速
　さっそく

2　今にも
　いま

3　突然
　とつぜん

4　先に
　さき

24 高校時代の野球の（　　　　）と一緒に、旅行に行く約束をした。
　　　　　　　　　　　　　　　　いっしょ

1　個人
　こじん

2　仲間
　なかま

3　市民
　しみん

4　若者
　わかもの

25 久しぶりに運動したので、体が（　　　　）する。

1　うろうろ

2　いらいら

3　きらきら

4　ふらふら

問題4　＿＿＿＿に意味が最も近いものを、1・2・3・4から一つえらびなさい。

26 大きな会社に就職_{しゅうしょく}する。

1　たずねる　　　　2　変える　　　　3　あこがれる　　　4　勤_{つと}める

27 彼がかく絵はうつくしい。

1　かわいい　　　　2　はでだ　　　　3　きれいだ　　　　4　おもしろい

28 海に向かって叫_{さけ}んだ。

1　大きな声を出した　　　　　　　2　小さな声を出した

3　走った　　　　　　　　　　　　4　歩いた

29 村上_{むらかみ}さんの出身はどこですか。

1　住んでいるところ　　　　　　　2　生まれたところ

3　通っている高校　　　　　　　　4　通っていた会社

30 彼女は、チームの中で最も身長が高い。

1　相当_{そうとう}　　　　　2　結構　　　　3　まあまあ　　　　4　いちばん

問題5　つぎのことばの使い方として最もよいものを、1・2・3・4から一つえらびなさい。

31 解決

1　真夏はたくさん水を飲み、体温を<u>解決</u>することが大切だ。

2　何か困ったことがあったら、早めに<u>解決</u>するのが一番いい。

3　泣いている友人を<u>解決</u>する言葉をさがしている。

4　来年から販売（はんばい）する新しい商品のテーマを、みんなで<u>解決</u>する。

32 定員

1　生活を助けるロボットを発明した彼の講演（こうえん）は、いつも<u>定員</u>を超（こ）える人が集まる。

2　卒業式が終わったあとは、仲の良かった友達（ともだち）<u>定員</u>で写真を撮（と）った。

3　早く来られたお客様（きゃくさま）<u>定員</u>で、全ての店で使える衣料品の割引券（わりびきけん）を配（くば）ります。

4　こいのぼりを飾（かざ）るのは、子どもが<u>定員</u>になるまで健康（けんこう）に成長できることを願うためだ。

33 振（ふ）り込（こ）む

1　この貯金箱に、毎日500円ずつお金を<u>振（ふ）り込（こ）ん</u>でいる。

2　配達（はいたつ）のお兄さんに、玄関（げんかん）で荷物（にもつ）の代金を<u>振（ふ）り込（こ）む</u>。

3　このカードを使って、月々（つきづき）の電気代を<u>振（ふ）り込（こ）ん</u>でください。

4　子どもたちに<u>振（ふ）り込（こ）む</u>お年玉を入れるための袋を用意する。

34 応援（おうえん）

1　夫は積極的（せっきょくてき）に、生まれたばかりの赤ちゃんの<u>応援（おうえん）</u>をしてくれます。

2　弟がサッカーの試合に出るので、家族みんなで<u>応援（おうえん）</u>に行く。

3　わたしが小さなときから、両親（りょうしん）は料理や洗濯の<u>応援（おうえん）</u>をさせてくれました。

4　けがをした子猫（こねこ）を見つけたので、<u>応援（おうえん）</u>のため連れて帰った。

35 次第に

1 遠く離れて暮らしている兄とは<u>次第に</u>電話している。

2 伊藤さんなら、ここの空港から<u>次第に</u>出発しました。

3 袋から出した後は、<u>次第に</u>食べきって下さい。

4 すずしくなり、木の葉の色が<u>次第に</u>変わってきた。

Language Knowledge (Grammar) • **Reading**

N3

げんごちしき
言語知識（文法）・読解
ぶんぽう　　どっかい

（70分）

注　意
Notes

1. 試験が始まるまで、この問題用紙を開けないでください。

   Do not open this question booklet until the test begins.

2. この問題用紙を持って帰ることはできません。

   Do not take this question booklet with you after the test.

3. 受験番号と名前を下の欄に、受験票と同じように書いてください。
   じゅけんばんごう　　　　　　らん　　　じゅけんひょう

   Write your examinee registration number and name clearly in each box below as written on your test voucher.

4. この問題用紙は、全部で19ページあります。
   ぜんぶ

   This question booklet has 19 pages.

5. 問題には解答番号の　1　、　2　、　3　… が付いています。
   かいとうばんごう　　　　　　　　　　　　　　　　　　　　　　つ
   解答は、解答用紙にある同じ番号のところにマークしてください。
   かいとう　　かいとう　　　　　　　　ばんごう

   One of the row numbers　1　,　2　,　3　… is given for each question. Mark your answer in the same row of the answer sheet.

受験番号 Examinee Registration Number	
名前 Name	

問題1 つぎの文の（　　　）に入れるのに最もよいものを、1・2・3・4から一つえらびなさい。

1 この洋服屋は、女性の服だけでなく男性や子どもの服（　　　）ある。

1　にも　　　　　2　から　　　　　3　まで　　　　　4　しか

2 この本は、作家の高校生のときの経験（　　　）基づいて書かれています。

1　に　　　　　2　を　　　　　3　が　　　　　4　まで

3 このお酒はジュースみたいなので、（　　　）飲むことができる。

1　まったく　　　2　いくらでも　　　3　きちんと　　　4　決して

4 加藤先生が出した数学の問題（　　　）、答えられる生徒はいなかった。

1　にとって　　　2　に対して　　　3　のとおりに　　　4　として

5 （家で）

母　「じゃあ、買い物に行ってくる。留守番している（　　　）、家にずっといてね。」

息子「わかった、いってらっしゃい。」

1　おきに　　　　2　ところに　　　3　うちに　　　　4　間

6 来週の会議の資料は、社長が（　　　）はずです。

1　お越しになる　　2　お見えになる　　3　ご覧になる　　4　お試しになる

7 試験を受けてもう二か月がたつので、そろそろ結果が（　　　）。

1　届きたがる　　　　　　　　　2　届こうとする

3　届くことにする　　　　　　　4　届くだろう

8 昨日みた映画の物語にとても感動して、（　　　）。

1　泣かずにはいられなかった　　　　2　泣くばかりではなかった

3　泣ききれなかった　　　　　　　　4　泣くはずがなかった

9 このマラソン大会は、年齢関係なく（　　　）でも参加することができます。

1　そちら　　　　2　どなた　　　　3　こちら　　　　4　どちら

10 駅に向かっていた（　　　）、友達から今日は会うことができないと連絡が来た。

1　たびに　　　　2　うちに　　　　3　にあたって　　　4　ところに

11 彼は料理が作れない（　　　）、包丁もうまく使えない。

1　どころか　　　2　反面　　　　3　のに対して　　　4　一方

12 （学校で）

田村「松井さんは海外に（　　　）？」

松井「うん、タイに5年間ね。でも、その間はタイ語を勉強していなかったから、話せ
　　　ないんだ。」

1　住むしかないの　　　　　　　　　2　住みなおすの

3　住んだことがあるの　　　　　　　4　住みつつあったの

13 （うちで）

妻「今日、ユウキが傷（　　　）学校から帰ってきたのよ。」

夫「ええ、大丈夫だったのか？」

1　くらいの　　　　2　ほどの　　　　3　だらけで　　　　4　だけで

問題2　つぎの文の＿★＿に入る最もよいものを、1・2・3・4から一つ
　　　　えらびなさい。

14　＿＿＿＿ ＿＿＿＿ ＿★＿ ＿＿＿＿、テストでいい点数が取れた。

　　1　兄が　　　　　　　2　おかげで　　　　　3　勉強を　　　　　4　教えてくれた

15　（結婚式場で）

　　矢野「木村さんの結婚式、素晴らしかったね。」

　　北野「うん。彼が ＿＿＿＿ ＿★＿ ＿＿＿＿ ＿＿＿＿なんて見たことがないよ。」

　　1　幸せそうに　　　2　あんなに　　　　　3　笑っている　　　4　顔

16 わたしの前に座っている ＿＿＿＿ ＿＿＿＿ ＿★＿ ＿＿＿＿ 先生に注意された。

1　食べようとして　　　　　　　　2　授業中に

3　松田さんが　　　　　　　　　　4　弁当を

17 若葉温泉に ＿＿＿＿ ＿＿＿＿ ＿＿＿＿ ＿★＿ が、それでも行ってみたい。

1　行くには　　　　　　　　　　　2　方法がない

3　山を登るしか　　　　　　　　　4　らしい

18 公園で ＿＿＿＿ ＿＿＿＿ ＿★＿ ＿＿＿＿ 顔をしている。

1　今にも　　　　2　転んだ　　　　3　泣きそうな　　　4　赤ちゃんが

問題3　つぎの文章を読んで、文章全体の内容を考えて、 ⎿19⏌ から ⎿23⏌ の中に入る最もよいものを、1・2・3・4から一つえらびなさい。

下の文章は、留学生が書いた作文です。

日本に留学して感じたこと

エミリー・ムーラー

　私は、日本へ留学に来てから一年間、アルバイトをしたことがありませんでした。まだ日本語をうまく話すことができなかったので、働くことは難しいと思い ⎿19⏌。

　ある日、私がコンビニに入ると、そこで学校の友達が働いていました。その友達とお客さんの会話を聞いていると、友達の日本語が上手になっていることに気が付きました。 ⎿20⏌ 、私もアルバイトをしたら会話に自信を持つことができるんじゃないかと思い、友達にそのコンビニでアルバイトを募集しているかを聞こうとしましたが、勇気が出ず聞くことができませんでした。しかし、今アルバイトを始めなければ、これからも友達のように会話することは ⎿21⏌ 。なので、次の日友達にお願いをして、店長に働くことができるか確認してもらうと、すぐに返事をいただき ⎿22⏌ 。

　働き始めて半年が経った今では、お客さんや一緒に働いている人たちと楽しくコミュニケーションが取れるようになりました。 ⎿23⏌ 経験から、何でもまずはチャレンジすることが大事だということを学びました。

19　　1　探すこともしたいです　　　　　　2　探したこともなさそうでした

　　　3　探したこともあったのです　　　　4　探すこともしませんでした

20　　1　そこで　　　　　2　すると　　　　3　ついに　　　　4　だけど

21　　1　できずにはいられないと思いました　　2　できないだろうと思いました

　　　3　できなかったそうです　　　　　　4　できないということです

22　　1　働いてくれるようになりました　　　2　働いてやることにしました

　　　3　働かせてもらえることになりました　　4　働かせてあげることにしました

23　　1　それくらいの　　2　どれくらいの　　3　あのような　　4　このような

問題4 つぎの（1）から（4）の文章を読んで、質問に答えなさい。

答えは、1・2・3・4から最もよいものを一つえらびなさい。

（1）

これは自動車の運転免許を取るための自動車学校のホームページに載せてあるお知らせである。

自動車学校に通っているみなさん

年末年始の休みについてお知らせします。

12月30日（木）から1月4日（火）まで、当自動車学校は休みとなります。

29日（水）の交通ルールの授業は午前中のみ行います。

また、運転技術の試験は12月25日（土）が最終です。試験の予約は3日前まで受け付けます。予約は必ず受付にある受験者用パソコンで行ってください。前日まではキャンセルも可能ですが、忘れずに事務室へ連絡してください。

1月5日からはいつもの営業を開始します。

はやし自動車学校

---

24 年末の休みの前に運転技術の試験を受けたい人は、どうすればよいか。

1 12月29日の午前中に授業を受けたあとで試験の予約をする。

2 試験の3日前までに受付にある受験者用パソコンで予約をする。

3 12月25日までに、受付にある受験者用パソコンで予約をする。

4 試験の前日までに、忘れないように事務室に連絡をする。

（2）

これは社長が社員に書いたメールである。

みなさん、暑い中お疲れ様です。

本日から、夏休みの申請の受付を始めます。申請用紙に氏名と希望日を書いて、事務の佐藤さんに渡してください。締め切りは6月30日（水）です。

夏休みは7月15日（木）～9月15日（水）の間で、一人二週間まで休むことができますが、仕事に問題がないよう、必ずグループのメンバーと相談して、日にちを決めてください。

日本語の森　社長　村上

---

25 社長が社員に伝えていることは何か。

1　会社の夏休みは6月30日（水）であること。

2　休みたい日を決めたら、締め切り日までに事務の人に申請すること。

3　7月15日から9月15日の間で、好きな日にちを選んで休むことができる。

4　休みたい日にちを申請用紙に書いて、6月30日までに社長に渡すこと。

（3）

　ジーンズというズボンは、今から約150年前のアメリカで、働く人のために作られたものだ。当時は、多くの人が「金」を手に入れるために山で働いていた。しかし、仕事中に服が木の枝に引っ張られて破れたり、石をふんだりして、服がすぐに穴だらけになっていた。

　それを見た服屋は、もっと厚くて丈夫な服を作ろうと考えた。それは簡単に破れず、長時間の仕事でも履くことができる服だ。こうして作られたジーンズの良さはうわさで広まり、すぐに人気になったそうだ。

26　ジーンズが作られることになったのは、どうしてか。

　1　服屋が山で仕事をするときに、もっと丈夫な服がほしいと感じたから。

　2　簡単に破れる服があれば売れるだろうと、服屋が考えたから。

　3　もっと丈夫な服を作ってほしいと、服屋が人々に言われたから。

　4　長い時間働いても破れないような服を作ろうと服屋が考えたから。

（4）

　勉強するときに、教科書を声に出して読む人がいる。目で見るだけのほうが簡単なのに、何のためにそうするのだろうか。

　そう思っていたが、昨日先生が「覚えたいときは、声を出して読む方がいい。目で見るだけでは頭が働かず、覚える力が弱くなってしまうからだ。しかし、声に出して読んだとしても、文章の意味を考えながら読まないと目で見ているのと同じになってしまう。」と教えてくれた。

　それを聞いて私は、小さいときに声に出して読んだ絵本の内容を今でもずっと覚えていることに気がついた。

27 文章によると、覚えやすいのは例えばどんな方法か。

　　1　声に出して、全ての内容を読む

　　2　声に出さずに、目だけで読む

　　3　文の意味を考えて、声に出して読む

　　4　何も考えずに、とにかく声に出して読む

問題5　つぎの（1）と（2）の文章を読んで、質問に答えなさい。
　　答えは、1・2・3・4から最もよいものを一つえらびなさい。

（1）

　昨日スーパーに行こうとしたとき、妹から、友達と食べるお菓子を買ってきてほしいと頼まれました。

　その友達は卵を食べるとアレルギーが出てしまうので、卵が使われていない、200円くらいのクッキーでチョコが入っているものがいいそうです。商品の名前は忘れてしまったようなので、特徴をメモして出かけました。

　しかしスーパーでお菓子を探している途中、私は困ってしまいました。チョコの入っているものはあっても、卵の入っていないものがどれなのかがわからなかったのです。結局、店員さんに声をかけて、一緒に探してもらいました。

　店員さんは、箱の裏側に書いてある表を見ながら探してくれましたが、見つけることができませんでした。なのでクッキーの代わりに二人が好きなチョコレートを買って帰ることにしました。今回の買い物で、食品に使われている材料の見方を知ったので、今度スーパーに行ったときは、そのような商品があるかもう一度見てみようと思います。

28 妹が頼んだクッキーの特徴は何か。

1　卵が使われているクッキー

2　卵が使われていないクッキーとチョコレート

3　卵が使われているチョコレート入りのクッキー

4　卵が使われていないチョコレート入りのクッキー

29 困ってしまいましたとあるが、何に困ったのか。

1　お菓子の名前を思い出せないから。

2　チョコレート入りのお菓子がなかったから。

3　妹が欲しいお菓子がどれかわからなかったから。

4　店員さんに声をかけられたから。

30 「私」は今度スーパーに行ったらどのようにするつもりか。

1　アレルギーについてよく調べる。

2　商品の裏側に書いてある材料を探す。

3　卵が入っていない商品があるか見る。

4　どんなお菓子がいいか考えて選ぶ。

（2）

　最近、長い時間一人で家にいる子どもの増加が問題になっている。祖父母とは別で暮らす家庭が増えたことや、両親がどちらも遅くまで仕事をしている家庭が多いことが原因だ。

　それを解決するために、A市では週に3回、「みんなの食堂」を開いている。A市に住む吉田さんが、市民館のキッチンを借りて、友人と一緒に始めた食堂だ。だれでも利用することができて、高校生までの子どもは無料、大人は500円のお金を払うことになっている。

　みんなの食堂が始まるのは、平日の夕方だ。子ども達だけではなく、近所に住む大学生や、仕事帰りの会社員なども集まり、一緒に夕食を食べている。そのほかにも、子どもたちの学校の宿題を手伝ったり、近くのグラウンドでサッカーをしたりもできる。

　みんなの食堂を始めた吉田さんは、「一人で過ごす時間が長いと、だれでもさびしくなる。ご飯を食べて帰るだけでもいいから、もっとたくさんの人にみんなの食堂に来てほしい。そして、にぎやかで楽しい時間を過ごしてほしい。」と話した。

31 それとあるが、何か。

1 祖父母と別で、親子だけで暮らす家庭が多いこと

2 仕事が忙しく、家族と一緒に過ごす時間が少ないこと

3 両親が忙しく、子どもが一人で過ごす時間が多いこと

4 一人で過ごす時間が多い子どもが、悪い行動をすること

32 みんなの食堂についての説明で、合っているものはどれか。

1 高校生までの子どもだけが利用できる。

2 A市に住んでいる人だけが行ける食堂だ。

3 手伝いに来た人は、お金を払わなくてもいい。

4 大人は、決まった料金を払えばいい。

33 みんなの食堂を始めた吉田さんが、思っていることは何か。

1 みんなと夕食を食べて、一人で過ごす時間を減らしてほしい。

2 みんなの食堂をもっと利用して、この活動を広めてほしい。

3 みんなで協力して作った夕食を、食べに来てくれたら嬉しい。

4 たくさんの人とご飯を食べたら、帰ってほしい。

問題6　つぎの文章を読んで、質問に答えなさい。
　　答えは、1・2・3・4から最もよいものを一つえらびなさい。

　家から学校までの道に、いつもたくさんの人が並んでいるケーキ屋がある。そのケーキ屋は、ケーキの種類がたくさんあり、その店から出てくる人はみんな笑顔で幸せそうだった。私は人を笑顔にするケーキ屋にあこがれていた。

　私はケーキを作る技術を身につけるために、休みの日は家で練習をするようになった。人を幸せにするケーキを作るにはいろいろな工夫が必要だ。まずはじめは基本のケーキをたくさん作ることにした。クリームの塗り方や焼き方からはじめ、その次に果物の切り方などの技術を勉強した。そして、私が練習のために作ったケーキは、家族に食べてもらった。甘いものが好きな父と妹が協力してくれて、毎回おいしそうに笑顔で食べてくれていた。私は、おいしいと笑顔で食べてくれるのがうれしくて、毎日のようにケーキを焼くようになった。

　ある週末、新しく買った本のレシピを見ながらケーキを作ってみた。とてもきれいにできて、うれしかった。しかし、家族はあまりうれしそうじゃない。どうしたんだろうと思って話を聞くと、おいしいけど、定期的に食べると嫌になってしまうと言った。少しの間、見たくもないほどだ。確実に上達しているし、アドバイスできることももう少ないと言われた。

　たしかに、どんなに好きなものでも、与えられ続けたら嫌になってしまうだろう。将来は、おいしいだけでなく、何度も食べたいと思えるケーキを作りたいと思っている。

34 私があこがれるケーキ屋はどのような店か。

1　毎日、お客さんに人気のある数種類のケーキを作る店

2　毎日ケーキを作って、お客さんにたくさん売る店

3　ケーキがすぐに買えて、お客さんを笑顔にするお店

4　ケーキを買ったお客さんが笑顔で幸せになるお店

35 ①練習をするようになったとあるが、何から始めたのか。

1　幸せにするケーキを作る工夫。

2　基本のケーキの作り方の練習。

3　果物のきれいな切り方の練習。

4　家族に協力をお願いすること。

36 ②家族はあまりうれしそうじゃないとあるが、なぜか。

1　ケーキは好きだけど、たくさん食べたせいで嫌になり始めているから。

2　本のレシピを見て作ったケーキには、作り方のアドバイスができないから。

3　毎日食事をするのが大変で、食べることに疲れてしまっているから。

4　ケーキづくりの練習に協力することが面倒になってきているから。

37 「私」は今、どう考えているか。

1　これからは家族の意見を聞きながら、頼まれたものを作ろう。

2　家族は食べなくても、作るのは楽しいからこれからもどんどん作ろう。

3　おいしいだけのケーキではなく、何度も食べたくなるケーキを作ろう。

4　たとえおいしいと言われても、特別な日以外は作らないことにしよう。

問題7　右のページは、果物園のポスターである。これを読んで、下の質問に答えなさい。答えは、1・2・3・4から最もよいものを一つえらびなさい。

38 マリテスさんは小学生の娘と「チャレンジ」に参加し、そのあと果物を買って帰りたいと思っている。マリテスさんの希望に合うものはどれか。

1　「親子ジャムづくりチャレンジ」と「みんなのくだもの市場」

2　「親子ジャムづくりチャレンジ」と「みかん食べ放題」

3　「親子ケーキづくりチャレンジ」と「みんなのくだもの市場」

4　「親子ケーキづくりチャレンジ」と「みかん食べ放題」

39 学生の木下さんは友達3人と一緒に「みかん食べ放題」に参加するつもりだ。木下さんが可能な申し込み方法はどれか。

1　10月30日から11月10日の間にインターネットで申し込む。

2　10月30日から11月10日の間にインターネットで申し込み、入り口で支払う。

3　10月30日から11月8日までに電話で申し込み、銀行で振り込む。

4　10月30日から11月8日までに電話で申し込むか、当日朝8時までに申し込む。

森福市 みんなの果物園　くだもの祭り

2021年11月13日・14日

11月はくだもの祭り！季節の果物を楽しみませんか？

イベント	参加できる人	時間	参加費
みかん食べ放題 （食べ放題&おみやげ）	どなたでも	08：00～12：00	1000円/3kg
みんなのくだもの市場 （いろいろな季節の果物を特別な価格で販売♪）	どなたでも	12：30～15：00	なし
親子ジャムづくりチャレンジ （季節の果物を使いましょう♪）	おとな　1名 こども　1名 （小学生以下）	11：00～12：00	500円/2人
親子ケーキづくりチャレンジ （季節の果物を使いましょう♪）	おとな　1名 こども　1名 （中学生以上）	12：30～14：00	1000円/2人

※上記は11月13日（土）・14日（日）くだもの祭りだけの特別価格です。

◇入場料：　無料

◇申し込み方法と参加費の支払い

　①インターネット　＜期間＞　10月30日～11月10日まで

　　下のホームページからお申し込みください。

　　料金はクレジットカードか銀行振り込みでお支払いください。

　②電話　＜期間＞　10月30日～11月8日まで

　　森福市　みんなの果物園　くだもの祭り係までお電話ください。

　　料金は銀行振り込みでお支払いください。

　③当日受付

　　当日8時00分まで　森福市　果物園入り口　で受け付けております。

　　料金は当日、入り口の受付で、現金でお支払いください。

　　※『ジャム・ケーキチャレンジ』は当日のお申し込みはできません。

▶グループ（3人以上）で参加する場合、当日受付や電話での申し込みはできません。

　人数分の参加費をまとめてお支払いください。

▶質問は、電話、またはメールでお願いいたします。

◇みんなの果物園　くだもの祭り係

　☎090 - ××××-××××（月～土：10時～15時）

　info@morifukumf.××

　http://www.morifuku-minnafruit.××

◇森福市　みんなの果物園　森福市森福319-6（園の地図はホームページにあります。）

N 3

<ruby>聴解<rt>ちょうかい</rt></ruby>

（40分）

注　意
Notes

1. 試験が始まるまで、この問題用紙を開けないでください。
   Do not open this question booklet until the test begins.

2. この問題用紙を持って帰ることはできません。
   Do not take this question booklet with you after the test.

3. <ruby>受験番号<rt>じゅけんばんごう</rt></ruby>と名前を下の<ruby>欄<rt>らん</rt></ruby>に、<ruby>受験票<rt>じゅけんひょう</rt></ruby>と同じように書いてください。
   Write your examinee registration number and name clearly in each box below as written on your test voucher.

4. この問題用紙は、<ruby>全部<rt>ぜんぶ</rt></ruby>で14ページあります。
   This question booklet has 14 pages.

5. この問題用紙にメモをとってもかまいません。
   You may make notes in this question booklet.

<ruby>受験番号<rt>じゅけんばんごう</rt></ruby> Examinee Registration Number	
名前 Name	

もんだい
問題1

　問題1では、まず質問を聞いてください。それから話を聞いて、問題用紙の1から4の中から、最もよいものを一つえらんでください。

れい

1　先生にもうしこみしょを出す
2　友達と一緒にもうしこみしょを出す
3　もうしこみしょに名前を書いて箱に入れる
4　けいじばんに名前を書く

1ばん

1 ひこうきのチケットを取る

2 お客さまのじょうほうをまとめる

3 しりょうをよういする

4 めいしをちゅうもんする

2ばん

1 月曜日

2 水曜日

3 火曜日

4 金曜日

3ばん

1　パソコンとマイク

2　パソコンとしりょう

3　ノートとマイク

4　ノートとしりょう

4ばん

1　家（いえ）に帰（かえ）る

2　つくえをじゅんびする

3　なふだを書（か）く

4　買（か）い物（もの）に行（い）く

5ばん

1 花の数をかくにんする

2 イベントのチラシを作る

3 よやくで受けた花をよういする

4 木下さんに仕事をお願いする

6ばん

1 水曜日5日

2 月曜日10日

3 水曜日26日

4 月曜日24日

もんだい
問題2

　問題2では、まず質問を聞いてください。そのあと、問題用紙を見てください。読む時間があります。それから話を聞いて、問題用紙の1から4の中から、最もよいものを一つえらんでください。

れい

1　宿題が多くて寝ていないから

2　アルバイトがいそがしいから

3　かれしに会えないから

4　気分が悪いから

1ばん

1 ウイルスがりゅうこうしたため
2 大きな仕事をさせてもらえるため
3 英語の勉強をするため
4 友達のけっこんしきに行くため

2ばん

1 けんこうでいるため
2 体力をつけるため
3 むかしより太ったため
4 休みの日の楽しみを作るため

3ばん

1　わりびきけんをくばったから

2　食べものを外ではんばいしたから

3　安くしたおかしをレジの前においたから

4　子どもが好きなおもちゃをふやしたから

4ばん

1　かんきょうについてのニュースをよく見るから

2　紙で作られたようきが売っているから

3　持ってきたようきに　せんざいを入れられるから

4　着なくなった服であたらしいしょうひんを作ったから

5ばん

1 近所のお客さんが　りようしてくれない

2 おとしよりの方にサービスを使ってもらえない

3 休日の　はいたつが　おくれてしまう

4 バイクで商品を　はいたつすることができない

6ばん

1 しゅうりやに　そうじきを持って行く

2 そうじきを自分たちで直す

3 ちゅうこの　そうじきを見に行く

4 でんきやの　あたらしい　そうじきを買う

もんだい
問題3

　問題3では、問題用紙に何もいんさつされていません。この問題は、ぜんたいとしてどんなないようかを聞く問題です。話の前に質問はありません。まず話を聞いてください。それから、質問とせんたくしを聞いて、1から4の中から、最もよいものを一つえらんでください。

―メモ―

問題4では、えを見ながら質問を聞いてください。やじるし（➡）の人は何と言いますか。1から3の中から最もよいものを一つえらんでください。

れい

1ばん

2ばん

3ばん

4ばん

もんだい
問題5

問題5では、問題用紙に何もいんさつされていません。まず文を聞いてください。それから、そのへんじを聞いて、1から3の中から、最もよいものを一つえらんでください。

― メモ ―

もんだいようし

N3

げんごちしき（もじ・ごい）

（30ぷん）

ちゅうい
Notes

1. しけんが　はじまるまで、この　もんだいようしを　あけないで
ください。

   Do not open this question booklet until the test begins.

2. この　もんだいようしを　もって　かえる　ことは　できません。

   Do not take this question booklet with you after the test.

3. じゅけんばんごうと　なまえを　したの　らんに、じゅけんひょうと
おなじように　かいて　ください。

   Write your examinee registration number and name clearly in each box below as
written on your test voucher.

4. この　もんだいようしは、ぜんぶで　7ページ　あります。

   This question booklet has 7 pages.

5. もんだいには　かいとうばんごうの　1 、 2 、 3 …が
ついて　います。かいとうは、かいとうようしに　ある　おなじ
ばんごうの　ところに　マークして　ください。

   One of the row numbers 1 , 2 , 3 … is given for each question. Mark your
answer in the same row of the answer sheet.

じゅけんばんごう Examinee Registration Number	
なまえ Name	

問題1　＿＿＿＿のことばの読み方として最もよいものを、1・2・3・4から一つ
えらびなさい。

1　ごみを回収します。

1　かしゅ　　　　2　かいしゅ　　　　3　かしゅう　　　　4　かいしゅう

2　彼が毎日努力していることをみんな知っています。

1　どりょく　　　2　どろく　　　　　3　どりょうく　　　4　どうりょく

3　様々な店に行ったが、結局欲しい物は買えなかった。

1　けきょうく　　2　けきょく　　　　3　けっきょく　　　4　けっきょうく

4　冬の海岸は寒いので、木を燃やして温まった。

1　ふやして　　　2　もやして　　　　3　ひやして　　　　4　はやして

5　国の機関に問い合わせる。

1　きいかん　　　2　きっかん　　　　3　きかん　　　　　4　きか

6　彼は悪い人なのではないかと疑っています。

1　つまって　　　2　いやがって　　　3　おこって　　　　4　うたがって

7　血液の検査をすることになりました。

1　けつえき　　　2　けっえき　　　　3　ちえき　　　　　4　ちえ

8　わたしは新しい家を建築する予定です。

1　けちく　　　　2　けんちく　　　　3　けいちく　　　　4　けんち

問題2 _____のことばを漢字で書くとき、最もよいものを1・2・3・4から一つ
えらびなさい。

9 サッカーボールは、ごかくけいが12個集まってできている。

1 五画型　　　　　2 五角形　　　　　3 五角型　　　　　4 五画形

10 ごはんをのこしてはいけません。

1 殖して　　　　　2 殊して　　　　　3 残して　　　　　4 殆して

11 彼は、日本語にかんしんを持っている。

1 間心　　　　　2 間信　　　　　3 関信　　　　　4 関心

12 スポーツクラブをたいかいすることにした。

1 追会　　　　　2 適会　　　　　3 退会　　　　　4 述会

13 わたしは、小さいときからまずしい生活をしてきた。

1 貧しい　　　　　2 貰しい　　　　　3 貸しい　　　　　4 貿しい

14 明日は、大事な会議にしゅっせきする予定です。

1 出常　　　　　2 出席　　　　　3 出希　　　　　4 出幕

問題3　（　　　）に入れるのに最もよいものを、1・2・3・4から一つ
えらびなさい。

15 今回の旅の（　　　）は、おいしいものをたくさん食べることだ。
1　頂上（ちょうじょう）　　　2　意識（いしき）　　　3　位置（いち）　　　4　目的（もくてき）

16 ベトナムでは、バイクに乗って移動するのが（　　　）だ。
1　一般的（いっぱんてき）　　2　具体的（ぐたいてき）　　3　活動的（かつどうてき）　　4　最終的（さいしゅうてき）

17 この文章を読んでから、5つの（　　　）に答えてください。
1　インフォメーション　　　　　　2　アナウンス
3　クイズ　　　　　　　　　　　　4　セミナー

18 運動をする前に、（　　　）して体を温めよう。
1　体操（たいそう）　　　2　実験（じっけん）　　　3　行動（こうどう）　　　4　登場（とうじょう）

19 先生と一緒（いっしょ）に英語の（　　　）の練習をする。
1　調節（ちょうせつ）　　　2　運転（うんてん）　　　3　感覚（かんかく）　　　4　発音（はつおん）

20 迷子（まいご）にならないように、しっかり手を（　　　）いてね。
1　付（つ）けて　　　2　渡（わた）して　　　3　握（にぎ）って　　　4　伸（の）ばして

21 将来（しょうらい）は、（　　　）が豊かな場所に住みたい。
1　生活（せいかつ）　　　2　自然（しぜん）　　　3　景色（けしき）　　　4　地球（ちきゅう）

22 今日の食事会は席を（　　　）していませんので、好きな場所にお座りください。
1　予定（よてい）　　　2　想定（そうてい）　　　3　指定（してい）　　　4　指導（しどう）

23 妹を迎えに行くことを（　　　）忘れて、そのまま帰ってきてしまった。

1　そっと　　　　　2　ぐっすり　　　　3　すっと　　　　4　すっかり

24 果物は傷つきやすいので、丁寧に（　　　）ください。

1　加えて　　　　　2　扱って　　　　　3　掛けて　　　　4　助けて

25 庭の花や野菜にたっぷり水を（　　　）あげよう。

1　注いで　　　　　2　ゆでて　　　　　3　ためて　　　　4　温めて

問題4　＿＿＿に意味が最も近いものを、1・2・3・4から一つえらびなさい。

26　車が<u>じゅうたいし</u>ている。
1　止まっている 　　　　　　　　　　2　走っている
3　なかなか前に進まない 　　　　　　4　どんどん前に進む

27　新しく建てる家を<u>イメージ</u>する。
1　期待 　　　　　2　想像 　　　　　3　見学 　　　　　4　建設

28　今の仕事は<u>退屈</u>だ。
1　難しい 　　　　2　忙しい 　　　　3　かんたんだ 　　　4　ひまだ

29　待ち合わせの時間に<u>ぴったりに</u>着いた。
1　当然 　　　　　2　さっき 　　　　3　ちょうど 　　　4　偶然

30　体の調子が<u>ずいぶん</u>よくなった。
1　かなり 　　　　2　少し 　　　　　3　さっそく 　　　4　だんだん

問題5　つぎのことばの使い方として最もよいものを、1・2・3・4から一つ
　　　えらびなさい。

31 姿勢

1　気分が悪いときは、楽な姿勢で、ゆっくり休んでください。

2　いらいらするとき、つい姿勢でつめをかんでしまう。

3　大人になっても、みんなが知っているような姿勢を知らないと恥ずかしい思いを
　　する。

4　彼女の姿勢は175cmもあり、モデルみたいでとても素敵だ。

32 混ぜる

1　会社では、名刺を混ぜる機会がたくさんある。

2　温めた牛乳にはちみつを混ぜたものを飲んでから眠る。

3　試験前に授業で習った大事なところをノートに混ぜる。

4　来月、友達の結婚式があるので、それに混ぜて仕事を休む予定だ。

33 得意

1　一番得意な成績を残した人だけが、次の大会に進むことができます。

2　オリンピックに出場するのは、得意なことではない。

3　料理が得意なので、毎日食事を用意するのも全く嫌じゃありません。

4　掃除が得意なので、掃除用ロボットが発売されたときはすぐに買いました。

34 我慢

1　地震が発生しても我慢できるような学校を建設する。

2　じゃがいもは我慢するので、安いときまとめてたくさん買う。

3　子どものときから体は我慢で、かぜをひくこともほとんどない。

4　彼女は我慢することなく、思ったことをはっきりと相手に伝える。

35 付き合う

1　言語学習を助け合う友達<ruby>友達<rt>ともだち</rt></ruby>とは、インターネットで<u>付き合った</u>。

2　彼とはとても<u>付き合う</u>ので、一緒<ruby>一緒<rt>いっしょ</rt></ruby>にいるとなんだか安心する。

3　とうとう、10年<u>付き合った</u>彼女と結婚することを決意した。

4　外出先で偶然家族<ruby>偶然家族<rt>ぐうぜん か ぞく</rt></ruby>と<u>付き合って</u>、なんだかうれしくなった。

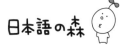
Language Knowledge (Grammar) • Reading

N3

言語知識 （文法）・読解
げんご ちしき　　ぶんぽう　　　どっかい

(70分)

注　意
Notes

1. 試験が始まるまで、この問題用紙を開けないでください。

   Do not open this question booklet until the test begins.

2. この問題用紙を持って帰ることはできません。

   Do not take this question booklet with you after the test.

3. 受験番号と名前を下の欄に、受験票と同じように書いてください。
   じゅけんばんごう　　　　　　　　らん　　　じゅけんひょう

   Write your examinee registration number and name clearly in each box below as written on your test voucher.

4. この問題用紙は、全部で19ページあります。
   ぜんぶ

   This question booklet has 19 pages.

5. 問題には解答番号の　1 、 2 、 3 … が付いています。
   かいとうばんごう　　　　　　　　　　　　　　　　つ
   解答は、解答用紙にある同じ番号のところにマークしてください。
   かいとう　　かいとう　　　　　　　　ばんごう

   One of the row numbers 1 , 2 , 3 … is given for each question. Mark your answer in the same row of the answer sheet.

受験番号 Examinee Registration Number	
名前 Name	

問題1 つぎの文の（　　　）に入れるのに最もよいものを、1・2・3・4から一つえらびなさい。

1 寝坊した夫は、ご飯（　　　）食べずにあわてて家を出て行った。

1　も　　　　　　　2　で　　　　　　　3　に　　　　　　　4　の

2 この島は、野菜（　　　）魚もおいしいことで有名です。

1　であるにもかかわらず　　　　　　2　ばかりではなく

3　なせいで　　　　　　　　　　　　4　ほど

3 久しぶりにふるさとに帰ったが、（　　　）母の料理はおいしかった。

1　相変わらず　　　2　決して　　　　3　いつも　　　　　　4　そんなに

4 甘いものが好きな（　　　）、妹はチョコレートなどのお菓子を全く食べない。

1　わたしをきっかけに　　　　　　　2　わたしとともに

3　わたしに対して　　　　　　　　　4　わたしにとって

5 一年（　　　）発表される彼の小説は、どれもすぐ売り切れになる。

1　にあたって　　　2　ごとに　　　　3　の際に　　　　　4　に先立って

6 （学校で）

生徒「先生、わたし行きたい高校に合格できるのか不安なんです。」
先生「大丈夫。松井さんはこんなに（　　　）、きっと合格できるよ。」

1　頑張っているはずなのに　　　　　2　頑張るとしても

3　頑張るだけ　　　　　　　　　　　4　頑張ってるんだから

7 会社から家に帰ると、玄関の鍵が（　　　）だった。寝坊して急いで出てしまったからだろう。

1　開いて以来　　　　　　　　　　　2　開きつつ

3　開いたまま　　　　　　　　　　　4　開くばかり

8 （会社で）

部長「来年発売する新商品の資料（しりょう）は完成したのか。」

課長「すみません。今、作成（　　　）。」

1　申（もう）し上（あ）げます　　　　　　　　2　しております

3　でございます　　　　　　　　　4　申（もう）します

9 久しぶりに両親（りょうしん）に会えることも楽しみだが、飼（か）っている犬（　　　）会うのが楽しみだ。

1　まで　　　　　　2　には　　　　　　3　より　　　　　　4　にも

10 字が上手に書けるようになるには、毎日書く練習を（　　　）。

1　することはない　　　　　　　　2　しきれない

3　するしかない　　　　　　　　　4　しようがない

11 今の会社に（　　　）10年たつが、新入社員を見ると10年前の自分を思い出す。

1　入社したかったから　　　　　　2　入社しようと思ってから

3　入社してから　　　　　　　　　4　入社するから

12 彼（かれ）の携帯（けいたい）を見てはいけないとわかっていても、つい（　　　）。

1　見てしまう　　　　　　　　　　2　見せてしまう

3　見られてしまう　　　　　　　　4　見えてしまう

13 生徒「先生、行きたい大学に合格するにはどうすればいいですか。」

先生「合格したいなら、今日から一生懸命（いっしょうけんめい）（　　　）。」

1　勉強してはいけませんね　　　　2　勉強しなければなりませんね

3　勉強するところです　　　　　　4　勉強しにくいです

問題2 つぎの文の __★__ に入る最もよいものを、1・2・3・4から一つ
えらびなさい。

(問題例)

私の ＿＿＿ __★__ ＿＿＿ ＿＿＿ なることです。

　　1　に　　　　　　　2　夢　　　　　　　3　有名な歌手　　　4　は

(解答のしかた)

1. 正しい答えはこうなります。

私の ＿＿＿＿＿ __★__ ＿＿＿＿＿ ＿＿＿＿＿ なることです。

　　　2　夢　　4　は　　3　有名な歌手　　1　に

2. __★__ に入る番号を解答用紙にマークします。

(解答用紙)　　例　｜ ① ② ③ ● ｜

---

14 試合が終わり ＿＿＿ ＿＿＿ __★__ ＿＿＿ をインタビューする。

　　1　優勝した選手に　　　　　　　　2　次第
　　3　今の　　　　　　　　　　　　　4　気持ち

15 日本では ＿＿＿ __★__ ＿＿＿ ＿＿＿ 始める。

　　1　桜が　　　　　　　　　　　　　2　終わるとともに
　　3　冬が　　　　　　　　　　　　　4　咲き

16 サッカークラブの ＿＿＿ ★ ＿＿＿ ＿＿＿ 参加できていない。

1　試合に　　　　　　　　　　　2　以来

3　足をけがして　　　　　　　　4　練習で

17 竹田「洋服がすごく汚れているね。どうしたの？」

パク「雨が降っているから、土の ＿＿＿ ★ ＿＿＿ ＿＿＿ になっちゃったん

　　　だ。」

1　すべって転んで　　　　　　　2　上で

3　洋服が　　　　　　　　　　　4　土だらけ

18 （家で）

母「夜ご飯できたけど食べる？」

娘「さっき ＿＿＿ ＿＿＿ ★ ＿＿＿ もう少し後で食べるね。」

1　食べた　　　　　　　　　　　2　お菓子を

3　夜ご飯は　　　　　　　　　　4　ばかりだから

問題3　つぎの文章を読んで、文章全体の内容を考えて、　19　から　23　の中に入る最もよいものを、1・2・3・4から一つえらびなさい。

下の文章は、留学生が書いた作文です。

運動会

ハンナ・コリンズ

　今年の夏、私は初めて運動会というものに参加しました。運動会は、生徒がいくつかのチームに分かれて、他のチームと戦います。一番多く点数をとったチームが優勝します。また、その日のために二か月も前から練習を行います。

　私は、運動会はお祭りのようなものだと思っていたので、練習も楽しみにしていました。しかし、実際に練習が始まると、とても大変でした。私は運動が苦手で、さらに暑いのも苦手です。どうして　19　暑い中、走ったり、並ぶ練習をしたり、大きな声を出したりしなければならないのかわからず、最初は全然楽しくありませんでした。　20　みんなが頑張って練習しているときに自分だけやる気がないのはいけないと思い、頑張ってみることにしました。

　練習している　21　チームのみんなとどんどん仲良くなっていきました。またチームのリーダーたちは、チームをもっと良くするために、わからないことがあったらわかるまで教えてくれたり、できるようになるまで一緒に練習してくれたりしました。そのおかげで、嫌だと思っていた練習にも、楽しく積極的に参加するようになり、「みんなで優勝したい」と思うようになりました。

　結果的に、私たちのチームは　22　。悔しかったのですが、その気持ちよりも、「楽しかった」という気持ちの方が大きかったです。私は、結果よりも「仲間と力を合わせて一生懸命戦った」ということの方がもっと大切であるということに　23　。運動会に参加したことで、授業では学ぶことができないことを学ぶことができたと思います。

19

1　そんなに　　　　2　あちらの　　　　3　こんなに　　　　4　どちらの

20

1　そこで　　　　　2　しかし　　　　　3　すると　　　　　4　だから

21

1　うちに　　　　　2　ところ　　　　　3　ばかり　　　　　4　おきに

22

1　優勝することができたと思います　　　2　優勝するしかありませんでした

3　優勝することになりました　　　　　　4　優勝することができませんでした

23

1　気付かされます　　　　　　　　　　　2　気付かれます

3　気付きました　　　　　　　　　　　　4　気付かれました

問題4　つぎの（1）から（4）の文章を読んで、質問に答えなさい。
　　　答えは、1・2・3・4から最もよいものを一つえらびなさい。

（1）

これは大学から学生に届いたメールである。

あて先	：	shinnyusei@mori-college.×××.××
件　名	：	2021年入学試験の結果について
送信日時：		2021年01月13日　15：00

森大学を受験したみなさん

試験、お疲れ様でした。明日、結果の発表があります。

試験の結果は、学校のホームページで発表しますので必ず確認してください。
入学が決まった方には書類をお送りします。入学準備の進め方が書かれている大切な
書類です。届き次第、すぐに確認してください。

また、一度にたくさんの人がアクセスすると、ホームページが動かなくなることがあ
ります。その場合は、必ず学生課の方にお電話をお願いします。

森大学　学生課

---

24 このメールからわかることは何か。

　1　ホームページで書類を見ることができる。

　2　ホームページが開けない場合は、学校に結果を見に行く必要がある。

　3　合格した人には書類が送られてくるので、確認しなければならない。

　4　入学のために必要な書類は受験した人全員に送られる。

(2)

　先日、初めてすし屋に行った。

　最初は、食べたいものを自由に注文していたが、注文したすしによって、皿の色が違うことに気づいた。今までいろんな店でご飯を食べたが、食べ物の種類によって皿の色が決まっているのは初めて見た。全部同じ色の方が、簡単にお皿にのせられるのに、なぜ色を分けるのか気になった。

　すると、一緒に行った日本人の友達が、皿の色によってすしの値段が違うことを教えてくれた。たしかに、これは店員もお客さんもどれくらい食べたのかがすぐわかって良いなと思った。

25 日本人の友達によると、皿の色が違うのはどうしてか。

　1　皿の色によって、食べられる量が決まっているから。

　2　皿の色を見れば、すしを簡単にのせられるから。

　3　皿の色によって、何を食べるか決めることができるから。

　4　皿の色によって値段が違うから。

（3）

　どのようなクラスは、成績が上がりにくいのだろうか。同じ内容を勉強している二つの
クラスを半年の間調査した。

　一つ目のクラスは、先生がきびしい顔をして教えていた。一方、二つ目のクラスでは、
いつも先生が笑顔で教えていた。結果として、学生の成績は驚_{おどろ}くほど違った。きびしい顔
をした先生のクラスで学んだ学生は、そうではないクラスの学生に比べ、30％も成績が低
かったのだ。

　また、きびしい顔をした先生のクラスで最も成績が低かったのは、教師とコミュニケー
ションを取る機会が少ない学生だった。

---

26 勉強の効果が出なかった学生は、どのような学生か。

　　1　安心できるクラスで学び、先生とのコミュニケーションをよくとった学生

　　2　安心できるクラスで学び、先生とのコミュニケーションを取らなかった学生

　　3　緊張感_{きんちょう}のあるクラスで学び、先生とコミュニケーションをよく取った学生

　　4　緊張感_{きんちょう}のあるクラスで学び、先生とコミュニケーションを取らなかった学生

(4)

木村さんが出勤すると、ロッカーに店長からのメッセージがはってあった。

木村さん

　3日前にうちの店で、くつを買ったお客さんから連絡がありました。ハイヒールが、買ってすぐに壊れてしまったそうです。

　14時ごろに来店するそうなので、くつの状態を拝見して、修理してほしいです。修理の方法は、資料にしてまとめたので、午前中に読んでおいてください。

　私は今日、野田さんと一緒にほかの支店に行く用事があります。終わったら、すぐに店に行きますからね。

店長

---

27 このメモを読んで、木村さんがしなければならないことは何か。

1　店長が来るまでに、修理方法についての資料を読んでおく。

2　午前中に、修理をしてお客さんのために資料を作る。

3　野田さんと一緒に支店に行き、用事を終わらせたあとで出勤する。

4　午前中に修理方法についての資料を読んで、くつの状態を見る。

問題5 つぎの（1）と（2）の文章を読んで、質問に答えなさい。答えは、1・2・3・4から最もよいものを一つえらびなさい。

（1）

警察官だった父は、65歳で仕事を辞めた後、外出したがらなくなった。とても仕事に熱心だったし、休日でも「出勤しなさい」という命令がいつあるかわからなかったので、趣味もなかった。新しいことにチャレンジすることもなく、母が旅行にさそっても効果はなかった。

そんな父が変化したきっかけは、うちに子犬が来たことだ。友人の家で産まれた子犬を私がもらったのだ。子犬の世話は父の役割になった。

私が子どものころ、わが家では「タロ」という名前の犬を飼っていた。家族の中でタロを最もかわいがっていたのは父だ。どんなに忙しくても時間を作ってタロと遊んでいた。父は犬が好きなのだ。でも、タロが死んだとき、仕事のせいですぐに帰って来ることができなかった。父はそのことが忘れられなくて、それ以来犬は飼わなかった。しかし今は環境が違い、時間があるので子犬のそばにずっといることができる。

（　　　　）父はよく笑うようになった。ひまがあれば子犬の写真を私の携帯電話に送ってくる。「小さいのに力があるから、家具をかまないように教えるのが大変だよ。」と楽しそうに話してくれた。

28 <u>外出したがらなくなった</u>とあるが、なぜか。

1　仕事が忙しく、いつ出勤の命令があるかわからないから。

2　母と一緒に、旅行に行くのは好きじゃないから。

3　警察官の仕事が好きで、また戻りたいと思っているから。

4　時間があっても、特にやりたいことがないから。

29 子犬が来るまで、父はなぜ犬を飼わなかったのか。

1　タロと遊ぶ時間が少なかったことが悲しかったから。

2　タロに最後に会えなかったことが忘れられないから。

3　仕事が忙しいせいで、タロを可愛がれなかったから。

4　タロよりも仕事のほうがもっと大事だと考えたから。

30 （　　　　）に入れるのに最もよいものはどれか。

1　子犬が来てから

2　子犬が産まれてから

3　写真を撮るのが楽しいから

4　子犬を大切にしてから

(2)

　私が結婚したとき、私と夫が付き合い始めてから結婚するまでに撮った写真を集めて、一つのビデオを作りました。はじめは私たちの記念のために作ったのですが、夫のアイデアでそのビデオを結婚式で流すことにしました。結婚式でビデオを見た両親はとても楽しそうでした。見終わった後に、二人が結婚したときのことを話してくれました。

　大学生の時、おとなしかった父は、毎日派手なワンピースを着て、ダンスをしている母を見て「仲良くなれない女性」だと思ったそうです。

　しかし、知り合ってから二人ともギターを弾くのが好きだということがわかり、どんどん仲良くなったといいます。そして、両親が結婚した時代は若い時に結婚することが普通だったので、大学を卒業する前に結婚を約束したそうです。今は、遅く結婚する人が多いので、それを聞いてとても驚きました。

　父は、「例えあの時代じゃなくても、同じことをしたと思う。お母さんが大好きだったから。」と言って笑いました。

31　「私」は結婚式で何をしたか。

1　夫と一緒にビデオを撮った。

2　夫と一緒に作ったビデオを流した。

3　両親と一緒にビデオを撮った。

4　夫と両親が一緒にビデオを作った。

32　父は最初、母に対してどのようなイメージを持っていたか。

1　ダンスが好きな、派手な性格の人

2　ダンスが好きな、おとなしい性格の人

3　派手な見た目で、仲良くなるのが難しそうな人

4　派手な見た目で、仲良くなるとおもしろそうな人

33　あの時代とあるが、どんな時代か。

1　遅く結婚するのが普通だと言われていた時代

2　大学を卒業する前に結婚を約束する時代

3　大学を卒業する前に結婚するのが良かった時代

4　早く結婚するのが一般的だった時代

問題6　つぎの文章を読んで、質問に答えなさい。
　　答えは、1・2・3・4から最もよいものを一つえらびなさい。

　昨日、息子に荷物を送るために配達会社に行ったら、係の人が新しいサービスについて説明してくれた。

　今までは、利用者が家にいる時間に配達し、荷物を渡した証明としてはんこを押してもらうか、サインしてもらうのが当たり前だった。もし利用者と会えなかった場合は、会えるまで何度も配達に行っていた。

　ところが、ある日、利用者から配達会社あてに「配達員を待つのは大変だし、時間がもったいないと感じる」という意見が届いたことがあったそうだ。

　今まで、利用者に直接荷物を渡すと、配達会社も利用者も安心できると思っていた。しかし、利用者は、配達員と時間が合わなくて受け取れなかったことに対して、大変さを感じていたようだ。

　社長は「これは良いチャンス」だと思い、「いつでも便」を始めた。いつでも便は、配
①
達員は玄関の前に荷物を置いて帰り、利用者は都合が良い時に荷物を取ることができるというものだ。

　このサービスは、一人暮らしの人や、忙しくて家にいる時間が少ない人に特に喜ばれていることがわかった。また、配達員も残業が減って喜んでいるらしい。それに、昨年に比べて、利用者は20%も増加したそうだ。これは、なかなか良いサービスなのではないかと
②
思う。私はすっかり感心してしまい、さっそくいつでも便を申し込んだ。

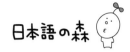

34 利用者から届いた意見で、わかったことはどのようなことか。

1　利用者は、はんこを押したりサインをしたりしたくないと考えている。

2　受け取る人に会えるまで何度も配達に行くことで、安心することができる。

3　配達スタッフが来る時間がいつも遅いので、早く来てほしい。

4　利用者と配達会社の考えが違っていた。

35 ①これとあるが、何か。

1　配達サービスを変えることにしたこと

2　配達会社にとっては、スタッフを待つ時間がもったいないと感じること

3　配達会社のスタッフの間で問題になっていたこと

4　利用者が大変さを感じていること

36 いつでも便についての説明で、合っているものはどれか。

1　利用者が直接受け取らなくても、配達員が荷物を置いて帰ることができる。

2　いつでも便にした場合、他のサービスに変更することはできない。

3　荷物を配達してもらうとき、利用者は普通の配達かいつでも便かを選ぶ。

4　いつでも便を使うと、利用者がいつでも荷物を送ることができる。

37 ②なかなか良いサービスとあるが、この文章を書いた人はなぜそのように言っているのか。

1　配達員も利用者も、休む時間が増えたから。

2　利用者にとっては便利だが、会社にとってはむだだから。

3　利用者にとっても会社にとっても良い点があるから。

4　会社はお金をもらえるが、利用者は料金が高くなったから。

問題7 右のページは、文化を学ぶイベントの案内である。これを読んで、下の質問に答えなさい。答えは、1・2・3・4から最もよいものを一つえらびなさい。

38 大学生のアリーチェさんは花村大島に住んでいる。イベントに参加しようと思っているが、4回コースに参加するためには、どのように申し込みをしなければならないか。

1　7月11日までに電話で申し込む。

2　7月11日に着くようにはがきで申し込む。

3　7月17日までに電話で申し込む。

4　7月11日に着くようにパンフレットを送る。

39 会社員のジャックさんは、2回コースに参加しようと思っているが、参加費はいつまでに振り込まなければならないか。

1　7月11日まで

2　7月24日の一週間前

3　8月4日の一週間前

4　8月4日まで

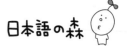

花村大島の文化を学ぼう！

花村大島の昔からある文化を伝えるイベントを行います。

実際にさわる、作る、見るなどの経験をして、花村大島のことをもっと知って下さい。4回コースと2回コースがあります。

［4回コース］定員30名
　　　　　　期間内に開かれるすべてのプログラムに参加できます。

［2回コース］定員20名
　　　　　　8月に開かれる二つのプログラムに参加できます。

島ごはん料理教室	冷たい川で遊ぼう！＆花火まつり
7月24日（土） 島の野菜をたくさん使った「島の料理」を教えます。つくる＆食べるを通して、島の野菜のことを知って下さい。	8月4日（土） ゆっくり流れる川で遊んだあと、プロの花火屋と一緒に小さな花火を作りましょう。この日は年に一度の夏祭りです。
雲上山に登ろう自然教室	100年の歴史をもつ花村着物
8月21日（日） 雲上山の草花を使った作品を作ることができます。また、花村大島を代表する鳥を観察することができます。	9月4日（土） 昔から島で作られてきた着物です。草や花を使って、着物に色をつけているところを見学することができます。

◇参加できる人：　どなたでも参加できます。島外に住んでいる方も歓迎します。
　希望される方にはパンフレットをお送りしますので、ご連絡ください。

◇申し込み方法
※定員になり次第、申し込みを締め切ります。

　4回コース：　はがきに、名前・住所・電話番号を書いて、7月11日（日）に着くように送ってください。こちらからパンフレットを送ります。当日の集合場所・持ち物はパンフレットに書いてありますので、必ず確認してください。

　2回コース：　申し込み受付期間中に電話で申し込んでください。
　申込み受付期間　7月3日（土）～7月17日（土）

◇参加費・振り込み期限
　4回コース：　3,000円／人
　2回コース：　1,000円／人
　申し込み後、各プログラムがはじまる日の一週間前までに指定の銀行に振り込んでください。小学生以下の子どもは無料で参加できます。

※島外に住んでいる方は、別に船のチケットを買う必要があります。プログラムに参加される方に限り割引があります。詳しい内容はお電話でお答えしております。

花村大島役場
〒100-0033　花村大島花村海神町1-1　☎0400-XX-XXXX　（11：00～15：00）

Listening

N3

ちょうかい
聴解

(40分)

注　意
Notes

1. 試験が始まるまで、この問題用紙を開けないでください。
   Do not open this question booklet until the test begins.

2. この問題用紙を持って帰ることはできません。
   Do not take this question booklet with you after the test.

3. 受験番号と名前を下の欄に、受験票と同じように書いてください。
   Write your examinee registration number and name clearly in each box below as
   written on your test voucher.

4. この問題用紙は、全部で14ページあります。
   This question booklet has 14 pages.

5. この問題用紙にメモをとってもかまいません。
   You may make notes in this question booklet.

受験番号 Examinee Registration Number	
名前 Name	

もんだい
問題1

　問題1では、まず質問を聞いてください。それから話を聞いて、問題用紙の1から4の中から、最もよいものを一つ選んでください。

れい

1　先生にもうしこみしょを出す
2　友達と一緒にもうしこみしょを出す
3　もうしこみしょに名前を書いて箱に入れる
4　けいじばんに名前を書く

1ばん

1 アイ

2 アエ

3 イウ

4 ウエ

2ばん

1　写真を大きくする

2　わりびきけんをつける

3　名前の色をかえる

4　地図をくわえる

3ばん

1　はいたつをする

2　レジをする

3　ピザを作るじゅんばんを考える

4　リストをせいりする

4ばん

1 レッスンのよやくをする
2 入会のもうしこみをする
3 クラスのせつめい会に行く
4 メールを見る

5ばん

1 お店の写真
2 えいぎょう時間
3 ぼしゅうのないよう
4 お店までのアクセス

6ばん

1　本を用意する

2　さいしゅうにんずうを　かくにんする

3　まどにかざりを付ける

4　ほかの人たちに伝える

問題2

問題2では、まず質問を聞いてください。そのあと、問題用紙のせんたくしを読んでください。読む時間があります。それから話を聞いて、問題用紙の1から4の中から、最もよいものを一つ選んでください。

れい

1 宿題が多くて寝ていないから

2 アルバイトがいそがしいから

3 かれしに会えないから

4 気分が悪いから

1ばん

1 旅行の本を買っていないから

2 お金がたりないから

3 国内で旅行することにしたから

4 友達と遊びたかったから

2ばん

1 食事にさそう

2 いっしょにおさけを飲む

3 毎週土曜日は遊ぶやくそくをする

4 ねんれいが近い社員だけで仕事をする

3ばん

1　くつの大きさ

2　くつのむりょうサービス

3　くつのとくちょう

4　くつのりょうきん

4ばん

1　パクさんにしょうかいしてもらう

2　インターネットでしらべる

3　ぼしゅうのチラシを見る

4　いろいろな店に行く

5ばん

1　日本語学校にしゅうしょくする

2　世界をたびする

3　かいがいで仕事をさがす

4　英語をおしえてもらう

6ばん

1　長く住める家にすること

2　あんぜんに家をたてること

3　ねんれいに　かんけいなく住めるようにすること

4　かべを丸くつくること

もんだい
問題3

　問題3では、問題用紙に何もいんさつされていません。この問題は、全体としてどんな内容かを聞く問題です。話の前に質問はありません。まず話を聞いてください。それから、質問とせんたくしを聞いて、1から4の中から、最もよいものを一つ選んでください。

―メモ―

もんだい
問題4

問題4では、えを見ながら質問を聞いてください。やじるし（➡）の人は何と言いますか。
1から3の中から最もよいものを一つえらんでください。

れい

1ばん

2ばん

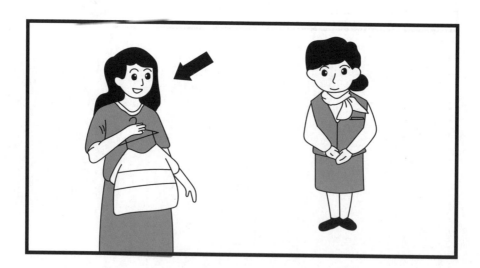

3ばん

4ばん

問題5では、問題用紙に何もいんさつされていません。まず文を聞いてください。それから、そのへんじを聞いて、1から3の中から、最もよいものを一つえらんでください。

―メモ―

模擬試験 第1回 正答表

言語知識（文字・語彙）

問題1	1 ②	2 ③	3 ①	4 ④	5 ③	6 ②	7 ①	8 ④
問題2	9 ③	10 ②	11 ④	12 ①	13 ③	14 ③		
問題3	15 ①	16 ③	17 ②	18 ④	19 ②	20 ④	21 ①	22 ④
	23 ③	24 ②	25 ④					
問題4	26 ④	27 ③	28 ①	29 ②	30 ④			
問題5	31 ②	32 ①	33 ③	34 ②	35 ④			

言語知識（文法）

問題1	1 ③	2 ①	3 ②	4 ②	5 ④	6 ③	7 ④	8 ①
	9 ②	10 ④	11 ①	12 ③	13 ③			
問題2	14 ④ (1342)	15 ① (2134)	16 ④ (3241)					
	17 ④ (1324)	18 ① (2413)						
問題3	19 ④	20 ①	21 ②	22 ③	23 ④			

読解

問題4	24 ②	25 ②	26 ④	27 ③		
問題5	28 ④	29 ③	30 ③	31 ③	32 ④	33 ①
問題6	34 ④	35 ②	36 ①	37 ③		
問題7	38 ①	39 ①				

聴解

問題1	1 ②	2 ③	3 ②	4 ④	5 ①	6 ④			
問題2	1 ②	2 ④	3 ②	4 ③	5 ③	6 ③			
問題3	1 ①	2 ②	3 ②						
問題4	1 ③	2 ①	3 ②	4 ①					
問題5	1 ①	2 ①	3 ②	4 ②	5 ③	6 ②	7 ②	8 ②	9 ③

模擬試験 第1回 採点表

実際のテストは相対評価のため、この採点表の点数とは異なる可能性があります。

	問題	配点	満点	正解の数	点数
文字語彙	問題1	1点x8問	8		
	問題2	1点x6問	6		
	問題3	1点x11問	11		
	問題4	1点x5問	5		
	問題5	1点x5問	5		
	合計		35		

予想点数の計算方法：言語知識(文字語彙・文法) [   ]点÷35×60=[   ]点

	問題	配点	満点	正解の数	点数
文法	問題1	1点x13問	13		
	問題2	1点x5問	5		
	問題3	1点x5問	5		
読解	問題4	1点x4問	4		
	問題5	1点x6問	6		
	問題6	1点x4問	4		
	問題7	1点x2問	2		
	合計		39		

予想点数の計算方法：読解 [   ]点÷39×60=[   ]点

	問題	配点	満点	正解の数	点数
聴解	問題1	1点x6問	6		
	問題2	1点x6問	6		
	問題3	1点x3問	3		
	問題4	1点x4問	4		
	問題5	1点x9問	9		
	合計		28		

予想点数の計算方法：聴解 [   ]点÷28×60=[   ]点

模擬試験 第1回 聴解スクリプト

問題1

例　　　　　　　　　　　　　　　　　　正答 ③

学校で先生が話しています。学生は、英会話の先生と昼食を食べたいとき、どのように申し込みますか。

男：ええと、英会話の先生と昼食を食べたい人は、必ず朝の10時までに申込書を出してください。

女：どこに出したらいいですか。

男：職員室の入り口の前に箱がありますので、そこに入れてください。それから、申込書には必ず名前を書いてくださいね。友達と一緒に参加したい場合は、一人一枚書いて出すようにしてください。

女：はい。

男：あと、先生たちのスケジュールは、食堂の前の掲示板に貼ってあります。毎週金曜日に貼り替えるので、そこで確認してくださいね。

女：毎日申し込んでもいいですか？

男：もちろんいいですよ。

学生は、英会話の先生と昼食を食べたいとき、どのように申し込みますか。

1　先生にもうしこみしょを出す
2　友達と一緒にもうしこみしょを出す
3　もうしこみしょに名前を書いて箱に入れる
4　けいじばんに名前を書く

1番　　　　　　　　　　　　　　　　　正答 ②

会社で女の先輩と男の人が話しています。男の人は、出張の日までに何をしますか。

女：松下さん、急に明後日大阪に出張になったけど、飛行機の予約はしてくれた？

男：はい、できました。

女：ありがとう。今回は初めてのお客様だね。

男：そうですね、緊張します。

女：しっかり準備すれば心配ないよ。特に、相手の会社のことを詳しく調べておくのが大切だから、まず情報をまとめてみて。商品説明の資料は私が印刷しておくよ。

男：わかりました。

女：あと、松下さんの名刺だけど。

男：すみません、これから注文します。

女：あ、さっき注文したよ。とりあえず、さっきのやってみてね。

男の人は、出張の日までに何をしますか。

1　ひこうきのチケットを取る
2　お客さまのじょうほうをまとめる
3　しりょうをよういする
4　めいしをちゅうもんする

2番　　　　　　　　　　　　　　　　　正答 ③

図書館で男の学生と女の人が話しています。男の学生は本をいつ返しに来ますか。

男：あの、本はいつまで借りることができますか。

女：借りた日から一週間なので、来週の金曜日までです。

男：そうなんですね。再来週の月曜日に試験があるので、それまでこの本を借りることはできませんか。

女：返すのが遅れると、その後の一週間は本を借りられなくなってしまうので、延期の申し込みをすればもう一週間借りることができますよ。

男：じゃあ、そうします。試験の日に返しに来ますね。

女：あ、その日は図書館を工事しているので開いてないんです。

男：そうですか、ではその次の日に来ます。

女：はい、お待ちしています。

男の学生は本をいつ返しに来ますか。

1　月曜日
2　水曜日
3　火曜日
4　金曜日

3番

会社で女の先輩と男の人が今週の会議について話しています。男の人は会議に何を持っていかなければなりませんか。

女：お疲れ様。そういえば、言わなくちゃいけないことがあったんだ。今週金曜日の会議のことなんだけど、5階から3階の会議室に変わったから。

男：3階ですか、わかりました。

女：うん。それから、松下さんに会議の記録を残してほしいんだ。

男：記録ですか。ノートに書いてもよろしいでしょうか。

女：前まではノートだったんだけど、聞いてから書くのは大変だから、今回からパソコンで記録しようと思って。

男：わかりました。

女：それと、昨日渡した会議用の資料も忘れないようにね。

男：はい。あっ、マイクは用意しますか？

女：マイクは会議室にあるから大丈夫だよ。

男：わかりました。

男の人は会議に何を持っていかなければなりませんか。

1　パソコンとマイク

2　パソコンとしりょう

3　ノートとマイク

4　ノートとしりょう

4番

学校のクラブで、女の人と男の人が話しています。男の人はこのあとまず何をしますか。

女：村上さんお疲れ様。今夜の歓迎会の準備をしていたんだけど、妹が熱を出したから今すぐ帰らなきゃいけなくなったの。やること多いのにごめんね。

男：それは大変ですね。

女：急で悪いんだけど、みんなの分のコップを買い忘れちゃって、私が行けないから、近くのスーパーに買いに行ってほしいんだ。机を並べるのもお願いしたいんだけど、まずは買い物に行ってくれる？

男：大丈夫ですよ。

女：それと、新入生のなふだを作りたいんだけど、やることが落ち着いたらそこにリストがあるから、順番に書いていってくれる？

男：わかりました。

男の人はこのあとまず何をしますか。

1　家に帰る

2　つくえをじゅんびする

3　なふだを書く

4　買い物に行く

5番

花屋で店長と店員が話しています。店員はこのあとまず何をしますか。

男：泉さん、お店にある全ての花の数を確認してほしいんだけど、今時間ある？

女：今、イベントのチラシを作っています。

男：ああ、ありがとう。でもまだ先のことだから今日はいいよ。

女：わかりました。確認は、すぐには終わらないですよね。この後、お客様から予約で受けていたお花も用意しないといけなくて。

男：そうか。そんなときに申し訳ないんだけど、これも急いでやらないといけなくて、ほかにできる人がいないから泉さんにお願いしたいんだ。お客様からの予約はどんな内容？

女：お花を包んで、メッセージカードを付けてほしいとのことでした。

男：なるほど。それだったら、やったことがある木下さんにお願いしておくから。

女：はい。では、今からやります。

店員はこのあとまず何をしますか。

1　花の数をかくにんする

2　イベントのチラシを作る

3　よやくで受けた花をよういする

4　木下さんに仕事をお願いする

6番

女の人と男の人が話しています。女の人はいつ本を買いますか。

女：すみません、「森クラブ」という名前の雑誌を探しているのですが、なかなか見つけられなくて。

男：申し訳ありません。人気のため、すべて売れてしまったんです。ですが、今週の水曜日と土曜日に新しいのが届きます。今日は3日の月曜日ですので、明後日になりますね。

女：そうなんですか、残念。実は息子が雑誌についているおもちゃが欲しいと言っていたんですよ。

男：あ、そちらは別のものでして、まだ発売してないんですよ。今月の第4月曜日に発売の予定でして、今から3週間後ですね。

女：じゃあ、その日にまた来ます。

女の人はいつ本を買いますか。

1　水曜日5日
2　月曜日10日
3　水曜日26日
4　月曜日24日

問題2

例　　　　　　　正答②

大学で、男の人と女の人が話しています。女の人はどうして元気がないのですか。

男：どうしたの？なんか元気がないね。最近、宿題が多くてあまり寝ていないんじゃない？

女：それはいつものことだから慣れたよ。最近アルバイトを始めたって話したと思うんだけど。

男：ああ、パン屋さんの。残ったパンが無料でもらえて嬉しいって言ってたよね。

女：でも店が人気すぎて忙しいから大変なんだよ。もう辞めようかな。

男：ああ、わかった。彼氏に会う時間が少なくなって嫌なんでしょ。

女：それは関係ないよ、毎日連絡してるし。ああ、アルバイトのことを考えてたら気分が悪くなっちゃう。

女の人はどうして元気がないのですか。

1　宿題が多くて寝ていないから
2　アルバイトがいそがしいから
3　かれしに会えないから
4　気分が悪いから

1番　　　　　　　正答②

女の人と男の人が話しています。女の人はなぜ、今年留学に行くのをやめましたか。今年です。

女：今年も留学行けなくなったんだよね。

男：確かに、去年から新しいウイルスが流行っているもんね。

女：いや、それが理由じゃなくて、会社で大きな仕事をさせてもらえることになって、その仕事が終わるまでは辞められないみたいで。

男：すごいことだけど、君はそれでもいいの？

女：悩んだけど、その仕事は英語を使うから、留学する前のいい勉強になるかなって。

男：確かに、そうかもね。

女：来月の友達の結婚式にも参加できるしね。

女の人はなぜ、今年留学に行くのをやめましたか。

1　ウイルスがりゅうこうしたため
2　大きな仕事をさせてもらえるため
3　英語の勉強をするため
4　友達のけっこんしきに行くため

2番　　　　　　　正答④

うちで夫と妻が話しています。夫は何のために運動を始めましたか。

男：インターネットを見ていると、最近運動をしてる人が増えてるようだね。周りの知り合いも、トレーニングしてる姿を載せているのをよく見るよ。

女：へえ。

男：健康でいたくて始めた人もいるし、会社でのストレスを減らすために始める人も多いみたい。実は、僕はそれを知る前から運動を始めてたんだ。

女：なるほどね。まあ確かに、あなた昔と比べるとすごく太っちゃったし、やせたいって言ってたもんね。

男：そんなことよりも、休日にできる趣味がほしかったんだよ。

女：そうなんだ、それは大事だよね。私もあなたのことを言ってる場合じゃないわ。最近少し動いただけで疲れちゃって。

男：じゃあ、一緒に運動しようよ。そしたら体力がつくかも。

夫は何のために運動を始めましたか。

1　けんこうでいるため
2　体力をつけるため
3　むかしより太ったため
4　休みの日の楽しみを作るため

3番 正答 ②

コンビニで男の社員と女の人が、店の成績について話しています。売れた商品の表によると、店の成績がよくなったのはどうしてですか。

男：木下さんが店長になってからお店の成績が良くなったんだって？すごいね。

女：ありがとうございます。初めはお店の前で割引券を配っていたのですが、あまりお客さんが増えませんでした。そこで、夏には冷たい食べ物を、冬には温かい食べ物を外で売るようにしたんです。割引券を配るのはやめて。

男：店内でも売っているものだよね。

女：はい。それから、子どもから見える場所におもちゃを置いて、消費期限が近いお菓子の値段を下げてレジの前に置きました。

男：なるほど、レジの前か。お客さんがよく見るところに置いたのがよかったんだね。それで、一番効果があったのはどれ？さっき、一年間で売れた商品の表が届いてたよね。

女：はい。外で販売したものが大きく変わっていて、たなやレジに置いていたものはそこまで変わりませんでした。

男：そうか。

売れた商品の表によると、店の成績がよくなったのはどうしてですか。

1　わりびきけんをくばったから
2　**食べものを外ではんばいしたから**
3　安くしたおかしをレジの前においたから
4　子どもが好きなおもちゃをふやしたから

4番 正答 ③

テレビでアナウンサーがあるお店について話しています。このお店が話題になったのはどうしてだと言っていますか。

女：世界中で環境問題を考えることが多くなりました。日本でも、環境についてのニュースをよく見ますよね。そこで、地球に優しいと話題のお店に来てみました。最近、紙で作られた容器の商品が人気ですが、このお店はお客さんが持って来た容器に、直接洗剤を入れるサービスを始めました。新しい容器を買わないことでごみが減るので、積極的に利用するお客さんが増えました。来月からは、着なくなった服を回収して新しい商品を作る予定だそうです。

このお店が話題になったのはどうしてだと言っていますか。

1　かんきょうについてのニュースをよく見るから
2　紙で作られたようきが売っているから
3　**持ってきたようきに　せんざいを入れられるから**
4　着なくなった服であたらしいしょうひんを作ったから

5番 正答 ③

スーパーで店長と男の店員が話しています。男の店員は店について何が問題だと言っていますか。

女：新しいサービスを始めてからしばらく経ったけど、お客様の反応はどうかな？

男：そうですね、うちのスーパーは近所の方がよく来るので、商品の配達を利用するお客様がいるか不安でしたが、思っていたより利用者がいますし、特にお年寄りの方が多いですね。

女：そうだね。

男：はい。あと配達の商品をキャンセルするお客様が多いのが心配です。配達係の木下さんから聞いたんですけど、注文が多い休日なんかは配達が遅れてしまうので、届けに行ったときにはもう必要ないから受け取らないというお客様がいるそうです。

女：そうか、もっと早く届けられるように考えないといけないんだけど。今はバイクで配達しているから、運ぶ量を増やすことは難しいかもしれないね。

男の店員は店について何が問題だと言っていますか。

1　近所のお客さんが　りようしてくれない
2　おとしよりの方にサービスを使ってもらえない
3　**休日の　はいたつが　おくれてしまう**
4　バイクで商品を　はいたつすることができない

6番 正答 ③

家で夫と妻が話しています。二人はこのあとまずどうしますか。

男：昨日壊れた掃除機、修理してもらおう。駅の近くに新しく修理店ができたでしょ、すぐに直してくれるから、頼んでる人が多いみたい。

女：そうなんだ。でも、15年前に買ったやつだから直すのが大変そう。それにその店、修理費が高いって聞いたけど。

男：そっか。でも、結婚したときに買った思い出のものだから、直してまた使えたらいいな。そうだ、自分たちで修理してみる？

女：それは難しいんじゃない？どこが壊れてるかもわからないし、簡単に直せないと思う。もう電気屋に新しいの買いに行こうよ。

男：そうだね。じゃあ、今から見に行こう。

女：あ、そういえばその修理店、中古の商品も売ってるはず。ちょっと行ってみない？

男：また古いものを使うの？それなら修理してもらった方がいいんじゃない？

女：高い値段で修理してもまた壊れるかも。それに、中古店にはほとんど使われていない商品も置いてあるのよ。ほぼ新品のものを安く買えるかも。

男：わかったよ、そうしよう。

二人はこのあとまずどうしますか。

1　しゅうりやに　そうじきを持って行く
2　そうじを自分たちで直す
3　**ちゅうこの　そうじきを見に行く**
4　でんきやの　あたらしい　そうじきを買う

問題3

例　正答③

テレビでアナウンサーが話しています。

女：最近、会社に行かないで家で仕事をするというやり方を、多くの会社が行っています。インターネットを使えば、同じ場所にいなくても簡単に情報を伝えることができる便利な時代になりました。しかし、今回のインタビューで「家に家族がいるので仕事に集中できない」「わからないことがあってもすぐに相談ができない」「人との関わりがなくなり、ストレスがたまる」などの意見があることがわかりました。

アナウンサーは何について話していますか。

1　家で仕事をする理由
2　家での働き方
3　**家で仕事をすることの問題点**
4　家で仕事をする良い点

1番　正答①

男の人と女の人が話しています。

男：加藤さんはダンスが本当に上手だよね。実は大学でダンス部に入ったんだけど、なかなかうまく踊れなくて。一人で練習しているのがいけないのかな。

女：一人でもいいと思うけど、うまい人と比べながら踊った方がうまくなると思うよ。

男：確かに、そうかも。

女：一人でも、練習のやり方はいくつかあるよ。

男：レッスンに通うとか？

女：それでもいいし、最近はインターネットでお気に入りの先生のクラスを家で受けられるサービスもあるよ。

男：そんなのがあるんだね、知らなかったよ。ぜひやってみたいな。

女：じゃあ、そのサイト教えてあげるよ。あとでメール送るね。

二人は何について話していますか。

1　**ダンスの練習方法**
2　一人で練習することの楽しさ
3　好きな先生のレッスン内容
4　ダンスが見られるサイト

2番　正答②

ラジオで小説家が話しています。

男：私は、普通の会社に勤めながら小説家として本を書いています。しかし全く売れず、しばらく本を書くことをやめて小説家ではなく会社員として働くことを考えたこともありました。こうやって悩んでいるときにいつも読む本があるんですけど、この本を読むと自然と元気が出るんです。私もこの本のように、人に感動を与えることができる小説家になれるよう、これからもっと活動に力を入れていきたいと思っています。

小説家が伝えたいことは何ですか。

1　小説家をあきらめるということ
2　**小説家をこれからも続けるということ**
3　ふつうの会社員になるということ
4　しばらく本を書くことをやめるということ

3番

正答 ②

テレビで男の人が話しています。

男：美しい自然や涼しい風を感じられる場所で、毎日の疲れを忘れてゆっくりしませんか。こちらのカフェは町から少し離れた場所にあり、近くの川で釣りを楽しんだり、釣った魚を桜の木の下で食べたりすることができます。カフェの店員さんに釣った魚の料理の仕方を教えてもらうこともできます。夜は星が見えるテラスでおいしいコーヒーを楽しむのもいい時間を過ごせそうですね。

男の人は何について話していますか。

1　山の自然の美しさ
2　自然を楽しむことができるカフェ
3　魚料理の作り方
4　忘れられないコーヒーの味

問題4

例

正答 ②

花を買いたいです。何と言いますか。

女：1　ええ、一本だけですか。
**　　2　すみません、一本ください。**
　　3　そうですね、一本で十分です。

1番

正答 ③

後輩が残業でロボットを組み立てています。後輩に何と言いますか。

男：1　一緒に組み立てないの？
　　2　一緒に組み立ててもらえる？
**　　3　一緒に組み立てようか。**

2番

正答 ①

料理を用意しました。食べてもらいたいです。何と言いますか。

女：1　どうぞ召し上がってください。
　　2　どうぞ差し上げます。
　　3　お食べになります。

3番　正答 ②

壊れた時計を持って時計屋に行きます。修理のお願いをします。何と言いますか。

男：1　すみません、こちらでは直せません。

2　すみません、この時計を直してもらってもいいですか。

3　すみません、壊れてましたか。

4番　正答 ①

棚にある花びんが落ちそうです。友達に何と言いますか。

女：1　花びん、落ちちゃうよ。

2　花びん、落ちたよ。

3　花びん、まだ落ちてないよ。

問題5

例　正答 ③

女：午前中にこの資料まとめといてって言ったじゃん。

男：1　はい、部長のおかげです。

2　もうまとめてくれたんですね。

3　間に合わなくて、すみません。

1番　正答 ①

男：中本さんが引き受けてくれた仕事、大成功したそうですね。

女：1　はい、本当によかったです。

2　失敗しないように頑張ります。

3　やらせていただけるんですか。

2番　正答 ①

男：部長の確認が取れてからじゃないと、次の仕事ができない？

女：1　うん、大事なことだからね。

2　そうなんだ、確認できてたんだ。

3　そっか、確認よろしくね。

3番　正答 ②

女：こちらの飲み物はサービスです。どうぞお飲みください。

男：1　このサービスはもう終わりました。

2　そうなんですか、ありがとうございます。

3　飲んではいけませんか。

4番　正答 ②

女：それでは、今日はお先に失礼します。

男：1　いらっしゃいませ。

2　お疲れ様でした。

3　こちらでお待ちください。

5番　　　　　　　　　　　　　　　　正答 ③

女：えんぴつ貸してもらえない？家に忘れちゃった。

男：1　えんぴつ貸せないの？

　　2　僕は忘れてないけど。

　　3　いいよ、今日ずっと使っていいよ。

6番　　　　　　　　　　　　　　　　正答 ②

女：講演会まで時間があるから、そんなに急いで行くことはないね。

男：1　そうなんですか？大変ですね。

　　2　はい、ゆっくり行きましょう。

　　3　そうですね、走りましょう。

7番　　　　　　　　　　　　　　　　正答 ②

男：泉さん、泉さんのお子さんは今年おいくつになったんですか。

女：1　子どもたちは、5時頃帰ってきますよ。

　　2　娘は8歳で、息子は3歳になりました。

　　3　今年3人目の子どもが生まれました。

8番　　　　　　　　　　　　　　　　正答 ②

女：明日は朝5時に集合だから、寝坊しないようにね。

男：1　うん、集まりそうだね。

　　2　そうだね、今日は早く寝ないと。

　　3　まだ寝られないの？

9番　　　　　　　　　　　　　　　　正答 ③

女：もうすぐ子どもが生まれるから、広い家に引っ越すことにしたんだ。

男：1　生まれたの、おめでとう。

　　2　え、そんなことできるの？

　　3　そっか、遠くに行くの？

模擬試験 第2回 正答表

言語知識（文字・語彙）

問題1	1 ④	2 ①	3 ③	4 ②	5 ③	6 ④	7 ①	8 ②
問題2	9 ②	10 ③	11 ④	12 ③	13 ①	14 ②		
問題3	15 ④	16 ①	17 ③	18 ①	19 ④	20 ③	21 ②	22 ③
	23 ④	24 ②	25 ①					
問題4	26 ③	27 ②	28 ④	29 ③	30 ①			
問題5	31 ①	32 ②	33 ③	34 ④	35 ③			

言語知識（文法）

問題1	1 ①	2 ②	3 ①	4 ③	5 ②	6 ④	7 ③	8 ②
	9 ④	10 ③	11 ③	12 ①	13 ②			
問題2	14 ③（2134）	15 ②（3214）	16 ③（4321）					
	17 ①（2134）	18 ④（2143）						
問題3	19 ③	20 ②	21 ①	22 ④	23 ③			

読解

問題4	24 ③	25 ④	26 ④	27 ④			
問題5	28 ④	29 ②	30 ①	31 ②	32 ③	33 ④	
問題6	34 ④	35 ④	36 ①	37 ③			
問題7	38 ②	39 ③					

聴解

問題1	1 ②	2 ③	3 ④	4 ①	5 ②	6 ②			
問題2	1 ②	2 ②	3 ③	4 ①	5 ②	6 ③			
問題3	1 ①	2 ④	3 ④						
問題4	1 ②	2 ①	3 ①	4 ③					
問題5	1 ①	2 ②	3 ②	4 ②	5 ①	6 ③	7 ②	8 ③	9 ②

模擬試験 第2回 採点表

実際のテストは相対評価のため、この採点表の点数とは異なる可能性があります。

	問題	配点	満点	正解の数	点数
文字語彙	問題1	1点x8問	8		
	問題2	1点x6問	6		
	問題3	1点x11問	11		
	問題4	1点x5問	5		
	問題5	1点x5問	5		
	合計		35		

予想点数の計算方法：言語知識(文字語彙・文法) [　　　　　]点÷35×60=[　　　　　]点

	問題	配点	満点	正解の数	点数
文法	問題1	1点x13問	13		
	問題2	1点x5問	5		
	問題3	1点x5問	5		
読解	問題4	1点x4問	4		
	問題5	1点x6問	6		
	問題6	1点x4問	4		
	問題7	1点x2問	2		
	合計		39		

予想点数の計算方法：読解 [　　　　　]点÷39×60=[　　　　　]点

	問題	配点	満点	正解の数	点数
聴解	問題1	1点x6問	6		
	問題2	1点x6問	6		
	問題3	1点x3問	3		
	問題4	1点x4問	4		
	問題5	1点x9問	9		
	合計		28		

予想点数の計算方法：聴解 [　　　　　]点÷28×60=[　　　　　]点

問題1

例　　　　　　　　　　　　　　正答 ③

学校で先生が話しています。学生は、英会話の先生と昼食を食べたいとき、どのように申し込みますか。

男：ええと、英会話の先生と昼食を食べたい人は、必ず朝の10時までに申込書を出してください。

女：どこに出したらいいですか。

男：職員室の入り口の前に箱がありますので、そこに入れてください。それから、申込書には必ず名前を書いてくださいね。友達と一緒に参加したい場合は、一人一枚書いて出すようにしてください。

女：はい。

男：あと、先生たちのスケジュールは、食堂の前の掲示板に貼ってあります。毎週金曜日に貼り替えるので、そこで確認してくださいね。

女：毎日申し込んでもいいんですか？

男：もちろんいいですよ。

学生は、英会話の先生と昼食を食べたいとき、どのように申し込みますか。

1　先生にもうしこみしょを出す
2　友達と一緒にもうしこみしょを出す
3　**もうしこみしょに名前を書いて箱に入れる**
4　けいじばんに名前を書く

1番　　　　　　　　　　　　　正答 ②

会社で男の人と女の人が話しています。女の人はこれから何をしますか。

男：中本さん、夕方に会議があるんだけど、準備がまだできてなくて。

女：大丈夫ですか？

男：うーん、会議には間に合うかな。それで、申し訳ないんだけど会議の資料を印刷しておいてもらえる？

女：はい、わかりました。

男：あと、そろそろ大阪支店の部長がこっちに着くから、お茶を出してあげてね。

女：はい、さっき到着されてお茶を出しました。あ、会議室の机の準備はしますか。

男：ありがとう。それはもう準備してあるよ。そうだ、課長は今日まで出張で会議に参加できるかわからないって言ってたから電話で確認してもらえるかな。

女：はい。わかりました。

女の人はこれから何をしますか。

1　アイ
2　**アエ**
3　イウ
4　ウエ

2番　　　　　　　　　　　　　正答 ③

パン屋を経営している夫と妻が話しています。夫は広告をどうしますか。

男：新しいパンの広告を作ったから、見てほしいんだ。新しいパンの写真を使ったのはいいんだけど、小さいかな？

女：十分大きいと思うけど。そうね、商品の割引券がついているのもいいわね。これだったら、お客さんが買いに来てくれるかも。でも、商品の名前に使っている色は変えたほうがいいわ。黒じゃなくて、赤なんてどう？

男：えっ、あんまり合わないような気がする。

女：そう？でもここは色を変えて欲しいな。それ以外は大丈夫よ。ここに来るまでの地図も、ちゃんと書かれているし。

男：わかったよ。

夫は広告をどうしますか。

1　写真を大きくする
2　わりびきけんをつける
3　**名前の色をかえる**
4　地図をくわえる

3番 　　　　　　　　　　正答 ④

ピザ屋で、男の人と女の人が話しています。女の人はまず何をしますか。

男：加藤さん、申し訳ないのですが、今日この後一時間だけ残業できませんか？夕方の予約がいっぱいで、三人じゃ人が足りないんです。
女：大丈夫ですよ。
男：配達は中本さん、レジはアルバイトの村上さんにやってもらうから、加藤さんにはピザ作りを手伝ってほしいです。
女：わかりました。
男：これが、これから配達する住所と注文なんですけど、順番がばらばらなのでリストをまとめ直してもらえませんか。リストがあると、ピザを作る順番がわかりやすいので。
女：はい、わかりました。

女の人はまず何をしますか。

1　はいたつをする
2　レジをする
3　ピザを作るじゅんばんを考える
4　リストをせいりする

4番 　　　　　　　　　　正答 ①

水泳教室で先生が話しています。水泳教室に入りたい人はまず何をしなければなりませんか。

男：では、うちの水泳教室に入るまでの流れについて話したいと思います。入会したい方には、レッスンの参加の予約をしてもらい実際に泳いでもらいます。クラスは初級・中級・上級に分かれていますので、それぞれの先生が泳いでいる様子を見てクラスを決めます。レッスンが終わったあと、みなさんが入るクラスをメールで送りますので確認してください。そのメールに、クラスごとに行う説明会の日時が載っています。申込書はその日に持ってくるようお願いします。

水泳教室に入りたい人はまず何をしなければなりませんか。

1　レッスンのよやくをする
2　入会のもうしこみをする
3　クラスのせつめい会に行く
4　メールを見る

5番 　　　　　　　　　　正答 ②

飲食店で、店長と女の人がアルバイト募集の広告について話しています。女の人はこのあとすぐ、広告のどこを直さなければなりませんか。

男：木村さん、新しく作ってくれている広告、見たよ。いい感じだね。
女：本当ですか、ありがとうございます。ただ、お店の写真が古いものなので、明日の開店前に写真を撮って載せ直す予定です。
男：うん、そうだね。営業時間だけど、書いてくれた時間間違ってない？夜は、11時までのはずだよね。
女：はい。3か月後には営業時間が変わると聞いたので、変えておいたんです。
男：ああ、なるほどね。でも3か月後だから、今の時間を書いておいてね。またそのときになったら変えればいいから。あと募集の内容のところ、時給や仕事内容の情報は間違っていないかな。
女：はい、社員の鈴木さんにも見ていただきました。
男：そうか。それとうちのお店、去年場所が変わったけど、お店までのアクセスはきちんと確認してくれたかな。
女：はい。何度も確認をしました。

女の人はこのあとすぐ、広告のどこを直さなければなりませんか。

1　お店の写真
2　えいぎょう時間
3　ぼしゅうのないよう
4　お店までのアクセス

6番　正答 ②

図書館で女の人と男の人が話しています。男の人はこのあとまず何をしますか。

女：明日の本を読む会のことなんだけど、机の上にお菓子と本の用意をしておくようにお願いしていたよね。

男：はい、これから用意するところです。

女：ありがとう。予定より人数が多かったら使う部屋を変えようと思ってるの。それで、参加の締め切りがもう終わってるからホームページで人数の確認をしてほしいんだ。

男：わかりました。

女：窓の飾りは私が付けるね。部屋が変わる場合は、他の人たちにも伝えておいてね。よろしく。

男：はい、わかりました。

男の人はこのあとまず何をしますか。

1　本を用意する
2　さいしゅうにんずうを　かくにんする
3　まどにかざりを付ける
4　ほかの人たちに伝える

問題2

 例　正答 ②

大学で、男の人と女の人が話しています。女の人はどうして元気がないのですか。

男：どうしたの？なんか元気がないね。最近、宿題が多くてあまり寝ていないんじゃない？

女：それはいつものことだから慣れたよ。最近アルバイトを始めたって話したと思うんだけど。

男：ああ、パン屋さんの。残ったパンが無料でもらえて嬉しいって言ってたよね。

女：でも店が人気すぎて忙しいから大変なんだよ。もう辞めようかな。

男：ああ、わかった。彼氏に会う時間が少なくなって嫌なんでしょ。

女：それは関係ないよ、毎日連絡してるし。ああ、アルバイトのことを考えてたら気分が悪くなっちゃう。

女の人はどうして元気がないのですか。

1　宿題が多くて寝ていないから
2　アルバイトがいそがしいから
3　かれしに会えないから
4　気分が悪いから

1番　正答 ②

学校で男の学生と女の学生が話しています。女の学生はどうして海外旅行をしませんか。

男：もうすぐ冬休みだね。そういえば、冬休みに海外旅行をしたいって言ってたけど、どっか行くの？旅行の本を買ってたよね？

女：ああ、それが、バイトを頑張ってたんだけど思うようにお金がたまらなくて。

男：そうだったの？

女：国内だったら安く行けるところもあるし、国内旅行も悪くないなと思ったんだけど。もっとお金をためてから来年海外旅行しようかなと思って、今回はやめたの。

男：そうだったんだ。でも来年は就職活動で忙しいんじゃない？国内でも安く行ける場所、一緒に探そうか？

女：ううん、いいの。今年は、近所の遊園地に行ったり映画みに行ったりして一緒に遊ぼうよ。

女の学生はどうして海外旅行をしませんか。

1　旅行の本を買っていないから
2　お金がたりないから
3　国内で旅行することにしたから
4　友達と遊びたかったから

2番　正答 ②

会社で部長と女の人が話しています。女の人はどうやって新入社員と親しくなることができましたか。

男：最近、新入社員の子とよく話しているよね。どうやって親しくなったの？

女：はい。私も最初は、どうすれば新入社員の子と親しくなることができるか悩んでいましたが、それを見ていた先輩が、「一緒にご飯を食べに行ったりお酒を飲みに行ったりすると、自然と親しくなることができるよ。」と教えてくださったんです。

男：そうなんだ。

女：それから一緒にご飯を食べに行こうと誘ってみたのですが、新入社員の子が緊張してしまってあまり話すことができませんでした。なので、お酒を飲みに行こうと誘ったんです。お酒を飲んでいると、だんだん緊張がなくなり趣味の話や仕事の悩みまで聞くことができるようになりました。

男：休みの日にどこか遊びに行くこともあるの？

女：はい。年齢が近い社員を集めて、来週の土曜日に山登りをする計画も立てています。

女の人はどうやって新入社員と親しくなることができましたか。

1　食事にさそう
2　いっしょにおさけを飲む
3　毎週土曜日は遊ぶやくそくをする
4　ねんれいが近い社員だけで仕事をする

3番　　　　　　　正答 ③

靴屋で店員と男の人が話しています。男の人は何を確認するために来店しましたか。

女：いらっしゃいませ。何かお探しですか？

男：あの、前に来たときに気になっていた靴をもう一度見に来たんですが。

女：どの靴だったか覚えていますか？

男：えーっと、あの二段目の靴です。

女：こちらですね。

男：はい。この靴は、汚れが落ちやすいように加工がされているんですよね？どのくらいの汚れが取れますか？

女：油などの汚れは落ちにくいですが、砂やどろなどの汚れでしたら水で簡単に落とせますよ。

男：そうなんですね。サッカーをする予定なので、これにします。

女：ありがとうございます。サイズはこれでよろしいですか？

男：はい。大丈夫です。

女：替えの靴ひもはいかがですか。今、靴ひもを一緒に買っていただくと、無料で一回靴のお掃除をさせていただいています。合計金額は少し高くなりますが。

男：では、それもください。

男の人は何を確認するために来店しましたか。

1　くつの大きさ
2　くつのむりょうサービス
3　くつのとくちょう
4　くつのりょうきん

4番　　　　　　　正答 ①

学校で男の学生と女の学生が話しています。男の学生はこれからどうやってアルバイトを探すことにしましたか。

男：パクさん、ぼく、夏休みの間だけもう一つアルバイトをしたいと思ってるんだけど、いいアルバイト知らない？あ、でもパクさんはアルバイトしてないんだっけ。

女：うん、そうなの。あ、そういえば私の友達が働いてるお店、働ける人を探してるって言ってたよ。

男：本当？インターネットで調べてみたけど、募集がたくさんあってどこにしようか迷ってて。

女：その友達が働いてる飲食店は、夜から朝まで働ける人を探してるんだって。

男：ああ、夜中のアルバイトなんだ。そういう募集のチラシがこの前家に届いたんだけど、朝と夜が逆の生活になっちゃうんじゃないかと思ってやめたんだ。

女：じゃあ、気になってるお店にいくつか行って決めるなんてどう？

男：確かにそれもいいね。でも、すぐに働きたくて。そうだなあ、今やってるアルバイトはお昼から夜に働けるのはいいかもしれないね。まだ募集してるか、その友達に聞いてもらえる？

女：うん、いいよ。

男の学生はこれからどうやってアルバイトを探すことにしましたか。

1　パクさんにしょうかいしてもらう
2　インターネットでしらべる
3　ぼしゅうのチラシを見る
4　いろいろな店に行く

5番

会社で男の人と女の人が話しています。女の人は会社を辞めたら、まずどうすると言っていますか。

男：田中さんは今の仕事を辞めたら、日本語学校で働くんだよね。教師の免許を取るために勉強頑張ってるもんね。

女：実は、友達の誘いで就職が決まってたんだけど、もっとやりたいことが見つかったからやめたんだ。

男：え、そうだったの？

女：うん。うちの会社、いろんな国の人が働いてるでしょ。それで、外国で生活するってどんな感じなのか興味を持っちゃって。

男：じゃあ、海外に住むの？

女：再来年まで、世界を自由に旅して実際にいろいろな国の文化をみてみようと思うの。そのあと、自分が住みたいと思った国で仕事を探す予定なんだ。

男：色々な国の人と話すなら英語が話せないといけないね。

女：そうなの。仕事に誘ってくれたその友達は英語もできるから、休日に教えてもらってるんだ。会社を辞めるまでだけどね。

男：そうなんだ、応援してるよ。

女の人は会社を辞めたら、まずどうすると言っていますか。

1 日本語学校にしゅうしょくする
2 世界をたびする
3 かいがいで仕事をさがす
4 英語をおしえてもらう

6番

テレビで男の人が建築について話しています。男の人が家を建てるときに一番大切にしていることはなんですか。

男：私は家を建てる仕事をしています。一度買った家には長く住みたい、安全に生活したいと思う方が多いと思います。そのために、年齢に関係なく住める家を作ることをいつも考えています。例えば、かべの角を丸くすることで、お年寄りの方も子どもも転んでけがをすることを防ぐことができますよね。こういった工夫が家を建てるときに必要だと思うんです。

男の人が家を建てるときに一番大切にしていることはなんですか。

1 長く住める家にすること
2 あんぜんに家をたてること
3 ねんれいに　かんけいなく住めるようにすること
4 かべを丸くつくること

問題3

テレビでアナウンサーが話しています。

女：最近、会社に行かないで家で仕事をするというやり方を、多くの会社が行っています。インターネットを使えば、同じ場所にいなくても簡単に情報を伝えることができる便利な時代になりました。しかし、今回のインタビューで「家に家族がいるので仕事に集中できない」「わからないことがあってもすぐに相談ができない」「人との関わりがなくなり、ストレスがたまる」などの意見があることがわかりました。

アナウンサーは何について話していますか。

1 家で仕事をする理由
2 家での働き方
3 家で仕事をすることの問題点
4 家で仕事をする良い点

1番

テレビでアナウンサーが話しています。

女：皆さん、映画館でくつを脱いで、足をのばしながらゆっくりできたらいいなと思ったことはありませんか。実はここ、普通の映画館に見えますが、とてもゆっくりすることができるとインターネットで話題になっています。なんと、ソファーやベッドに寝ながら映画を楽しむことができます。今までの映画館では、すぐにとなりに人が座っていたり、姿勢を変えたくても変えられなかったりしましたよね。この映画館にはほかにも、飲み物や食べ物の種類が多かったり、席にテーブルがついていたりするんですよ。考えただけでもわくわくしちゃいますね。

アナウンサーは何について話していますか。

1　この映画館の特徴
2　映画館に来た人の感想
3　映画をみるときのルール
4　映画館で映画をみる良さ

2番　　　　　　　　　　　正答 ④

テレビでアナウンサーが歌手にインタビューしています。

男：初めてのCDの発売、おめでとうございます。

女：ありがとうございます。プロの歌手を目指して10年間活動をしてきました。なかなか結果が出ず、自信がなくなって何度も歌手をやめようと思いましたが、苦しくても夢をあきらめませんでした。そしてやっと今回音楽会社から声をかけていただきました。皆さんの応援のおかげです。これからもよろしくお願いします。

歌手が言いたいことは何ですか。

1　早く結果を出したい
2　自信を持つことは大切だ
3　音楽会社を歌で応援したい
4　ファンの方への感謝

3番　　　　　　　　　　　正答 ④

ラジオでパン屋の店長が話しています。

男：5年前に夢だったパン屋を開きましたが、なかなか人気が出ませんでした。そこで、店の周りには保育園や公園が多いことから、子ども達が好きそうな甘いパンを売り始めました。すると午前中にすべて売れてしまうほど人気になったんです。もちろん、大人が好きそうなパンも置いていて、家族で楽しめるパン屋を目指してきました。こうして、お客さんに喜んでもらえるように、新しい商品を毎日考えています。

店長はお店の何について話していますか。

1　パン屋を開く方法
2　保育園で販売する理由
3　新しいパンの販売予定
4　お店が人気になった理由

問題4

例　　　　　　　　　　　正答 ②

花を買いたいです。何と言いますか。

女：1　ええ、一本だけですか。
　　2　すみません、一本ください。
　　3　そうですね、一本で十分です。

1番　　　　　　　　　　　正答 ②

ずっと前からまんがを借りていました。友達に何と言いますか。

男：1　ごめん、これ読んでいい？
　　2　遅くなってごめん、これ返すよ。
　　3　それ貸しちゃったんだよね、ごめん。

2番

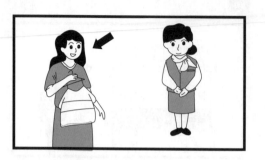

服屋に来ています。服を試したいです。何と言いますか。

女：1　着てみてもいいですか。
　　 2　こちらをお試しください。
　　 3　着ていただけませんか。

3番

客が買う商品を悩んでいます。客に何と言いますか。

女：1　よろしければ、ご説明いたしましょうか。
　　 2　ご説明お願いいたします。
　　 3　ただいま、ご説明しております。

4番

宿題が難しくて終わりません。問題をどうやって解くか知りたいです。何と言いますか。

女：1　問題を解いたばかりですが。
　　 2　問題をもっと解きたいんです。
　　 3　問題の解き方を教えてください。

問題5

例 正答 ③

女：午前中にこの資料まとめといてって言ったじゃん。

男：1　はい、部長のおかげです。
　　 2　わかりました、すぐやります。
　　 3　間に合わなくて、すみません。

1番

男：佐藤さんが書いた卒業論文、お読みになりましたか？

女：1　いいえ、まだです。
　　 2　私はまだ書いてないんです。
　　 3　ご覧になりましたか？よかったですよね。

2番

男：こちらの商品が無くなり次第、お店を閉めるつもりです。

女：1　実はもう無いんですよ。
　　 2　では、それを一つください。
　　 3　はい、買えませんでした。

3番　　　　　　　　　正答 ②

男：聞いてよ、5歳も年下の弟に身長を追い越されちゃったんだよ。

女：1 5歳も年下の弟とけんかしたの？
　　2 本当？そんなに大きくなったんだ。
　　3 じゃあ、仕方ないね。

4番　　　　　　　　　正答 ②

女：加藤さんの代わりに、荷物受け取れる？

男：1 それなら加藤さんからもらいましたよ。
　　2 あ、その荷物はいつ届きますか。
　　3 今日、荷物は送りませんよ。

5番　　　　　　　　　正答 ①

女：店長、あのう、明日の開店準備私にも手伝わせてください。

男：1 助かるよ。
　　2 うん、できそうだね。
　　3 いつも大変だね。

6番　　　　　　　　　正答 ③

女：映画の席を予約しよう。どの席が一番みやすい？

男：1 うん、みやすいね。
　　2 予約でいっぱいなら仕方ないね。
　　3 後ろの席がいいと思うよ。

7番　　　　　　　　　正答 ②

男：来年、引っ越しするんだよね？泉さんから不動産を紹介してもらったら？

女：1 自分たちで運ぶので大丈夫です。
　　2 いいですね、お願いしてみます。
　　3 はい、泉さんは引っ越したんですよ。

8番　　　　　　　　　正答 ③

男：今年の文化祭は、食べ物だけでなく服も売ってるらしいよ。

女：1 残念、食べたかったなあ。
　　2 え、服も売ってないの。
　　3 そうなんだ、知らなかったよ。

9番　　　　　　　　　正答 ②

男：森選手はやっぱり強いな。今回の試合も負けるわけがないね。

女：1 うん、負けそうだね。
　　2 そうだね、負けたことがないもんね。
　　3 強いのに。負けちゃったね。

JLPT N3この一冊で合格する

2024年5月1日　初版第2刷発行

著者	日本語の森　日本語研究所
発行所	日本語の森株式会社
	〒190-0011
	東京都立川市高松町3-23-6
	03-5989-0589
	https://nihongonomori.com/
発売	日販アイ・ピー・エス株式会社
	〒113-0034
	東京都文京区湯島1-3-4
	03-5802-1859
印刷	シナノ印刷株式会社

N3

げんごちしき (もじ・ごい)

じゅけんばんごうをかいて、そのしたのマークらんにマークしてください。
fill in your examinee registration number in this box, and then mark the circle for each digit of the number.

じゅけんばんごう
(Examinee Registration Number)

あなたのなまえをローマじのかつじたいでかいてください。   Please print in block letters

なまえ
Name

問題 1

1	①	②	③	④
2	①	②	③	④
3	①	②	③	④
4	①	②	③	④
5	①	②	③	④
6	①	②	③	④
7	①	②	③	④
8	①	②	③	④

問題 2

9	①	②	③	④
10	①	②	③	④
11	①	②	③	④
12	①	②	③	④
13	①	②	③	④
14	①	②	③	④

問題 3

15	①	②	③	④
16	①	②	③	④
17	①	②	③	④
18	①	②	③	④
19	①	②	③	④
20	①	②	③	④
21	①	②	③	④
22	①	②	③	④
23	①	②	③	④
24	①	②	③	④
25	①	②	③	④

問題 4

26	①	②	③	④
27	①	②	③	④
28	①	②	③	④
29	①	②	③	④
30	①	②	③	④

問題 5

31	①	②	③	④
32	①	②	③	④
33	①	②	③	④
34	①	②	③	④
35	①	②	③	④

せいねんがっぴをかいてください。
Fill in your date of birth in the box.

せいねんがっぴ(Date of Birth)

ねん Year	つき Month	ひ Day

じゅけんばんごう
(Examinee Registration Number)

せいねんがっぴ(Date of Birth)

ねん Year	つき Month	ひ Day

N3

げんごちしき (ぶんぽう)・どっかい

なまえ
Name

問題 1

	①	②	③	④
1	①	②	③	④
2	①	②	③	④
3	①	②	③	④
4	①	②	③	④
5	①	②	③	④
6	①	②	③	④
7	①	②	③	④
8	①	②	③	④
9	①	②	③	④
10	①	②	③	④
11	①	②	③	④
12	①	②	③	④
13	①	②	③	④

問題 2

14	①	②	③	④
15	①	②	③	④
16	①	②	③	④
17	①	②	③	④
18	①	②	③	④

問題 3

19	①	②	③	④
20	①	②	③	④
21	①	②	③	④
22	①	②	③	④
23	①	②	③	④

問題 4

24	①	②	③	④
25	①	②	③	④
26	①	②	③	④
27	①	②	③	④

問題 5

28	①	②	③	④
29	①	②	③	④
30	①	②	③	④
31	①	②	③	④
32	①	②	③	④
33	①	②	③	④

問題 6

34	①	②	③	④
35	①	②	③	④
36	①	②	③	④
37	①	②	③	④

問題 7

38	①	②	③	④
39	①	②	③	④

N3

ちょうかい

あなたのなまえをローマじのかつじたいでかいてください。　　Please print in block letters

なまえ Name	

じゅけんばんごう (Examinee Registration Number)

じゅけんばんごうをかいて、そのしたのマークらんにマークしてください。
Fill in your examinee registration number in this box, and then mark the circle for each digit of the number.

せいねんがっぴ(Date of Birth)

せいねんがっぴをかいてください。
Fill in your date of birth in the box.

ねん Year	つき Month	ひ Day

もんだい 1

	①	②	③	④
れい	①	●	③	④
1	①	②	③	④
2	①	②	③	④
3	①	②	③	④
4	①	②	③	④
5	①	②	③	④
6	①	②	③	④

もんだい 2

	①	②	③	④
れい	①	●	③	④
1	①	②	③	④
2	①	②	③	④
3	①	②	③	④
4	①	②	③	④
5	①	②	③	④
6	①	②	③	④

もんだい 3

	①	②	③	④
れい	①	●	③	④
1	①	②	③	④
2	①	②	③	④
3	①	②	③	④

もんだい 4

れい	●	②	③
1	①	②	③
2	①	②	③
3	①	②	③
4	①	②	③

もんだい 5

れい	①	●	③
1	①	②	③
2	①	②	③
3	①	②	③
4	①	②	③
5	①	②	③
6	①	②	③
7	①	②	③
8	①	②	③
9	①	②	③

N3

げんごちしき (もじ・ごい)

✂

じゅけんばんごう
(Examinee Registration Number)

せいねんがっぴ(Date of Birth)

ねん Year	つき Month	ひ Day

あなたのなまえをローマじのかつじたいでかいてください。　　　Please print in block letters

なまえ Name	

問題 1

1	①	②	③	④
2	①	②	③	④
3	①	②	③	④
4	①	②	③	④
5	①	②	③	④
6	①	②	③	④
7	①	②	③	④
8	①	②	③	④

問題 2

9	①	②	③	④
10	①	②	③	④
11	①	②	③	④
12	①	②	③	④
13	①	②	③	④
14	①	②	③	④

問題 3

15	①	②	③	④
16	①	②	③	④
17	①	②	③	④
18	①	②	③	④
19	①	②	③	④
20	①	②	③	④
21	①	②	③	④
22	①	②	③	④
23	①	②	③	④
24	①	②	③	④
25	①	②	③	④

問題 4

26	①	②	③	④
27	①	②	③	④
28	①	②	③	④
29	①	②	③	④
30	①	②	③	④

問題 5

31	①	②	③	④
32	①	②	③	④
33	①	②	③	④
34	①	②	③	④
35	①	②	③	④

じゅけんばんごう
(Examinee Registration Number)

せいねんがっぴ(Date of Birth)

ねん Year	つき Month	ひ Day

N3

げんごちしき（ぶんぽう）・どっかい

なまえ
Name

問題 1

1	①	②	③	④
2	①	②	③	④
3	①	②	③	④
4	①	②	③	④
5	①	②	③	④
6	①	②	③	④
7	①	②	③	④
8	①	②	③	④
9	①	②	③	④
10	①	②	③	④
11	①	②	③	④
12	①	②	③	④
13	①	②	③	④

問題 2

14	①	②	③	④
15	①	②	③	④
16	①	②	③	④
17	①	②	③	④
18	①	②	③	④

問題 3

19	①	②	③	④
20	①	②	③	④
21	①	②	③	④
22	①	②	③	④
23	①	②	③	④

問題 4

24	①	②	③	④
25	①	②	③	④
26	①	②	③	④
27	①	②	③	④

問題 5

28	①	②	③	④
29	①	②	③	④
30	①	②	③	④
31	①	②	③	④
32	①	②	③	④
33	①	②	③	④

問題 6

34	①	②	③	④
35	①	②	③	④
36	①	②	③	④
37	①	②	③	④

問題 7

38	①	②	③	④
39	①	②	③	④

N3

ちょうかい

じゅけんばんごうをかいて、そのしたのマークらんにマークしてください。
Fill in your examinee registration number in this box, and then mark the circle for each digit of the number.

じゅけんばんごう
(Examinee Registration Number)

あなたのなまえをローマじのかつじたいでかいてください。   Please print in block letters

なまえ
Name

問題 1

	①	②	③	④
れい	①	●	③	④
1	①	②	③	④
2	①	②	③	④
3	①	②	③	④
4	①	②	③	④
5	①	②	③	④
6	①	②	③	④

問題 2

	①	②	③	④
れい	①	●	③	④
1	①	②	③	④
2	①	②	③	④
3	①	②	③	④
4	①	②	③	④
5	①	②	③	④
6	①	②	③	④

問題 3

	①	②	③	④
れい	①	②	●	④
1	①	②	③	④
2	①	②	③	④
3	①	②	③	④

問題 4

	①	②	③	④
れい	●	②	③	④
1	①	②	③	④
2	①	②	③	④
3	①	②	③	④
4	①	②	③	④

問題 5

	①	②	③	④
れい	①	②	●	④
1	①	②	③	④
2	①	②	③	④
3	①	②	③	④
4	①	②	③	④
5	①	②	③	④
6	①	②	③	④
7	①	②	③	④
8	①	②	③	④
9	①	②	③	④

せいねんがっぴをかいてください。
Fill in your date of birth in the box.

せいねんがっぴ(Date of Birth)

ねん Year	つき Month	ひ Day